U0003185

巴黎

PARIS

文字・攝影 ◎ 姚筱涵

太雅

個人旅行 *91* 巴黎

目錄

94 瑪黑區・巴士底

巴黎市政廳・孚日廣場・畢卡索美術館・聖馬當
運河・共和廣場・阿森那港口・巴士底廣場
深度特寫鏡頭：巴黎的地鐵藝術
逛街購物指南・特色餐飲

114 聖傑曼德佩

奧塞美術館・聖許畢斯教
堂・波旁宮・聖傑曼德佩
教堂・盧森堡公園・國立
德拉克洛瓦美術館
深度特寫鏡頭：巴黎的咖啡館
逛街購物指南・特色餐飲

134 蒙帕拿斯

蒙帕拿斯大樓・郵政博物館・卡地亞當代藝術基
金會・巴黎骷髏穴・蒙帕拿斯墓園
深度特寫鏡頭：高空景觀餐廳與酒吧
逛街購物指南・特色餐飲

148 艾菲爾鐵塔・帕西

艾菲爾鐵塔・布朗利博物館・傷兵院・羅丹美術
館・白鳥小徑・聖羅蘭基金會・流行博物館・
布隆森林・東京宮
深度特寫鏡頭：跟著吉瑪去旅行
逛街購物指南・特色餐飲

168 香榭大道

凱旋門・香榭麗舍大道・蒙梭公園・大、小
皇宮・亞歷山大三世橋・路易威登展覽空間
深度特寫鏡頭：巴黎的米其林餐廳
逛街購物指南・特色餐飲

186 歌劇院

迦尼葉歌劇院・瑪德蓮教堂・賈克瑪安得烈博物
館・扇子博物館・勝利廣場・花宮娜香水博物館
深度特寫鏡頭：巴黎的午茶時光
逛街購物指南・特色餐飲

204 蒙馬特

聖心院・達利蒙馬特空間・皮爾卡登博物館・
阿貝斯廣場・蒙馬特墓園・帖特廣場
深度特寫鏡頭：巴黎的跳蚤市場
逛街購物指南・特色餐飲

218 貝爾維爾-貝西

貝爾維爾公園・拉榭斯神父墓園・104藝術館・
密特朗圖書館・凡仙森林與城堡・塞納河船塢
深度特寫鏡頭：巴黎知名的中餐館
逛街購物指南・特色餐飲

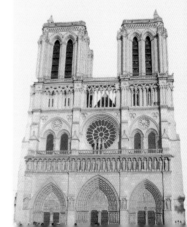

236 【近郊一日小旅行】

266 【住宿情報】

奢華型、商務型、中等型、經濟型旅館、假日公寓

274 【巴黎旅遊黃頁簿】

前往與抵達、消費購物、日常生活資訊

如何使用本書

　　本書精彩單元有：風情掠影、分區導覽、近郊一日小旅行、住宿情報、旅遊黃頁簿。分區導覽中介紹各區特色、熱門景點、逛街購物指南、特色餐飲，可以按「文」所驥，找到好看、好吃、好玩的；分區地圖詳細標示各景點、餐廳店家等位置，輕鬆遊玩不迷路；黃頁簿提供了簽證、海關、入境、機場交通、時差、電器、打電話等緊急應變資訊，遇到狀況也不擔心。

「深度特寫鏡頭」專題

熱門景點

逛街購物指南　　特色餐飲

玩家交流

旅行小抄

本書使用圖例

✉ 地址	MAP 地圖位置	🍴 餐廳	Ⓜ 地鐵站
☎ 電話	@ 電子信箱	🏬 商店	① 地鐵線路
⏱ 營業時間	🏨 旅館服務	🏠 旅館	RER RER列車站
€ 票價	🌐 網址	📷 可眺望巴黎	Ⓐ RER線路
➡ 前往方式	📷 景點	Pass 適用博物館卡	WiFi 無線網路

來自編輯室

作者序　你一定曾聽海明威說過，「如果你有幸在年輕的時候住過巴黎，那麼她將永遠跟著你。」

　　22歲那年首次旅行巴黎後，我就深深為她著迷，夢想再回到這裡；於是4個月後，我提著行李從台灣飛到法國，開始旅居巴黎的生活。當觀光客時，眼裡看到盡是巴黎的美；居住當地以後，日常生活裡免不了挫折，然而那都動搖不了巴黎在我心中的地位。當我心煩時，我會到塞納河畔走走，找回是什麼讓我如此堅定地從台灣飛到這裡從零開始；當我以為快對巴黎失去感覺，我會到聖傑曼德佩靜悄無人的小巷，看陽光、樹影和整排奧斯曼式的公寓，時光彷彿回到那個初到巴黎的夏天，我也彷彿變回那個與她不相熟的觀光客，一再為她的美麗而感動。我相信巴黎的時光會這樣跟著我，不管我到了哪裡，那些記憶都深刻而清晰。

　　藉由在巴黎求學、工作，以及替出版社、時尚雜誌進行採訪事宜，有機會看到巴黎更多深入的面貌，本書介紹了在巴黎旅居多年的私房景點。期待你也和我一樣，戀上這座無可取代的城市。

姚筱涵

關於作者 姚筱涵 Isa Yao

1983年生。政治大學廣告學系畢業，法國巴黎Gobelins影像學院平面設計專業文憑。現於巴黎任職平面、網頁設計師，並不定時替台灣《Brand》、《Art Collection+Design藝術收藏+設計》等雜誌撰稿。曾出版《11樓》、《兩個女生遊巴黎》、《來去巴黎逛瑪黑》、《開始踏上法國留學之路》、《搭地鐵玩遍巴黎》。並曾受邀為法國Echirolles第十九屆平面藝術月參展藝術家。

Facebook官方粉絲專頁：www.facebook.com/isayao.paris

使用上要注意的事

行前電話確認是必要的……

每一個城市都是有生命的，會隨著時間不斷成長，「改變」於是成為不可避免的常態，雖然本書的作者與編輯已經盡力，讓書中呈現最新最完整的資訊，但是我們仍要提醒本書的讀者，必要的時候，請多利用書中的電話，再次確認相關訊息。

資訊不代表對服務品質的背書……

本書作者所提供的飯店、餐廳、商店等等資訊，是作者個人經歷或採訪獲得的資訊，本書作者盡力介紹有特色與價值的旅遊資訊，但是過去有讀者因為店家或機構服務態度不佳，而產生對作者的誤解。敝社申明，「服務」是一種「人為」，作者無法為所有服務生或任何機構的職員背書他們的品行，甚或是費用與服務內容也會隨時間調整，所以，因時因地因人，你有可能會與作者的體會不同，這也是旅行的特質。請讀者培養電話確認與查詢細節的習慣，來保護自己的權益。

謝謝眾多讀者的來信………

過去太雅旅遊書，透過非常多讀者的來信，得知更多的資訊，甚至幫忙修訂，非常感謝你們幫忙的熱心與愛好旅遊的熱情。歡迎讀者將你所知道的變更後訊息，提供給太雅旅行作家俱樂部taiya@morningstar.com.tw

太雅　太雅旅行作家俱樂部

巴黎風情掠影

穿梭歷史的軌跡

法國歷史 History

■■ 法國小檔案

國名：法蘭西共和國
(République Française)
首都：巴黎
政體：共和制
國土面積：約55萬km²
緯度：北緯48度
人口：約6500萬人
宗教：天主教
語言：法語
匯率：歐元兌新台幣約1:40
時差：7小時，使用夏令時間時
則縮減為6小時
國碼：33
電壓：220v

墨洛溫王朝 Mérovingiens

中世紀統治法蘭克王國的第一個王朝，領地為大部分的高盧地區，即現在的法國。

卡洛林王朝 Carolingiens

751年，卡洛林家族(Carolingiens)取代墨洛溫家族掌管法蘭克王國，其中著名的君王查理曼大帝統一了目前大部分的西歐，於800年開創神聖羅馬帝國，然而帝國卻在他過世崩解，其子孫簽署凡爾登條約將帝國一分為三，西法蘭克為日後的法國，東法蘭克則為日後的德國，中法蘭克則為日後的義大利。

卡佩王朝 Capétiens

在卡洛林王朝末期掌有實權的卡佩家族，由于格‧卡佩(Hugues Capet)於987年創立卡佩王朝。菲利浦二世奧古斯特(Philippe II Auguste)在磊阿勒修建市場，並修築羅浮宮作為防禦城堡，他所修建的城牆在拉丁區仍可見(P.44)。菲利浦二世的孫子，史上唯一被封為聖人的路易九世(Saint-Louis IX)則修建聖禮拜堂，保存耶穌的荊冠。

法國朝代演進表

墨洛溫王朝(486-751)	卡洛林王朝(751-987)	卡佩王朝(987-1328)
400	**700**	**900**
	查理三世 Charles III	于格一世 Hugues 1ᵉʳ
	路易五世 Louis V	菲利浦二世‧奧古斯特 Philippe II Auguste
		路易九世 Saint Louis IX

克羅維斯街上城牆的遺跡

瓦盧瓦王朝 Valois

卡佩王朝最後一任國王查理四世(Charles IV)未留下繼承人，由堂兄菲利浦六世(Philippe VI)繼任，開啟瓦盧瓦王朝，但查理四世的外孫英王愛德華三世(Edward III)宣稱自己也有繼位權，成為英法百年戰爭(Gurres de Cent Ans)的導火線。1337年愛德華三世對法國宣戰，欲奪回王位，至1428年時巴黎曾一度被英國占領，英國並與勃根地公國合作，試圖進攻奧爾良，此時法國史上著名的聖女貞德率軍支援法軍，成功擊退英國人，卻不幸被英國人捉拿，活生生被燒死。在查理七世的帶領下，法國人同仇敵愾反攻英軍，才於1453年收復失土，結束百年戰爭。瓦盧瓦王朝另一位出名的統治者，法蘭索瓦一世(François 1er)，被稱為文藝復興之父，在巴黎至今仍可見

許多文藝復興建築如市政廳、無邪噴泉、聖奧斯塔許教堂，均是其所建設，他也修建了羅浮宮、羅亞爾河一帶的香波堡，並邀請達文西(Leonardo Da Vinci)、切里尼來替他工作，也是在此時他購買了包含《蒙娜麗莎》等文藝復興名師的畫作。

波旁王朝 Bourbons

亨利四世(Henri IV)開啟了波旁王朝，因新教徒身分使許多天主教徒對他不滿，為求合理繼承王位改信天主教。這時是法國史上宗教戰爭的紛亂時期，亨利四世與瑪歌皇后結婚時便發生了殘酷的新教徒被殺事件。亨利四世建造了新橋、太子廣場，是最受歡迎的國王，卻最終躲不過在鐵匠街(Rue de la Ferronnerie)被宗教狂熱份子刺殺身亡。兒子路易十三繼位，實質的政權由母親瑪麗梅迪奇(Marie de Medicie)及黎塞留樞機主教(Cardinal Richelieu)掌權，黎塞留建造了皇家廊巷，創造法蘭西學院、

發生新教徒被殺事件的聖傑曼洛塞華教堂

風情掠影

穿梭歷史的軌跡

英法百年戰爭(1337-1453)			
瓦盧瓦王朝(1328-1498)		波旁王朝(1589-1792)	
1300		*1500*	
查理四世Charles IV	亨利二世 Henri II	亨利四世 Henri IV	路易十五 Louis XV
腓力六世 Philipppe VI	查理九世 Charles IX	路易十三 Louis XIII	路易十六 Louis XVI
法蘭索瓦一世 François 1er	亨利三世 Henri III	路易十四 Louis XIV	

重建索邦大學。路易十三與奧地利的安皇后在結婚23年後，終於生下第一個孩子，即是日後的路易十四。執政74年，路易十四是法國也是世界上在位最久的國王，被稱為太陽王，帶領法國進入黃金時代。5歲登基之後發生了貴族發起的投石黨(Fronde)叛亂，使得路易十四終生都對貴族及巴黎存有戒心。在黎塞留主教逝世後他取得完整政權，建設凡登廣場、勝利廣場、巴黎傷兵院等重要建設，最重要的成就即是建立凡爾賽宮，並在1682年遷都凡爾賽。但好大喜功的他屢屢對外宣戰，加上修建凡爾賽宮的龐大花費使得法國經濟逐漸走下坡。繼任的路易十五建立了協和廣場、萬神殿、歐德翁劇院、軍事學校及戰神廣場。

巴士底監獄舊址改建的巴士底歌劇院

法國大革命

路易十五執政時期啟蒙運動便已開始興起，天賦人權、君主立憲等思想逐漸深入人心。1789年法國大革命爆發，積怨已久的人民闖入傷兵院搶奪彈藥，於7月14日攻陷巴士底監獄。路易十六被以叛國罪名送上斷頭台，瑪麗皇后也步其後塵，地點正在如今的協和廣場上。共和國在革命後宣布成立，隨後進入了恐怖統治時代，前後約有6萬人未經審判被送上斷頭台。直到督政府被推翻，由亂世英雄——科西嘉島出生的拿破崙(Napoléon Bonaparte)被封為第一執政。

路易十四的肖像

法國大革命(1789-1799)

波旁王朝第一次復辟(1814-1815)　七月革命(1830)
波旁王朝第二次復辟(1815-1830)

1700	1800

第一共和(1792-1804)　　　第一帝國(1804-1814)
國民公會(1792-1799)　　　拿破崙一世 Napoléon 1er
督政府(1795-1799)　　　　第一帝國復辟─百日王朝(1815)

19世紀的巴黎

拿破崙進駐杜樂麗宮後發動政變，自行於聖母院加冕為王，是為「第一帝國」。他建造了凱旋門、瑪德蓮教堂、證券宮、開闢希佛里路，並將四處掠奪而來的寶物存放在羅浮宮，增加收藏。他的重要成就還包括頒布「拿破崙法典」，一部民法典。1812年遠征俄國失利後，拿破崙節節敗退，最後在滑鐵盧之役慘敗後，被英國政府放逐到大西洋的聖赫勒拿島(Saint-Helena)，最終病死，運回遺體的靈車及拿破崙棺木至今可在傷兵院中見到。

拿破崙的姪子，路易拿破崙(Louis Napoléon)被立為拿破崙三世，他任命歐斯曼男爵(George Eugène Haussmann)對巴黎進行規劃與改造，修建華麗的迦尼葉歌劇院、整建下水道系統。拿破崙三世發動普法戰爭，導致法國失去德法邊境的阿爾薩斯、洛林地方，民怨

象徵美好年代風格的小皇宮

四起引發了巴黎公社的叛變，也是世界上第一個無產階級團體。

美好年代

1889年的世界博覽會在巴黎舉行，修建了艾菲爾鐵塔，其後為了1900年的博覽會，更修建了新藝術風格的大、小皇宮，第一條地鐵線也開通，巴黎開始成為世人嚮往的花都。

大戰及戰後

二戰時期德國進攻巴黎，貝當(Henri Philippe Pétain)總理向德國投降，將政府遷至中部地方成立維琪傀儡政府(Régime de Vichy)。戴高樂逃亡至英國，推行自由法國(France Libre)的組織，企圖光復法國，1944年盟軍在諾曼第登陸，終在1944年收復巴黎。繼戴高樂後，又有龐畢度、密特朗、席哈克繼任第五共和的總統，現任總統為薩科奇(2007年就任)。

華麗的歌劇院是拿破崙三世的傑作

月革命(1848)　　　　　　　　　第三共和(1871-1940)　第四共和(1946-1958)　第五共和(1958-)

1900

二共和(1848-1852)　　　　巴黎公社(1871)　　二戰時期

　　第二帝國(1852-1870)　　　　　　維琪法國(1940-1944)

　　拿破崙三世 Napoléon III　　　　自由法國(1940-1944)

品味美食

一場巴黎的流動饗宴

在美食之都巴黎的大小餐館中,可以享受到各式各樣的美食,頂級食材除了素負盛名的白珍珠鵝肝醬(Fois Gras)、黑鑽石松露(Truffe)外,貝隆生蠔(Huîtres Belon)、布列斯雞(Poulet Bresse)、格爾宏得鹽花(Fleur de Sel Guérande)、洛克福乳酪(Roquefort)也是法國各地的名產食材。

經典美食
Food

鵝肝醬
Fois Gras

法國頂級食材，
塗抹在麵包上或是
煎熟食用，多半在
聖誕節或新年節慶時享用。

品味美食

焗烤酥皮洋蔥湯
Soupe à l'Oignon Gratinée

燉煮得極為入味的洋蔥，加上麵
包與香濃起士，是冬天滿足感
up的湯品。

勃根地烤蝸牛
Escargots Bourguignons

以青醬、
奶油調味的現烤蝸
牛，食用時須以專
用鉗子扣住蝸牛
殼，再用小叉子將
蝸牛肉取出。

肉醬
Terrine

塗抹在
切片麵包上食用，西南地方
喜愛用鴨、鵝肉作肉醬，杜
爾地方則擅長豬肉肉醬。

吐司先生
Croque Monsieur

經典的法式土
司，內夾火腿的是
吐司先生，再加一
個荷包蛋的話就是
吐司太太。

燉羊腿
Souris d'Agneau

燉煮的極微柔羊腿
肉佐醬汁，配上米飯
或薯條都美味極了。

鹹蛋塔
Quiche Lorraine

洛林省名產，以蛋
為基底，常見的口味
有菠菜鮭魚、蘑菇火
腿，在麵包店可以找
得到。

19

白汁燉小牛肉
Blanquette de Veau

以洋蔥、磨菇、紅蘿蔔、鮮奶油燉煮的小牛肉，配上米飯極為順口好吃。

燉菜
Pot au feu

以蔥、馬鈴薯、胡蘿蔔、洋蔥、包心菜等蔬菜及肉類、香料長時間燉煮出來的耗工家常菜，湯濃味美。

勃根地紅酒燉牛肉
Bœuf Bourguignon

以勃根地紅酒、牛肉、胡蘿蔔燉煮而成的名菜。

酸菜肉腸
Choucroute

阿爾薩斯地方名菜，以醃酸菜配上各式各樣的燻肉、培根、香腸，分量十足。

扁豆燉肉
Cassoulet

西南地方名菜，白豆與燻肉一起燉煮，再放在陶鍋裡烘烤，適合冬日享用。

黑血腸
Boudin Noir

配炒蘋果的豬血腸，是西南部名菜。

牛排薯條
Steak Frites

法國家常料理，隨客人選擇熟度，嫩煎的牛排配上現炸薯條。

嫩煎鴨胸
Magret de Canard

西南地方名產,外皮烤到酥脆,鴨肉微煎到嫩軟,配上紅酒最是美味。

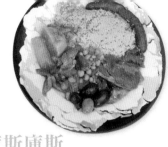

庫斯庫斯
Couscous

阿拉伯料理,在巴黎也相當流行,這種北非小米飯淋上醬汁及蔬菜、肉類相當美味。

功夫鴨腿
Confit de Canard

以「油封」來保存低溫油炸鴨腿的美味,在傳統小飯館都吃得到。

淡菜鍋
Moules Marinières

海鮮蚌殼鍋,常見的煮法以清蒸或紅醬、蒜味醬料理,配上現炸薯條與啤酒最相配。

乳酪火鍋
Fondue Savoyarde

近瑞士薩瓦地方的名產,可分為單吃乳酪的起士鍋或加入牛肉的勃根地鍋。

生牛肉
Tartare de Bœuf

混合橄欖油、紅蔥、蛋黃、檸檬汁的生牛肉配炸薯條,深受法國人喜愛。

卡恩式燉牛肚
Tripes à la mode de Caen

以小火慢煨煮爛成易入口的牛肚,是西北諾曼第地區的名產。

海鮮拼盤
Plateau de Fruits de Mer

在沿海城鎮都可享用得到
這種有著螃蟹、小螯蝦、生
蠔、田螺的豐富組合。

內臟腸
Andouillette

包裹豬腸、胃、豬血
製成的內臟腸，氣味頗
重的一道傳統菜。

可麗餅
Crêpe

布列塔尼地方名產，
有各式甜鹹的口味。

馬賽魚湯
Bouillabaisse

以多種香料及魚類混煮的鮮美
湯品，先喝湯，再吃魚肉。

乳酪拼盤
L'Assiette de Fromage

法國人喜愛在飯後
食用一點乳酪，出名
的有洛克福、卡蒙貝
爾、山羊乳酪及切達。

焦糖烤布蕾
Crème Brulée

外脆內軟，食用時可先敲
敲其上層酥脆，以火槍燒焦
的焦糖，與內餡攪拌食用。

漂浮之島
Îles flottantes

像漂浮島嶼般的夢幻甜點，蛋白
霜灑上焦糖漂浮在香草醬汁中，可口
柔軟。

馬卡洪
Macaron

有「少女酥胸」之稱的馬
卡洪，是甜點界的小公主。

飲食習慣
Habitude

想要享受一頓經典的法式早餐，除了到街角的咖啡館點用外，也可到街坊麵包店購買幾個可頌麵包，配上一杯黑咖啡、柳橙汁，就是相當法式的早餐。週末起得晚的法國人，星期天特別流行吃自助式Buffet的早午餐(Brunch)，有炒蛋、火腿、沙拉等多樣選擇。而午餐及晚餐多半有套餐(Menu)的選擇，午餐通常價格較為便宜。在午餐到晚餐之間，則是法國人的點心時間，一般來說是約在下午四、五點，吃些甜點與下午茶，可以在茶沙龍享用得到。下班後晚餐前的一小段時間，則是餐館推出的快樂時光Happy Hour，飲料與酒類都有半價或買一送一的特惠。

整套法國菜的選擇，可由湯(Potage)、沙拉(Salades)、前菜(Entrée)、主菜(Plat)、乳酪(Fromage)、甜點(Dessert)中自由搭配，並無需全部都點用的規則。在用餐完後，法國人習慣點用一杯咖啡。一般餐廳在進餐時會免費提供棍子麵包與飲水，如果喜歡氣泡水(Eau Gazeuse)可另外點用。

在法國上餐館，正式且講究的餐廳稱為Restaurant，氣氛輕鬆些提供傳統料理的啤酒屋稱為Brasserie，而上菜快又道地的小飯館則稱為Bistrot，提供輕食及露天座位的稱為Café。

©Bar à manger

旅行小抄

用餐時間

早餐	07:00～10:00
早午餐	11:00～15:00
午餐	12:00～15:00
點心時間	15:00～17:00
Happy Hour	17:00～19:00
晚餐	19:00～23:00

23

行程規劃

10件到巴黎必作的事：

1. 參觀羅浮宮
2. 到La Durée品嘗馬卡洪
3. 在聖馬當河畔坐下來享受陽光
4. 登上艾菲爾鐵塔
5. 在聖心堂前的樓梯上欣賞巴黎全景
6. 不一定搭遊船，但要在塞納河畔散步
7. 在聖傑曼的露天咖啡館喝一杯黑咖啡
8. 品嘗道地的棍子麵包與可頌
9. 品嘗一次每日主餐
10. 到聖路易島品嘗Berthillon冰淇淋

達人打造3種巴黎行程

行程1：浪漫經典巴黎

預算：70,000元以上
天數：5天4夜
建議住宿區域：聖傑曼德佩或羅浮宮

經典的巴黎玩法，用最有效率的時間與金錢，逛完這座最美麗的城市。

第1天	聖母院→塞納河→新橋→杜樂麗花園→協和廣場→香榭大道→凱旋門→艾菲爾鐵塔→塞納河遊船
第2天	歌劇院→羅浮宮→聖傑曼德佩教堂→盧森堡公園→拉丁區→蒙帕拿斯大樓
第3天	巴士底廣場→瑪黑區逛街→市政府→龐畢度中心→磊阿勒商場
第4天	凡爾賽宮一日遊
第5天	聖心堂→帖特廣場→達利蒙馬特空間→拉法葉百貨購物

行程2：自由波希米亞風

預算：50,000元以上
天數：5天4夜
建議住宿區域：巴士底或瑪黑區

你的巴黎之旅是想逃開日常的一種流浪，想要感受城市的氛圍、巷弄的靜謐、落日的美好。以最低的預算，隨心所欲地逛遍這座城市的大城小調。

第1天	聖端跳蚤市場逛街→聖心堂→帖特廣場
第2天	聖馬當運河→巴士底市集(週四或週日)→巴士底夜店區
第3天	瑪黑區逛街→孚日廣場→貝西公園→凡仙城堡
第4天	布隆森林腳踏車漫遊→艾菲爾鐵塔→塞納河畔散步
第5天	貝爾維爾公園→拉維特水岸

行程3：時尚品味血拼行

預算：100,000元以上
天數：5天4夜
建議住宿區域：香榭大道或羅浮宮

你的巴黎之旅就是為了買夢想已久的LV包、香奈兒包！血拼之餘，也不能錯過精緻的美食、甜品，同時也用最短的時間吸收這座城市最新的動態與經典的建築、設計。

第1天	香榭大道、蒙恬大道血拼→La Durée茶沙龍享用下午茶→艾菲爾鐵塔夜景
第2天	羅浮宮→杜樂麗花園→Colette潮流名店→拉法葉、春天百貨購物
第3天	Angelina茶沙龍→塞納河遊船船上用餐→聖多諾黑街逛街
第4天	蒙帕拿斯大樓高空餐廳用餐→聖傑曼德佩區設計書店
第5天	米其林餐廳→紅磨坊歌舞秀

費用預估表：五天四夜巴黎行

範例	金額	你的試算
來回機票	35,000 NT	
住宿費	120€～320€	
伙食費	150€～300€	
交通費	20€～40€	
門票	50€～80€	
總計	50,300NT～68,300NT	

在巴黎看表演
Performance

迦尼葉歌劇院里著名的水晶燈

歌劇、芭蕾 Opéra, Ballet

巴黎歌劇院
Opéra National de Paris
🔗 www.operadeparis.fr

　　國立的巴黎歌劇院分為迦尼葉及巴士底兩座場地，上演經典的歌劇及芭蕾。網站上可查詢最新一季的節目單以利訂票。

能到歌劇院看一場歌劇絕對值回票價

法蘭西喜劇院
Comédie Française
✉ place Colette 75001 Paris
📞 08 25 10 16 80
🔗 www.comedie-francaise.fr

　　1680年成立的國立劇院，提供當時莫里哀等劇作家的戲劇上演，目前上演經典法國戲劇。

喜劇歌劇院
Opéra Comique
✉ place Boieldieu 75002 Paris
📞 01 42 44 45 40
🔗 www.opera-comique.com

　　路易十四下令建設於1714年的歌劇院，是法國古老的歌劇院之一，在此上演喜劇型態的歌劇。

香榭大道劇院
Théâtre Champs-Élysées
✉ 15 Avenue Montaigne 75008 Paris
📞 01 49 52 50 50
🔗 www.theatrechampselysees.fr

　　由佩黑(Auguste Perret)所設計的私立歌劇院，華麗感並不比巴黎歌劇院遜色，有現代歌劇、芭蕾的演出。

歐德翁歐洲劇場
Odéon Théâtre de l'Europe
✉ 2, rue Corneille 75006 Paris
📞 01 44 85 40 00
🔗 www.theatre-odeon.fr

　　自1767年馬利尼(Marigny)公爵所打造，1784年「費加洛婚禮」曾在此首演。劇場卻在18世紀末一場大火中焚毀，其後重建於1818年，便是如今看到由希臘羅馬神殿得到靈感的門面。

音樂會 Concert

夏特雷劇場
Théâtre du Châtelet
🔗 www.chatelet-theatre.com

　　建築師大衛伍德(Gabriel Davioud)於1862及1874年在夏特雷廣場的兩旁建立夏特雷劇場及市立劇場。夏特雷劇場以古典作品演出居多，每年法國的奧斯卡凱薩獎並在此舉行頒獎典禮。

↘ 市立劇場
Théâtre de la Ville

📞 01 42 74 22 77

🌐 www.theatredelaville-paris.com

　另一座位於夏特雷廣場的劇場，市立劇場演出全世界的音樂及舞蹈作品。

古典的夏特雷劇場內部

在巴黎過聖誕
Noël à Paris

　聖誕節是歐洲最重要的節日，充滿聖誕裝飾物、薑餅娃娃、熱紅酒、鵝肝、乳酪的聖誕市集(Marché de Noël)，是最能感受過節氣氛的地方。歐洲最大的聖誕市集要以德國紐倫堡(Nuremberg)莫屬，次大的市集則在法國亞爾薩斯地方的史特拉斯堡(Strasbourg)。不想遠行的話，在首都巴黎各大廣場上也有大大小小聖誕市集，在寒冷的天氣下到市集挑個小禮物、吃點熱食取取暖吧！一定能留下美好的回憶。

巴黎著名的聖誕市集

地點	特色	交通方式
La Defense 拉德芳斯	巴黎最大的聖誕市集，超過250個露天攤位，藝術家手藝品、火雞三明治、鵝肝醬等美食，晚上高樓齊亮的夜景也有別於巴黎市區。	✉ Esplanade de La Défense 92800 La Défense 🕐 11/29～12/31 10:30～19:30 ➡ La Défense Ⓜ 1
Avenue des Champs-Elysées 香榭大道	聖誕節期間，香榭大道的花園一段將被大小攤位給塞滿，而商店段的亞爾薩斯之家更是換上應景裝飾，不可錯過的還有品嘗熱紅酒、茶、聖誕蛋糕。	✉ 39, av Champs-Élysées 🕐 11/20～12/28 11:00～20:00 ➡ M George V Ⓜ 1
Saint Germain des Prés 聖傑曼德佩廣場	位在聖傑曼德佩教堂旁一整排的小屋聖誕市集，可找到首飾、手套、藝品等禮物。	✉ Pl. St.-Germain des Prés 75006 Paris 🕐 12/5～12/31 10:00～19:00 ➡ M St-Germain des Prés Ⓜ 4
Montparnasse 蒙帕拿斯	位在蒙帕拿斯大樓旁的聖誕市集，有著乳酪盤、熟食盤等不可錯過的各省美食。	✉ 33, av. Maine 75015 Paris 🕐 12/1～12/28 10:30～19:30 ➡ Montparnasse Bienvenüe Ⓜ 4 6 12 13
Saint-Sulpice 聖許畢斯教堂	教堂前的廣場上有著熱鬧的聖誕市集舉行。	✉ 1, Place Saint-Sulpice 75006 Paris 🕐 12/6～12/24 10:00～19:00 ➡ Saint-Sulpice Ⓜ 4

在巴黎看運動
Sport à Paris

©Paris Tourist Office / Photo. Amélie Dupont

法國人有許多休閒娛樂,最重要的一項莫過於觀看各式大小的體育活動,5至6月看網球公開賽,7月看環法單車賽,10月則有賽馬盛事的凱旋門大獎。充滿陽光的夏天,似乎就該到戶外去搖旗吶喊,不是嗎?

足球 Matche de Football

↘ 王子球場
Parc des Princes

✉ 24, rue du Commandant-Guibaud 75016 Paris
📞 Porte de Saint Cloud Ⓜ ⑩

王子球場為巴黎聖傑曼足球隊的主場,位布隆森林南方,1972年開幕,造型前衛,由戴高樂委請建築師泰宜貝爾(Roger Taillibert)所規畫,是重要運動賽事、音樂會的舉行場地,可容納60,000人。

↘ 法國球場
Stade de France

✉ Rue Francis de Pressensé ZAC du Cornillon Nord Sain-Denis La Plaine
➡ Stade de France (RER) Ⓑ Ⓓ

法國最重要最大的球場,為了1998年法國舉行世界盃足球賽而建設,當年法國足球隊亦在主場地擊敗巴西取得世界冠軍,是法國人永遠的驕傲。

網球 Roland Garros

↘ 奧特意球場
Stade Auteuil

🔗 www.fft.fr/rolandgarros/billetterie

每年5月中至6月初在布隆森林

南方奧特意(Auteuil)地區舉行的法國網球公開賽,自1891年開賽以來已有百餘年歷史,是世上最富盛名的紅土網球賽,與溫布敦、澳洲、美國並稱為四大滿貫賽。

賽馬 Hippodomes

↘ 廊香馬場
Hippodomes Longchamp

🔗 www.france-galop.com

法國馬會(France Galop)所舉辦的賽馬比賽,每年5至10月在布隆森林西方的廊香(Longchamp)場地舉行,1776年法國舉辦了首次賽馬,拿破崙三世更創立了巴黎大獎,也就是每年10月賽馬界的盛事—凱旋門大獎(Prix Triomphe)的前身。

©Paris Tourist Office / Photo. Amélie Dupont

單車 Tour de France

🔗 www.floradanica-paris.com

1903年開辦的環法單車賽在每年7月舉行,23天的賽程中,組成團隊的選手分段環繞法國一圈,經香榭大道抵達終點凱旋門。看單車賽的重點在看體育及團隊精神,更重要的還能一路欣賞法國的景色。

在巴黎看秀
Show à Paris

巴黎的三大秀場，讓夜晚的花都更加璀璨迷人，從19世紀的康康舞到眩目的華麗舞台效果都讓人驚艷！

↘ 紅磨坊
Moulin Rouge

✉ 82, boulevard de Clichy 75018 Paris
☎ 01 53 09 82 82
🏠 www.moulinrouge.fr

　　蒙馬特舊時磨坊改建為夜總會或餐廳，紅磨坊是其中最出名的一座。由Joseph Oller及Zidler Renard創於1889年，成了紙醉金迷的夜生活中心，以露大腿的康康舞紅遍世界。

ulin Rouge

紅磨坊消費表

	看秀	看秀+香檳	看秀+晚餐
價位	21:00/23:00，115€	21:00/23:00，125€	200€起

↘ 麗都秀
Lido de Paris

✉ 116, Av. Champs-Élysées 75008 Paris
☎ 01 40 76 56 10
🏠 www.lido.fr

　　位於香榭大道的麗都歌舞秀，1946年開幕以來一直以華麗的舞台及上空女郎著稱，到英國巡演時連女皇都來

©Lido

參觀。1,000多個位子提供用餐加上看秀的消費，須事先訂位，並著正式服裝。

麗都秀消費表

	看秀+香檳	看秀+午餐	看秀+晚餐
價位	15:00，115€ 21:00，115€ 23:00，115€	週日和週二 13:00，165€	19:00，185€起

↘ 瘋馬秀
Le Crazy Hourse

✉ 12, Av. George V 75008 Paris
☎ 01 47 23 32 32
🏠 www.lecrazyhorseparis.com

　　位在喬治五世上知名的瘋馬夜總會，1951年開幕，嚴格地挑選出身材比例完美的女舞者，在聲光音樂的投射下展現裸體藝術之美，1個半小時的歌舞秀絕無冷場。提供250個座位。

©Le Crazy Hourse

瘋馬秀消費表

	看秀	看秀+香檳	看秀+晚餐
演出時間	週日～五20:15，22:45；週六19:00，21:30，23:45		
價位	105€	125€	205€起

分區導覽

聖母院·拉丁區

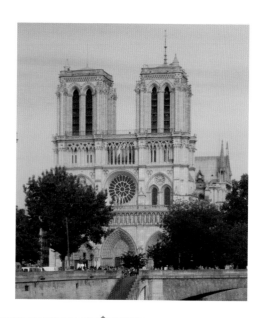

Notre-Dame-Latin

概 況 導 覽

川流不息的塞納河越過市區,將巴黎分為左右兩岸,產生了西堤島與聖路易島兩座河中島。魏峨的聖母院自12世紀便矗立在此,靜看巴黎的流轉;聖禮拜堂、古監獄等扮演歷史要角的中世紀建築亦被完好保存下來;古宅林立的聖路易島是巴黎最貴的黃金地段,到島上吃冰淇淋是夏天的盛事。跨越塞納河上的陸橋,來到古意盎然的拉丁區,先別讓觀光客湧入的聖米歇爾廣場弄壞了你的胃口,就由呂德斯劇場、護牆廣場、萬神殿、索邦大學開始追尋拉丁區數百年來變換的景色。

聖母院·拉丁區 一日行程表

參觀時間120分鐘
❶ 聖母院
↓
參觀時間60分鐘
❷ 聖禮拜堂
↓
參觀時間60分鐘
❸ 塞納河
↓
參觀時間90分鐘
❹ 萬神殿
↓
參觀時間30分鐘
❺ 聖米歇爾廣場
↓
參觀時間20分鐘
❻ 呂德斯圓形劇場

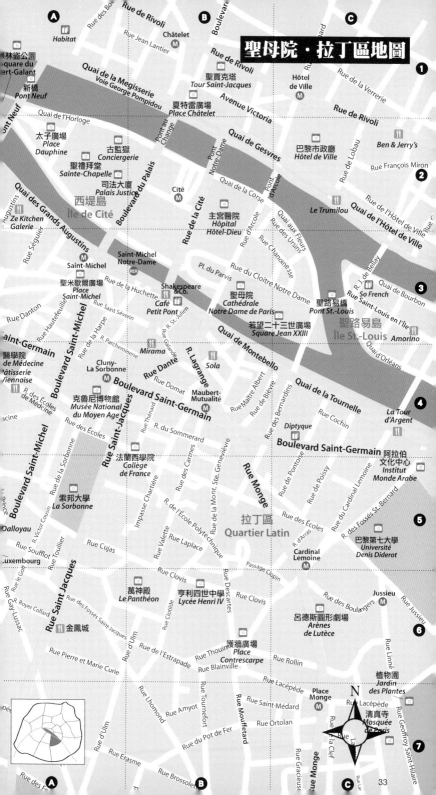

聖母院·拉丁區地圖

聖母院 📷
Cathédrale Notre-Dame de Paris

📧 6, place du Parvis 75004 Paris
📞 01 42 34 56 10
🕐 週一～五08:00～18:45，週六、日08:00～19:45，塔樓4～9月週一～日10:00～18:30，7～8月延長至23:00，10～3月週一～日10:00～17:30
€ 教堂免費，塔樓全票8.5€；18～25歲5.5€ Pass
➡️ 地鐵站Cité Ⓜ④，出口Place Louis-Lépine，沿Rue de la Cité步行5分鐘即可到達
🏠 www.notredamedeparis.fr
MAP P.33 / B3

北塔
沿著422級登塔石階抵達北塔，可就近觀賞各種造型的吐水獸、鐘樓、飛扶壁、火焰式石雕。

國王廊
28座以色列及猶太國王雕像的飾條，在大革命時期曾遭受嚴重破壞。

聖母瑪麗亞門

耶穌門

聖母之母聖安娜門

矗立於西堤島上的聖母院

西堤島上的精神指標

　　優美而壯觀的聖母院，矗立在巴黎西堤島上已有近千年的歷史，若能從這裡開始認識花都，將會特別具有意義。由巴黎主教蘇里(Maurice de Sully)奠基於1160年，之後陸續花上180幾年才將這座哥德式的中世紀教堂建成。這裡舉行過許多法國歷代君王的加冕、婚禮及葬禮儀式，最知名的莫過於拿破崙在1804年於此自行加冕為王，並替約瑟芬加冕為后；1970年戴高樂將軍於此舉行國葬。嚴謹對稱的聖母院西正面，縱向被分為3部分，下方共有3道大門，左為聖母瑪麗亞門，中為有著「最後的審判」浮雕的耶穌門，右為聖母之母聖安娜門。正面中央的玫瑰窗架在兩座廊台之間，下方有28座以色列及猶太國王雕像的飾條，在大革命時期曾遭受嚴重破壞。注意看西正門前方廣場的石板路，會發現有兩種不一樣的材質，表示舊時馬車路面如今已被拓寬過，比中古時期大了6倍。門口旁查理曼大帝雕像所在的地方原是7世紀的主宮醫院(Hôtel Dieu)所在地，後來在奧斯曼改造計畫中被移至廣場北邊。

　　進入聖母院內部挑高的中殿立刻感受到宏偉莊嚴的氣氛，這便是哥德風格的設計精髓。祭壇後方是座由庫斯杜(Nicolas Coustou)所作的「聖母哀子像(Pietà)」；達10米寬的玫瑰窗保存13世紀的彩繪玻璃，北面描繪了聖母及舊約聖經的人物，而南面則是耶穌為聖女、聖徒環繞的景像；寶物室收藏著來自聖禮拜堂的耶穌荊冠、聖十字架碎片，以及聖路易的衣物、遺骨。聖母院擁有法國最大

哥德建築形式
Architecture Gothique

介於羅馬與文藝復興建築風格之間的哥德建築形式，於1140年左右源於法國，在12～15世紀之間流行。這種風格的建築通常極為繁複而華麗，辨別此種形式最重要的特點有五種：(1)見於建築內部頂層，由四根基石架構出來的高聳**穹拱頂**(Ogive)、(2)為分擔由拱頂產生的外牆壓力而建的**飛扶壁**(Arc Boutant)、(3)描寫聖經故事的**彩繪玻璃窗**(Vitrail)、(4)呈**十字**狀的平面圖、以及(5)哥德晚期所展現出的**火焰式石雕**。除法國的巴黎聖母院、聖德尼大教堂、沙特大教堂以外，歐洲各地也常見哥德風格的教堂，如德國科隆大教堂、義大利米蘭大教堂、捷克布拉格聖維特大教堂等。此外，常見於哥德風格中的吐水獸(Gargouilles)，是古代建築用來將所收集的雨水排出的設計，生動的怪物雕刻據說可以避邪，作為建築守護者。登上聖母院北塔即可就近觀賞這些動人雕刻，夜晚來臨的時候，它們就矗立在那裡，守護著巴黎。

的管風琴，時有音樂會在此舉行。沿著422級登塔石階付費可抵達北塔，能在此就近觀賞各式造型的吐水獸(Gargouille)、鐘樓、飛扶壁、火焰式石雕，以及在小說《鐘樓怪人》中出名的那口大鐘，更不可錯過一覽巴黎全景的壯觀景色。聖母院後方的

《鐘樓怪人》中的大鐘

若望二十三世廣場(Square Jean XXIII)，是參觀完可稍作歇息的花園，其中增建於1845年的「聖母泉」噴泉亦為哥德式風格。此外，聖母院並提供免費的專人導覽，中文導覽在每月第一及第三個週三14:30開始，內部管風琴下方集合。

旅行小抄
法國的起點

聖母院前方廣場上有處丈量全法國里程的起點，而這裡正是「距離法國0公里」(Point zéro des routes de France)的原點，西堤島也正是巴黎人開始定居的地方，因此說這裡是巴黎的原點可一點也沒錯喔！

到聖母院逛逛時，別忘了找法國的起點！

司法大廈與古監獄
Palais de Justice et La Conciergerie

✉ 2, boulevard du Palais 75001 Paris
📞 01 53 40 60 80
🕐 週一～日09:30～18:00
€ 全票8.5€，18～25歲5.5€；與聖禮拜堂聯票全票
　　12.5€，18～25歲8.5€　`Pass`
➡ 地鐵站Cité Ⓜ④，出口Pl. Louis-Lépine即可望見
`MAP` P.33 / A2

舊時關野獸的柵欄

舊時革命的見證

　　司法大廈、古監獄、聖禮拜堂為14世紀皇宮所在地，當時羅浮宮還僅是一處防禦性的城堡。直到1417年國王不再於此居住，這裡轉變為行政機構，大革命時成為監獄，監禁名人中最知名的就是瑪麗皇后(Marie-Antoinette)，於1793年被關了兩個月後便送上斷頭台。

　　今日司法大廈是巴黎最高法院所在地，也代表拿破崙法典的司法體系，其上懸掛1370年由查理五世修建的大鐘，是巴黎最古老的鐘。進入地下室便來到巴黎古監獄，11世紀所建立的蓬貝塔(Tour Bonbec)曾是審問犯人之處。大革命時期，此處曾拘留過4,000多名貴族，包括瑪麗皇后、刺殺革命領袖馬哈(Marat)的蔻黛(Charlotte Corday)、革命法官但敦(Danton)、羅伯斯比(Robespierre)都在此成了階下囚。保存良好的11世紀行刑室、囚犯走廊、瑪麗皇后曾待過的牢房都開放參觀。

呂德斯圓形劇場
Arènes de Lutèce

✉ 49, rue Monge 75005 Paris
🕐 冬季08:00～17:30，夏季09:00～22:00
➡ 地鐵站Place Monge Ⓜ⑦，沿Rue
　　Monge往北走5分鐘即可抵達
`MAP` P.33 / C6

巴黎僅存的高盧羅馬遺跡

　　1869年因蒙莒街(Rue Monge)開通，才發現了這座推測建於西元1世紀末的圓形劇場，呂德斯(Lutèce)是巴黎在古羅馬時代的舊稱。舊時作為戲劇、舞蹈、默劇的演出場地，同時也是一處競技場，約可容納15,000名觀眾。現在免費開放，也成為巴黎民眾散步、運動的露天場所。

聖禮拜堂
La Sainte-Chapelle

- ✉ 6, bd. du Palais 75001 Paris
- ☎ 01 53 40 60 80
- ⊘ 3～10月週一～日09:30～18:00，
  11～2月週一～日09:00～17:00
- € 全票8.5€，18～25歲5.5€；與古監獄聯
  票全票12.5€，18～25歲8.5€ Pass
- ➡ 地鐵站Cité Ⓜ④，出口Place Louis-
  Lépine，經司法大廈檢查行李後可進入
  聖禮拜堂
- MAP P.33 / A2

靈巧聖潔的中世紀瑰寶

由路易九世建於1248年的聖禮拜堂，屬哥德風格，位西堤島上司法大廈圍牆內，因中世紀時司法大廈曾為皇宮，這裡便是宮內國王專用的禮拜堂。以世界最大、巴黎最古老的彩繪玻璃窗著稱。其內原有路易九世向君士坦丁大帝買來的聖物——耶穌荊冠及十字架碎片，現轉存於聖母院中，據說其價值比建造聖禮拜堂的費用高出3倍。

聖禮拜堂又可以分為**上禮拜堂**和**下禮拜堂**。

僕人使用的下禮拜堂

有著紅藍色調裝潢的下禮拜堂過去給僕人作禮拜之用；而挑高令人驚艷的上禮拜堂則給國王和貴族使用。上方為哥德風格中最明顯的高聳

壯觀的上禮拜堂彩繪玻璃

穹頂，15道巨大的彩繪玻璃窗及1道玫瑰窗隨光線變化閃爍，描繪《聖經》中1,100多篇故事，能在夕陽時分欣賞最美，帶著望遠鏡仔細觀察更加不錯。

知識充電站

為何教堂常見彩繪玻璃？
Les Vitrails

彩繪玻璃(Vitrail)是歐洲常見的一種建築裝飾物，尤其最常在教堂裡見到，是舊時為方便不識字的民眾了解聖經上的故事，便將篇章以圖像方式來說明，閱讀順序為由左至右、由下往上。玻璃最早在埃及生產，其後技術傳到歐洲發展，細長窗被稱為柳葉窗，圓型的則稱為玫瑰窗。以藍色代表天國、紅色代表耶穌的血，透過陽光照耀光影變幻的色彩更讓人有身在天堂之感。

巴黎生活的藝術

如果你曾在8月份來巴黎，空蕩蕩的街頭會讓你錯以為巴黎不是座忙碌的城市。那是一年之中法國人「規定」要度假的日子。從六、七月，大家茶餘飯後的話題便圍繞在誰要去南法別墅悠閒、誰又要到地中海游泳。難得的陽光露臉，為何不放下工作去旅行？這麼愜意的生活似乎會讓人認為法國人有點浪漫過頭。

然而，這便是法式生活中的藝術，整個禮拜的忙碌後，週末必得出門踏青；整年可不能無盡忙碌，八月必定要排出休假來放鬆身心；而市中心的綠地，便是一日中忙裡偷閒的好去處。能靜看塞納河流水潺潺的綠林盜公園，是時下年輕人喜愛野餐和聊天的地方。帶塊餐巾布、一瓶酒、簡單的料理，在樹蔭下或坐或躺，輕鬆地彷彿進入無人之地。如果你問我離不開巴黎的理由，似乎便是這份生活品質，讓人迷戀在此居住的美好。

三角形的綠林盜公園，盡頭即是西堤島尖端

綠林盜公園
Square du Vert-Galant

✉ Square du Vert-Galant 75001 Paris
➡ 地鐵站Pont Neuf Ⓜ ⑦，沿新橋走下樓梯至西堤島即可到達
MAP P.33 / A1

欣賞塞納河美景的三角綠地

「綠林盜」是法王亨利四世的綽號，這座綠意盎然、花草茂盛的三角公園，就位在西堤島的尖端，可在此觀賞塞納河左右分流，是許多巴黎年輕人喜愛的野餐地點。

矗立在新橋上的亨利四世雕像

旅行小抄

購買明信片的好地方

在皇家橋(Pont Royal)和蘇利橋(Pont Sully)之間的塞納河畔，有許多已存在4個世紀以上的綠色頂棚舊書攤，天氣好時便開張營業。這裡可找到不少舊書、海報、插畫、巴黎的紀念品等等，琳瑯滿目。不妨到這裡挑幾張泛黃的老巴黎明信片，是留下回憶的好選擇。

★太子廣場

從綠林盜公園往新橋方向走，是亨利四世送給兒子路易八世的禮物。一處古典的三角形廣場，四周共有32間相同形式的建築，介於新橋與司法大廈之間，是西堤島上少數免於奧斯曼改造計畫而留下的建築。

萬神殿
Panthéon

- ✉ Place du Panthéon 75005 Paris
- ☎ 01 44 32 18 00
- ⏰ 4～9月10:00～18:30，10～3月10:00～18:00(閉館前45分鐘為最後入場時間)
- € 全票8€，18～25歲5€ Pass
- ➡ RER車站Luxembourg RER B，出口Jardin du Luxembourg，沿Rue Soufflot步行5分鐘
- MAP P.33 / B5

偉人的安息之處

　　1744年法王路易十五在一場大病中祈求巴黎守護神——聖日內維耶芙(Sainte Geneviève)保佑其痊癒，在病好後便令御用建築師馬利尼(Marigny)及助手蘇福羅(Jacques-Germain Soufflot)興建這座宏偉的教堂還願。最初名為「聖日內維耶芙教堂」，風格上屬於新古典主義建築，巨大圓頂造型靈感來自倫敦聖保羅教堂，而正面則仿自羅馬萬神殿，由22根科斯林雕花圓柱構成，上方的三角形門楣繪著自由女神為偉人加冕的圖像，並寫著「偉人，祖國感激你們」(Aux grands homes, la patrie reconnaissante)。

　　大革命後改名為「萬神殿」，因其地下墓室為對法國有重要貢獻的偉人長眠之所，包含雨果、盧梭、伏爾泰、左拉、居禮夫婦等法國重要的人物都安眠於此。證明地球自轉的「傅柯擺」首次呈現於世也是在此。3～10月開放的頂層則可眺望巴黎的美景。

萬神殿周邊

亨利四世中學
Lycée Henri IV

- ✉ 23, rue Clovis 75005 Paris
- MAP P.33 / B5

　　這間明星中學可比台北建國中學，一年招收2,500名學生，考上文科、理科、商科相關高等學院的成績總是全法國第一，是巴黎著名的貴族學校。在此畢業的名人包括科學家傅柯、文學家薩德。原為一間502年所修建的修道院，巴黎守護女神聖日內維耶芙亦安葬在此，校內建築一部分聖日內維耶芙教堂的鐘樓與食堂，被列入歷史古蹟。

從盧森堡車站出口出來，便可眺望宏偉的萬神殿

克魯尼博物館
Musée National du Moyen Age

✉ 6, pl. Paul-Painlevé 75005 Paris
📞 01 53 73 78 00
🕐 週三～一09:15～17:45，週二休息
€ 全票8€、18～25歲6€ Pass
🚇 地鐵站Cluny la Sorbonne Ⓜ10，
　出口Bd St.-Germain即可抵達
🏠 www.musee-moyenage.fr
MAP P.33 / A4

巴黎僅存的中世紀古宅

　　1844年開放參觀的克魯尼中世紀博物館，包括西元2～3世紀的高盧羅馬公共浴場(Thermes Gallo-Romains)遺跡，及一棟15世紀的克魯尼修道院大宅(Hôtel de Cluny)。中世紀的豐富收藏包含羅馬時代的建築、哥德式雕塑、彩繪玻璃、及知名的15世紀千花織法掛毯——「貴婦人獨角獸(Dame à la Licorne)」；其中「國王頭(Têtes des Rois)」雕像是過去在聖母院西正門28尊雕像中僅存的21尊，在大革命時被認為是國王頭像而遭損毀丟棄，於1977年被找回。公共浴場中有拱頂的冷水池(Frigidarium)、熱水池(Caldarium)、溫水池(Tepidarium)也呈現了中世紀的生活方式。

知 識 充 電 站

巴黎守護女神──聖日內維耶芙
Sainte-Geneviève

　　巴黎許多建築上可見到被傳頌許久的英雄或守護神雕像，除了耶穌，被列為聖人的路易九世、領導法軍在百年戰爭擊敗英軍的聖女貞德，還有被稱為巴黎守護女神的聖日內維耶芙(Sainte-Geneviève)。西元451年，匈奴人阿提拉(Attila)欲進攻巴黎，巴黎人紛紛欲棄城逃跑，只有聖日內維耶芙不停禱告，並鼓勵人民相信神並留下來守護家園，果然阿提拉轉而進攻羅馬，巴黎未受到戰爭摧殘。聖日內維耶芙就葬在萬神殿左後方，由瑪歌皇后興建的聖艾提安杜蒙教堂(Église Saint-Etienne du Mont)內。塞納河上的杜爾奈爾橋(Pont de Tournelle)也可看見一座高聳的聖日內維耶芙雕像，彷彿在凝視著塞納河並守護巴黎人。

阿拉伯文化中心
Institut du Monde Arabe

✉ 1, r. des Fossés St.-Bernard 75005 Paris
☎ 01 40 51 38 38
🕐 週二～日10:00～18:00，週一休息
€ 全票8€，12～25歲4€ Pass
➜ 地鐵站Sully-Morland Ⓜ 7，出地鐵後穿過Sully橋即可抵達
🏠 www.imarabe.org
MAP P.33 / C4

塞納河畔的伊斯蘭風格建物

建築師諾維爾(Jean Nouvel)的代表作，於1987年開幕。他將阿拉伯符號成功用進建築之中，博物館南面使用了伊斯蘭風格中的幾何圖案，1,600面鋁窗(Moucharabieh)，透過內部機械製造出光圈縮放的效果，隨陽光讓投射在地面的陰影有深有淺，是最吸引人的設計點；而北面設計成鐮刀、又像新月般弧形的圖書館，與博物館之間所形成的狹窄縫隙則正對西堤島上的聖母院，強調兩個文化的悠久與對望。

北面圖書館的尖端指向聖母院

阿拉伯文化中心周邊
巴黎清真寺
La Mosquée de Paris

✉ 39, rue Geoffroy St.-Hilaire 75005 Paris
☎ 01 43 31 38 20
🕐 週一～日09:00～00:00
➜ 地鐵站Jussieu Ⓜ 7 10，出口Rue de Linné，沿此路往南直行5分鐘即可抵達
MAP P.33 / C7

品嘗阿拉伯茶點的好地方

1922～1926年修建的巴黎清真寺，是伊斯蘭教的信仰中心，白牆綠屋頂為西班牙摩爾風格(Style Hispano-Mauresque)，並有座高33米的拜樓。法國人喜愛在夏天午後到內部附設的茶館喝杯阿拉伯薄荷茶(2歐元)，配幾塊中東甜點。

南面的鋁窗使用伊斯蘭幾何造形圖案，並可隨光線伸縮有如瞳孔

索邦大學
La Sorbonne

- ✉ 47, rue des Écoles 75005 Paris
- ☎ 01 40 46 22 11
- ➡ 地鐵站Cluny-La Sorbonne Ⓜ 10，出口 Bd. St.-Michel，沿該路往南步行5分鐘 至Place Sorbonne
- MAP P.33 / A5

學運的精神指標處

拉丁區最出名的古老大學，命名取自創建此大學的13世紀神父索邦(Robert de Sorbon)。在得到路易九世的資助下，索邦買下這棟宅邸，傳授16個貧窮付不起學費的學生神學，至14世紀時已發展為一所綜合型大學，在此畢業的知名人士包括居禮夫人、西蒙波娃、龐畢度。建築物第一層以6根科斯林柱為裝飾，中央飾有圓形大鐘，鐘面兩旁各有一處雕像。此處也是學運的精神保壘，1968年法國爆發最大的社會運動，學生就曾占領索邦大學；而2006年學生抗議「首次雇用契約」(CPE)，又再度占領封鎖了索邦大學。

索邦大學周邊

法蘭西學院
Collège de France

- ✉ 11, place Marcelin Berthelot 75005 Paris
- ☎ 01 44 27 11 63
- ➡ 地鐵站Cluny-La Sorbonne Ⓜ 10，出口Bd. St.-Germain，沿該路走至R. St-Jacques，至 Pl. Marcelin Berthelot左轉
- MAP P.33 / B4

法蘭西學院由法蘭索瓦一世創於1530年，位於馬瑟蘭‧貝德羅廣場(Place Macelin-Berthelot)上，為對抗索邦大學的專制與教條主義而建，為一所獨立於任何學制之外的高等學府，免費對外開放的無文憑課程，以科學、文學、藝術領域方面為主，羅蘭巴特、傅柯都曾是這裡的教授。

植物園
Jardin des Plantes

- ✉ 57, rue Cuvier 75005 Paris
- ⏰ 週一～六09:00～18:00，週日休息
- ➡ 地鐵站Jussieu Ⓜ 7 10，出口Rue de Linné沿此路往南直行5分鐘即可抵達
- MAP P.33 / C6

生氣蓬勃的市區綠地

路易十三的御醫艾胡埃(Jean Hérouard)與拉布霍斯(Guy de la Brosse)於1626年在此成立皇家草藥園，1640年開放給民眾參觀。由生物學家布封(Leclerc de Buffon)所規劃，23.5公頃的面積中，遍植花草樹木，設有國立自然歷史博物館及溫室和一座動物園。

聖米歇爾廣場
Place Saint-Michel

Place de Saint-Michel 75006 Paris
地鐵站Saint-Michel (M)(4)，出口
Fontaine St.-Michel即可抵達
MAP P.33 / A3

遊客如織的交會點

　　聖米歇爾廣場位於聖米歇爾大道(Boulevard St.-Michel)近塞納河底端，19世紀奧斯曼男爵進行巴黎大改造計畫時，特別針對此處作設計。原先曾想過放置一尊巨大的拿破崙雕像，最後決定放置一座有著聖米歇爾雕像的美麗噴泉。聖米歇爾(Saint-Michel)為聖經中專殺惡魔的大天使，四座玫瑰色的石柱上各有4尊力天使，前方與兩側各有2尊青銅吐水獸。週末假日時廣場上總是擠滿人潮。

護牆廣場
Place de la Contrescarpe

Pl. de la Contrescarpe 75005 Paris
地鐵站Cardinal Lemoine (M)(10)，出口R. du Cardinal Lemoine，沿此路往南步行10分鐘走至盡頭即可抵達
MAP P.33 / B6

咖啡飄香的歷史廣場

　　在中世紀時此廣場位於當時菲利浦二世所修建的巴黎城牆之外，附近的克羅維斯街3號(3, Rue Clovis)還存有這段城牆的遺跡，因而得名。廣場修建於19世紀中葉，周圍滿是咖啡館、簡餐店及商店，頗值得散步至此地，坐下來喝杯咖啡，感受拉丁區的懷舊氣息。

旅行小抄

巴黎其他知名的噴泉

磊阿勒商場旁無邪噴泉
(1546〜1549) / P.83

盧森堡公園梅迪奇噴泉
(1630) / P.122

協和廣場雙盤噴泉
(1836〜1846) / P.66

聖許畢斯教堂四主教噴泉
(1843〜1848) / P.120

龐畢度中心史特拉汶斯基噴泉
(1983) / P.80

旅行小抄

塞納河遊船比一比

在塞納河上一邊欣賞岸邊美麗建築，一邊享用法式燭光晚餐，這樣的浪漫行程是許多旅人都夢寐以求的。以下便推薦幾家知名的遊船公司與河上晚餐的行程。

塞納河遊船

遊船公司	搭乘地點	時程	票價	網址
Bateaux Parisiens 巴黎人遊船	Pont d'Iéna/ Pont Neuf	60分鐘	13€	www.bateauxparisiens.com
Bateaux Mouches 蒼蠅船	Pont de l'Alma	70分鐘	12,5€	www.bateaux-mouches.fr
Batobus 水上巴士	艾菲爾鐵塔、香榭大道、奧塞美術館、羅浮宮、聖傑曼德佩、市政府、聖母院、植物園自由上下船		一日券15€ 兩日券18€	www.batobus.com

塞納河船上午餐或晚餐

遊船公司		出發時間	行駛時間	價格	網址
Bateaux Parisiens 巴黎人遊船	午餐	週末及假日12:45	1小時45分鐘	55€起	www.bateauxparisiens.com
	晚餐	每日20:30	3小時	99€起	
		每日18:30 或21:00		66€起	
Bateaux Mouches 蒼蠅船	午餐	週末及假日13:00	1小時45分鐘	55€	www.bateaux-mouches.fr
	晚餐	每日20:30	2小時15分鐘	99€起	
Capitaine Fracasse 法卡斯船長	晚餐	19:45	2小時	55€~90€	www.croisiere-paris.com

一覽河上的風情

巴黎的橋
Les Ponts de Paris

連接巴黎左岸、右岸的橋，一共有37座，每座橋各有特色，也各有其歷史，散步其上便是瀏覽塞納河風情最佳的方式。

1
新橋
Pont Neuf

　　新橋由亨利三世於1578年下令建造，直到1607年才落成，下方共有12個半圓形圓拱，飾以無名人頭雕像；橋上並有外凸半圓形石椅與古典窗燈，十分典雅。李歐卡霍(Leos Carax)執導的《新橋戀人(Les Amants du Pont Neuf)》是一部半盲富家女與流浪漢相戀的文藝片，地點正在這座巴黎最古老的「新橋」上。

2
聖路易橋
Pont Saint-Louis

　　連接西堤島與聖路易島之間的橋，前前後後拆換了7座之多，第一座聖藍椎之橋(Pont Saint Landry)早在1630年就存在，如今連接兩島的聖路易橋是前後變動過的第7座橋，於1970年完工。橋上不時有街頭藝人表演，十分熱鬧。此外，日劇迷可不該錯過，這裡可是《交響情人夢(巴黎篇)》中千秋學長和野田妹打架的地方。

藝術橋
Pont des Arts

巴黎首座鑄鐵木板構成的人行步道橋，建於1803年，共有7座橋墩，連接左岸的法蘭西學院與右岸的羅浮宮，此處除了聚集不少賣畫的藝術家，也是年輕人喜愛野餐的地點，《東京鐵塔》一片也曾在此拍攝。

阿爾瑪橋
Pont de l'Alma

由埃及神廟搬來的雕像朱阿弗（Zouave），多年來一直守護著塞納

河，如果河水超過他的腳趾就表示有水患危險。橋下方隧道便是英國黛安娜王妃於1997年香消玉殞的地方，原本矗立在此的金色自由火焰紀念雕像，也成為紀念黛妃獻花之處。

在阿爾瑪橋旁的自由火焰

比爾阿坎橋
Pont de Bir-Hakeim

建於1905年的比爾阿坎橋，這座特殊的橋上橋共有兩層，上層為地鐵6號線通過的地方，下層為汽車及人行步道。在電影《全面啟動》出現後成為熱門景點。

©Paris Tourist Office / Photo. Amélie Dupont

西蒙波娃橋
Passerelle Simon de Beauvoir

©Paris Tourist Office / Photo. Amélie Dupont

由巴黎市長提議，第一座以女性名字命名的西蒙波娃橋，於2006年完工，也是塞納河上第37座橋。線型造型流暢優美，提供腳踏車與人行步道，黃昏時於此散步最是迷人。

讓人愛不釋手的連鎖家飾店
Habitat

🏷 生活用品、家具
✉ 1, rue du Pont Neuf 75001 Paris
📞 01 40 39 09 00
🕐 週一～六11:00～19:00，週日休息
🚇 地鐵站Pont Neuf Ⓜ 7，出口Rue du Pont Neuf往北走1分鐘
MAP P.33 / A1

　　由英國人Terence Conran創立於1964年的平價家具品牌Habitat，是尋找極簡又有設計感的生活用品好去處。各式燈具、餐盤、刀叉、杯碗都極有現代感，均是由設計團隊獨立開發。現任產品設計師為擔任日本Comme Ça Store雜貨百貨創意總監的英國知名設計師Theo Williams。

©Habitat

©Habitat

小圓點對杯讓你在生活中找到樂趣

原味的法國伴手禮店
So French

🏷 法式伴手禮
✉ 10, rue Jean du Bellay 75004 Paris
📞 01 56 24 04 44
🕐 週三～一11:00～19:00，週二休息
🚇 地鐵站Pont Marie Ⓜ 7，沿Quai Hôtel de Ville走至Louis-Philippe橋左轉直行
MAP P.33 / C3

　　這間位在聖路易島的小店充滿法蘭西風情，可找到法國各地的名產如亞爾薩斯省的燉鍋、Kougelhopf蛋糕模型、馬賽香皂、諾曼第焦糖、巴斯克手巾等，復古瓷碗、繡有公雞的餐巾、水果糖、海鹽等都很有法國風情，適合作伴手禮。

莎士比亞書店
Shakesbear & Co.

🏷 英文書籍
✉ 37, rue de la Bûcherie 75005 Paris
📞 01 43 25 40 93
🕐 週一～日10:00～23:00
🚇 地鐵站Saint-Michel Ⓜ 4，出口Fontaine St.-Michel，沿河岸步行5分鐘，書店在右手邊
MAP P.33 / B3

　　1921年由Sylvia Beach所創立的莎士比亞書店，恐怕是巴黎最有名的書店之一。接待過許多當時貧苦後來出名的文人，如1921年初到巴黎的海明威，更替喬伊斯出版了當時無人願意出版的《尤里西

《愛在日落巴黎時》的影迷不會錯過的書店

斯(Ulysses)》。其後1951年由George Whitman接手，讓書店更錦上添花的莫過於電影《愛在日落巴黎時(Before Sunset)》，主角伊森霍克和茱莉蝶兒便是在此重逢。

特色餐飲 *Restaurant*

法國老奶奶的家庭料理 🇫🇷
Le Trumilou

🍴 前菜＋主菜套餐16.5€起
✉ 84, quai de l'Hôtel de Ville 75004 Paris
📞 01 42 77 63 98
🕐 週一～日12:00～23:00
➡ 地鐵站Pont Marie Ⓜ⑦，沿Quai Hôtel de Ville走3分鐘
🗺 P.33 / C2

位在塞納河畔擁有眺望聖母院的絕佳視野，Trumilou提供簡單卻道地的家庭式料理，如肉凍醬(Terraine)、梅醬鴨(Canard aux Pruneaux)、燉小牛胸線(Ris de Veau Braisés)以及傳統奧維涅料理如燉菜(Potée Auvergnate)、乳酪盤等，讓法國人回想到週末中午到奶奶家全家人一起合桌的美味。軟墊長椅、掛衣架等裝潢充分表達老巴黎餐館的韻味。

美味可口的招牌梅醬鴨

Trumilou餐廳，有著讓人懷念的家庭風味

巴黎最好的中歐糕點鋪
Pâtisserie Viennoise

✉ 8, rue de l'École de Médecine 75006 Paris
📞 01 43 26 60 48
🕐 週一～五12:00～18:00，週六、日休息
➡ 地鐵站Odéon Ⓜ④⑩，出口Carrefour de l'Odéon，沿R. de l'École de Médecine往東走3分鐘
🗺 P.33 / A4

位在拉丁區不起眼的小巷內，這間開立於1929年的中歐老糕點店，是你造訪過便難忘的小鋪。

巴黎人喜歡天氣寒冷時來此喝杯熱巧克力，配上一塊三角塔，空間不大的室內，服務卻相當熱情有效率。招牌甜點以各種香濃酥脆的麵包及甜塔聞名，如「Kiffi」匈牙利芝麻內餡的麵包、「Linzertorte」交叉塔皮裹紅莓醬的奧地利林茨塔、及「Sachertorte」維也納巧克力蛋糕。以櫛瓜、胡蘿蔔和蛋做成的鹹蛋塔(Quiche)加熱食用也相當美味。

芝麻餡香氣撲鼻的Kiffi

Linzertorte紅莓醬得恰到好處

可口的鹹蛋塔是午餐的好選擇

另一種芝麻餡三角蛋糕

49

©Tour d'Argent

佇立四百餘年的銀塔 🇫🇷
La Tour d'Argent

🍴 套餐65€(午餐)，單點血鴨(兩人份)140€
✉ 15-17, quai de la Tournelle 75005 Paris
📞 01 44 58 10 28
🕐 週二晚上～日12:00～14:15，19:30～
　　22:30，週一休息
➡ 地鐵站Pont Marie Ⓜ⑦，出地鐵後過橋
　　直行即可抵達
🏠 www.latourdargent.com
MAP P.33 / C4

不少人慕名前來享用銀塔最出名的血鴨

　　1582年開業的銀塔，是超過400年的高級餐廳。以香檳區白石材、雲母貼牆的塔樓，在陽光下反射出亮晶晶的光線，彷彿銀漆因此得名。亨利四世常在狩獵後到此享用燉雞、鷺肉醬。第二帝國時期由拿破崙的御廚Lecoq買下，拿破崙三世便時常到此與他的情婦Marguerite Belanger幽會。

　　20世紀後轉手Fédéric，創出知名的「銀塔血鴨(Caneton Tour d'Argent)」，以羅亞爾河17世紀起便聞名的鴨子為食材，作成鴨胸肉切片，沾上以特殊方式炸出的骨髓、烈酒調配的醬汁，香濃味美。自1890年開始，每隻血鴨都有編號，至今編號已超過100萬號，羅斯福總統、影星妮可基嫚與湯姆克魯斯、日本天皇夫婦、設計師迪奧、摩納哥卡洛琳公主

都曾慕名前來，名人品嘗過的血鴨便叫「名鴨」。用餐前可先至1樓的銀塔博物館逛逛，再搭電梯到6樓用餐，杯盤均為純銀餐具，用餐氣氛奢華舒適。超過40萬瓶藏酒的珍貴酒窖，更是配菜豐富選擇。

©Tour d'Argent

主廚Stephane Harissant

旅行小抄

銀塔名鴨的編號

名人愛來銀塔用餐，除了享用美味，更能有一張「血鴨編號」的證書，還有人為了得到吉利數字而專程前來呢！

年份	人物	編號
1890	愛得華七世	328
1930	羅斯福總統	112151
1975	席哈克總統	492283
1979	日本天皇夫婦	562750
1991	湯姆克魯斯、妮可基嫚	759216
1994	凱薩琳・丹妮芙	821208

Notre-Dame-Quartier Latin

製造美好的回憶

法國的冰淇淋品牌
Les glaces sont trop classes !

充滿陽光的巴黎最讓人開心不過，如果能品嘗一只冰淇淋更會讓人大呼過癮！無論帶有新鮮果香或濃郁奶香的冰淇淋都會令你吃了還想再吃。

---

① Berthillon 🇫🇷

✉ 29-31, rue St.-Louis en l'Île 75004 Paris
📞 01 43 54 31 61
🕐 週三～日10:00～20:00，週一、二休息
➡ 地鐵站Pont Marie Ⓜ 7，出地鐵後過Marie橋至聖路易島於Rue St.-Louis en l'Île左轉
MAP 本頁

　　由Raymond Berthillon創立於1954年的冰淇淋品牌貝提瓏(Berthillon)是法國最出名的。聖路易島本店內可坐下來享用它的冰淇淋(Glace)及冰砂(Sorbet)，特殊的口味包括開心果、玫瑰覆盆子、杏桃、蜂蜜牛軋糖，均以天然材料製成，滋味豐富。

---

② Amorino 🇫🇷🇮🇹

✉ 47, rue Saint Louis en l'Île 75004 Paris
📞 01 44 07 48 08
🕐 週一～日12:00～00:00
➡ 地鐵站Pont Marie Ⓜ 7，出地鐵後過Marie橋至聖路易島於Rue St.-Louis en l'Île右轉
MAP P.33 / C3及本頁

　　創立於2002年的阿莫里諾(Armorino)，特色是多種口味任選只要同樣價錢，店員會幫你作成一朵花瓣狀賞心悅目的冰淇淋。義大利冰淇淋的

©Armorino

特點在於加入牛奶，口感香甜而濃厚，主廚推薦有牛奶巧克力脆片(Stracciatella)、杏仁餅乾(Amaretto)、榛果巧克力(Bacio)。

---

③ Ben & Jerry's 🇺🇸

✉ 44, rue de Rivoli 75001 Paris
📞 01 42 78 08 14
🕐 週一～五12:00～20:00，週六、日12:30～22:00
➡ 地鐵站Hôtel de Ville Ⓜ 1 11，出口Rue de Rivoli，沿該路往東走5分鐘
MAP P.33 / C2

　　由Ben Cohen與Jerry Greenfield共同創立於1987年的美國品牌，強調天然的牛奶成分，曾被《時代雜誌》選為全球最好的冰淇淋。

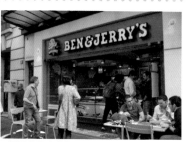

夏天享用冰淇淋最是過癮

香蕉榛果巧克力冰淇淋(Chunky Monky)、餅乾香草冰淇淋(Cookie Dough)都是推薦選擇。

聖母院－拉丁區

特色餐飲

51

法文ㄅㄆㄇ ｜口味篇

夏天想要享用美味的冰淇淋？就試著用法文來選擇自己喜愛的口味。

> 我喜歡 Pistache口味，你呢？

口味	法文ㄅㄆㄇ	口味	法文ㄅㄆㄇ
杏桃	ㄚㄅㄨˋㄏㄧˊㄎㄡˋ **Abricot**	芒果	ㄇㄥˋㄍ **Mangue**
焦糖	ㄎㄞˊㄏㄚㄇㄟˋㄌ **Caramel**	哈蜜瓜	ㄇㄜ ㄌㄥˋ **Melon**
巧克力	ㄒㄧㄡ ㄎㄡ ㄌㄟˊ **Chocolat**	葡萄乾	ㄏㄟ ㄖㄢˋ **Raisin**
草莓	ㄈㄨˇ ㄟˋ ㄖˇ **Fraise**	蘭姆	ㄏㄨㄥˋ ㄇㄨˇ **Rhum**
覆盆子	ㄈㄤ ㄅㄨㄚˋ ㄖˇ **Framboise**	椰子	ㄋㄨㄚˋ ㄌㄜ ㄎㄡ ㄎㄡ **Noix de coco**
百香果	ㄈㄈㄧㄌㄉㄚˋ ㄅㄚ ㄒㄩㄥˋ **Fruit de la passion**	香草	ㄈㄚ ㄋㄧˋ ㄌㄜ **Vanille**
開心果	ㄆㄧㄙㄉㄚˋㄒㄩˇ **Pistache**	餅乾	ㄅㄧㄙㄎㄨㄟˋ **Biscuit**

日法交融的天空 🇫🇷
Sola

🍴 午餐48歐，晚餐88歐
✉ 12, rue de l'Hôtel Colbert 75005 Paris
📞 01 43 29 59 04
🕐 週二～六12:00～14:00，19:30～22:30，週日、一休息
➡ 地鐵站Maubert-Mutualité Ⓜ 10，沿Bd. St.-Germain往東至Rue Lagrange左轉，走至rue de l'Hôtel Colbert右轉
🏠 www.restaurant-sola.com
MAP P.33 / B4

Sola地下室的中世紀岩壁席次氣氛絕佳

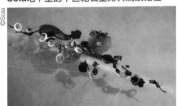

Sola位在聖母院後方的老舊巷弄裡，推開門口厚重的木門像推開一段難忘的時光。店名含義為「天空」，這是由日本主廚吉武廣樹主持的法式餐廳，嚴選每日新鮮食材，以日式執著美學與師承法式手法，開創充滿新意的法國料理。2010年創立後，一年內即得到米其林餐廳指南一星推薦。地下室的和風坐席被中世紀的岩壁包圍，日法交融的情調很讓人著迷。

精緻講究的擺盤，是日法融合的藝術

邀你入席學生餐廳

至今我仍想念學生餐廳那種青春的氣息。在Gobelins學院就讀平面設計的期間,學校給我一份獎學金——學生餐廳300歐元的用餐額度。後來想想這真的不差!每到中午和同學吆喝著到樓上的學生餐廳用餐,自助拿起盤子、刀叉,並選擇前菜、優格或沙拉、主菜、甜點,這樣的套餐約莫在3歐元左右。每天變化的菜色也讓我嘗遍法國家常料裡,基本款是牛排配薯條、披薩;其他不固定出現如燴茄子(Mussaka)、淡菜(Moules)、庫斯庫斯(Couscous);最讓人想念的莫過於聖誕節特別的大餐——鵝肝醬、核桃烤雞、聖誕樹蛋糕……每個人臉上都寫滿幸福的神色;中國新年時也應景推出炒飯、春捲,讓我有些哭笑不得。用餐時,班上同學便圍坐一起,討論早晨上課的老師,或最近名人的趣聞。也許料理稱不上精緻,但是平價;氣氛吵雜,卻充滿青春氣息,就像台灣的大學生們也一夥人到自助餐廳打菜,學生餐廳便是法國學子們共有的回憶,邀請你也入席。

回憶青春的味道

法國的學生餐廳
Les Restaurants-U

每到用餐時間,學生們總會吆喝著一起去「Resto-U」,也就是學生餐廳(Restaurant-Universitaire)。巴黎有多專門為大學生所設立的學生餐廳,提供物美價廉的餐點,憑國際學生證也可以2.85歐元換取餐票,含前菜及主菜、甜點的超值價格,讓你飽餐一頓之外,還可體會在巴黎當學生的滋味!

到學生餐廳用餐感受在巴黎當學生的氣氛

餐廳名稱	地址	地鐵站	開放時間
Censier	31, rue Geoffroy-St.-Hilaire 75005	Censier Daubention (M) 7,沿R. Censier往東走至R. Geoffroy-St.-Hilaire右轉	週一~五11:30~14:45,18:15~20:00
Chatelet	8-10, rue Jean Calvin 75005	Censier Daubention (M) 7,沿R. Monge往北走至R. de l'Épee de Bois左轉步行5分鐘	週一~五11:30~14:00
Cuvier Jussieu	8, rue Cuvier 75005	Jussieu (M) 7 10,沿R. Jussieu往東南至R. Cuvier左轉	週一~五11:30~14:00
Bullier	39, av. Georges Bernanos 75005	Port-Royal (RER) B,沿Bd. de Port-Royal往東走至Av. Georges Bernano	週一~日11:30~14:00,18:30~20:00
Mabillon	3, rue Mabillon 75006	Mabillon (M) 10,出口Rue Mabillon,沿該路往南走1分鐘	週一~五11:30~14:00,18:00~20:00

杜樂麗・羅浮宮

![概況導覽]
概 況 導 覽

羅浮宮曾作為皇室宮殿之用長達400餘年，而大火焚燒以前的杜樂麗宮亦是重要的歷史代表建築物。如今人們依舊喜愛到這裡，在羅浮宮前的大金字塔廣場談天、在廣大的杜樂麗花園散步、在美麗的廊巷回想上個世紀的時光、在希佛里街的拱廊下買點紀念品。喜歡甜點的人，到Ladurée總店帶點馬卡洪或到Angelina喝杯熱巧克力吧！喜歡逛街的人自然不能錯過珠光寶氣的凡登廣場，及充滿名牌的聖多諾黑時尚大道。杜樂麗、羅浮宮一帶就是如此chic的地方。

杜樂麗・羅浮宮
一日行程表

參觀時間120分鐘
❶ 羅浮宮

參觀時間60分鐘
❷ 裝飾藝術博物館

參觀時間20分鐘
❸ 廊巷

參觀時間90分鐘
❹ 杜樂麗花園

參觀時間30分鐘
❺ 橘園美術館

參觀時間20分鐘
❻ 協和廣場

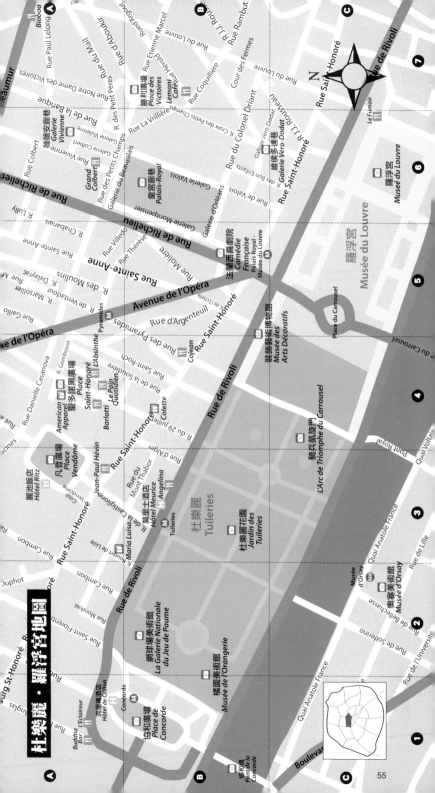

杜樂麗・羅浮宮地圖

Bioboa
Biobao
Rue du Louvre
R. J. J. Rou...
Rue Rambuteau
Rue Saint-Honoré
Rue de Rivoli
N
Le Fumoir

Rue Paul Lelong
Rue du Mail
Rue d'Aboukir
Rue Hérold
Rue Étienne Marcel
Rue du Louvre
Cour des Fermes
...aumur

Rue Notre Dame des Victoires
Rue des Petits Pères
勝利廣場
Place des
Victoires
Lemoni
Café
Rue Coquillière

Rue de la Banque
薇薇安廊巷
Galerie
Vivienne
Galerie Colbert
Rue Colbert
Rue Vivienne
R. Croix des Petits Champs
Rue du Colonel Driant
Galerie Véro-Dodat
維侯多連巷
Galerie Véro-Dodat
Rue Saint-Honoré
羅浮宮
Musée du Louvre

Rue de Richelieu
Grand
Colbert
Galerie du Beaujolais
皇宮廊巷
Palais-Royal
Galerie d'Orléans
Galerie de Montpensier
Rue de Valois
des Bon Enfants

R. Chabanais
R. Lully
Rue Villedo
Rue Thérèse
法國西喜劇院
Comédie
Française
Palais Royal -
Musée du Louvre

Rue Sainte-Anne
Rue Molière
Place du Carrousel

Avenue de l'Opéra
Rue de l'Échelle
裝飾藝術博物館
Musée des
Arts Décoratifs

Rue Gaillon
R. Marsollier
R. de Ventadour
R. des Moulins
R. Dalayrac
Rue Sainte-Anne
Pyramides
Rue d'Argenteuil
Rue des Pyramides
Rue Saint-Honoré
Colbert
du Carrousel

Rue de l'Opéra
Rue Danielle Casanova
R. Gomboust
American
Apparel
聖多諾黑廣場
Place du
Saint-Honoré
Rue Saint-Roch
Rue de la Sourdière
L'Absinthe
Rue de Rivoli
Pont Royal

Rue...
凡登廣場
Place
Vendôme
Barlott
Le Pain
Quotidien
Jean-Paul Hévin
Colette
Rue du 29 Juillet
L'Arc de Triomphe du Carrousel
Quai Voltaire

麗池飯店
Hôtel Ritz
Cour...
Rue du
Mont Thabor
Angelina
騎兵凱旋門
杜樂麗
Tuileries
Rue de Belle-chasse

Rue Cambon
Rue de Castiglione
莫里士西
Hôtel Meurice
Tuileries
杜樂麗花園
Jardin des
Tuileries
Musée
d'Orsay
奥塞美術館
Musée d'Orsay

Rue Cambon
Rue de l'Isle
Rue de Rivoli
Quai Anatole France
Rue de Lille

Duphot
Rue Mondovi
Rue Saint-Florentin
Rue de l'Université

...g St-Honoré
Rue...
網球場美術館
La Galerie Nationale
du Jeu de Paume
Quai Anatole France

Buddha
Bar
L'Éclaireur
克里雍飯店
Hôtel de Crillon
協和廣場
Place de
Concorde
橘園美術館
Musée de l'Orangerie
Boulevar...

協和橋
Pont de la
Concorde

55

羅浮宮
Musée du Louvre

- ✉ 99, rue de Rivoli 75001 Paris
- ☎ 01 40 20 53 17
- ⏰ 週三～一09:00～18:00，週三、五至21:45，週二休息
- € 全票12€，週五18:00後26歲以下免費；10～3月第一個週日及7月14日免費 Pass
- ➡ 地鐵站Palais Royal-Musée du Louvre Ⓜ 1 7，出口Musée du Louvre
- 🏠 www.louvre.fr
- MAP P.55 / C6

廣大宏偉的藝術饗宴

這座世界馳名收藏豐富的博物館，是到巴黎不可錯過的景點之一。它自1190年開始修建，原為菲利浦奧古斯特(Philippe Auguste)用來抵禦北方維京人所建的防禦性城堡；14世紀時，查理五世(Charles V)改建為宮殿，供王室居住；16世紀法蘭索瓦一世(François 1ᵉʳ)將它修建為文藝復興式的建築，放置王室收藏品，便是此時他購買包含《蒙娜麗莎》等義大利畫家的繪畫；梅迪奇(Cathérine de Médicis)建設杜樂麗宮，亨利四世(Henri IV)修建塞納河畔的長廊，將杜樂麗宮與羅浮宮連接起來，成就此一偉大建築。在法國歷史上，這裡曾為王宮長達400年之久，如今看到的建築多半是拿破崙一世至拿破崙三世時所修建，用來收藏戰爭所掠奪而來的寶物，還曾命名為「拿破崙博物館」。40萬件以上的雕塑、繪畫、古埃及及希臘羅馬的珍寶，讓它成為世界最大的三座博物館之一。更拜《達文西密碼》小說、電影在全球風行之賜，羅浮宮的參觀人數屢屢創新紀錄。

貝聿銘替羅浮宮所打造的金字塔，據說正好有666片

銜接拿破崙大廳與大金字塔的旋轉樓梯

旅行小抄

到服務處拿份中文地圖

入館前先到拿破崙大廳服務處取得一份中文版的地圖，以免在廣大的羅浮宮內迷路！此地圖上已標出了必看的鎮館三寶——蒙娜麗莎、米洛島的維納斯及勝利女神像的位置。事先選好想看的藝術品並規畫路線，才能最有效率地逛完羅浮宮。

清楚列出各展品位於何處樓層的中文地圖

1981～1999年由密特朗(François Mitterrand)總統主導的「大羅浮宮改造計劃(Grand Louvre)」，為羅浮宮添加了最出名的外觀：由美籍華裔設計師貝聿銘(Ieoh Ming Pei)所規劃的透明金字塔入口，並選於1989年紀念法國大革命200週年時啟用。用意在回應宮中古埃及的豐富收藏，作為探索的起點，透明的材質反射四周中世紀的建築，並導入光源，更有象徵意義；同時此計劃並正式將羅浮宮規劃為U字型的3個展廳：**黎塞留館**(Salle

Richelieu)——收藏遠東、近東、伊斯蘭文物及14～17世紀的法國繪畫；**德儂館**(Salle Denon)——17～19世紀的法國繪畫、義大利、西班牙油畫；**敘利館**(Salle Sully)——古埃及、古希臘羅馬文物。必看的鎮館三寶為《蒙娜麗莎(La Gioconda)》、《米洛島的維納斯(Vénus de Milo)》、《勝利女神像(La Victoire de Samothrace)》。

法國大型繪畫區的作品相當值得一看

羅浮宮必看
美術品推薦

到擁有40萬件藝術品的羅浮宮參觀，如果不先事先規劃行程，可會容易迷路的！以下精選羅浮宮必看的重要文物，跟著地圖走就對了！

中世紀護城河遺跡
Louvre Médiéval

這裡便是羅浮宮最初修建的遺跡，可參觀由菲利浦二世所建的雙塔及吊橋。

Richelieu
黎塞留館

地下樓
Niveau-1

法國雕塑

Sully
敘利館

Denon
德儂館

Richelieu
黎塞留館

古埃及文物

一樓
Niveau1

Sully
敘利館

古希臘文物

漢摩拉比法典
Code des Lois de Hammurabi
西元前18世紀前半，高225 cm

古巴比倫王國時期，全世界最早的成文法典，記載了282條的法律條文，知名條例「以眼還眼，以牙還牙」，表現當時社會實行階級制度並歧視下層奴隸的事實。法典上方的圖案表示巴比倫所敬仰的太陽神莎瑪什(Samash)，將這部法典傳授給漢摩拉比國王。

米洛島的維納斯
Vénus de Milo
西元前100年，高202 cm

必看

被農夫偶然發現於米洛島的史前半裸女性雕塑，公認是最美的希臘女性雕像——愛神維納斯。關於其遺失手臂的說法眾說紛紜，無論是拿著金蘋果或提著腰布的版本，似乎都沒有如今斷臂來得渾然天成。這座呈現了人體比例美學的雕刻，是羅浮宮鎮館三寶之一。

自由引導人民
La Liberté Guidant le Peuple

德拉克洛瓦(Eugéne Delacroix) / 1830年，260 x 325 cm，畫布油畫

左手持槍、右手拿著三色旗的自由女神，領導民眾起身奮戰於1830年的七月革命，是畫家德拉克洛瓦最出名的一幅巨作，氣勢磅礴動人。

拿破崙一世的加冕式
Le Sacre de Napoléon

大衛(Jacques-Louis David) / 1806～1807年，621 x 979 cm，畫布油畫

1804年12月2日，拿破崙於巴黎聖母院在教宗皮奧七世(Pius VII)見證下，自行加冕為王，並替約瑟芬加冕為后。這幅圖即為御用畫師大衛所繪，拿破崙替約瑟芬戴上皇冠的畫作。

Richelieu
黎塞留館

古埃及文物

二樓
Niveau2

Sully
敘利館

Denon
德儂館

法國巨幅繪畫 及
義大利西班牙繪畫

蒙娜麗莎
La Gioconda

達文西(Leonardo Da Vinci) /1503～1506年，77 x 53 cm，木板油畫

必看

最出名的羅浮宮典藏三寶之一，由達文西所繪的義大利佛羅倫斯貴婦，優雅的面容上帶著一抹神祕的微笑，始終是遊客最喜愛佇足欣賞的名畫。

勝利女神
La Victoire de Samothrace

西元前190年，328 cm

在愛琴海薩摩德拉斯島(Samothrace)發現時已是300多片碎片，這尊站在船頭的古希臘雕塑，頭部及雙臂部分遺失卻絲毫

必看

不減其力道，薄如蟬翼的衣服鬼斧神工，為羅浮宮三寶之一。

丑角演員
Gilles
瓦托(Jean Antoine Watteau) / 1718～1720年，184 x 149 cm，畫布油畫

擅長戲劇與舞台方面繪畫的法國畫家瓦托。畫的背景中，人物熱烈地討論著他們的話題，與站立而沒有動作的白色丑角凸顯出強烈對比。

路易十四的畫像
Portrait de Louis XIV
里果(Hyacinthe Rigaud) / 1701年，277 x 190 cm，畫布油畫

「太陽王」路易十四63歲時的肖像畫，集合所有法國王室權力象徵，包含皇冠、權杖、查理大帝配劍，藍底金紋的加冕袍上是皇家百合徽章。在羅浮宮、凡爾賽宮、香堤伊堡都看得到這幅畫，此處為真跡。

Richelieu
黎塞留館

法國14～17世紀繪畫　　法國17世紀繪畫　　法國18世紀繪畫

三樓
Niveau3

Sully
敍利館

法國19世紀繪畫

Denon
德儂館

知識充電站

文藝復興藝術
Renaissance

14～16世紀歐洲興起文藝復興運動，層面涉及藝術、文學、建築、科學等領域，是中古與近代的分野。普遍認為發源於義大利北部，代表人物有：著有《神曲》的但丁、人文主義之父佩脫拉克、畫有《維納斯的誕生》的波提切利、《蒙娜麗莎》的達文西、《創世紀》的米開朗基羅等。思想展現人文主義，反對中世紀的宗教觀；繪畫方面歌頌人體之美，並採用透視、寫實的技法。羅浮宮中最重要的文藝復興時期收藏當然是達文西的《蒙娜麗莎》。

土耳其浴
Le Bain Turc
安格爾(Dominique Ingres) / 1862年，直徑110 cm，畫布油畫

從未去過土耳其的畫家安格爾想像眾多女子洗土耳其浴的樣子，經典的東方主義畫作，圓框暗示了偷窺的意涵，這幅畫被畫家私藏了40年之久。

杜樂麗—羅浮宮

熱門景點

旅行小抄

館內紀念品店

羅浮宮的紀念品部可分為**書店**及**禮品店**：書店涵蓋上千種藝術、歷史、文化及旅行的書籍，值得一看的有《羅浮宮300件精彩作品介紹》，具中文版；禮品店則有各式原畫複製的明信片、海報、馬克杯、T-shirt等紀念品。如有需要，禮品店對面便有1間館內郵局可購買寄回台灣的郵票。開放時間與博物館相同。

面對羅浮宮中庭良好視野的馬利咖啡館

羅浮宮精品樓

位羅浮宮地下一樓，精品樓(Carrousel du Louvre)有Virgine書店、Sephora化妝品店，歐舒丹(L'Occitane)，及有各國料理的平價餐廳區。其中歐舒丹是遊客到巴黎最喜愛採買的保養品品牌之一，創於南法普羅旺斯，以各系列香氛、保養、沐浴等用品馳名，位在羅浮宮精品樓的店面更是其旗艦店，設有中文解說員，為購物增添許多便利。

館內咖啡館

巴黎最出名的露天咖啡館Café Marly，屬於Coste集團，在羅浮宮挑高拱廊下，放眼望去就是大金字塔和杜樂麗花園的美景。設計師Olivier Gagnère融合現代與拿破崙三世的設計風格，尤以背後附有金屬扣環的古典座椅最為畫龍點睛。

羅浮宮周邊
聖杯藏身之處？
Pyramide inversée

自從《達文西密碼》小說風行全世界後，羅浮宮的參觀人數呈直線上升，是作者以外的最大受益者。電影中指射聖杯——聖母瑪利亞藏身之處，就在倒金字塔的

倒金字塔是《達文西密碼》迷參必去的「景點」

正下方。這裡也成了拍照的熱門景點。

裝飾藝術博物館
Musée des Arts Décoratifs

- 107, rue de Rivoli 75001 Paris
- 01 44 55 57 50
- 週二～日11:00～18:00，週四延長至21:00，週一休息
- 通票全票9.5€，12～25歲8€ Pass
- 地鐵站Palais Royal-Musée du Louvre ⓂⒶ1 7，出口R. de Rivoli，沿該路往東走5分鐘
- www.ucad.fr
- MAP P.55 / B5

裝飾藝術博物館是設計人士必逛的展覽館

精緻的法國家具、時裝與廣告

拿破崙為使羅浮宮增添面積以擴張收藏量，於是擴建侯昂館(Rohan)與馬桑館(Marsan)，便是位於希佛里路107號這3座博物館所在之處。占地9,000平方米，由模納爾(Bruno Moinard)打造室內設計，共分為**裝飾藝術博物館、廣告博物館、服裝與織品博物館**，均屬於裝飾藝術中央聯盟(UCAD)。裝飾藝術博物館創於1905年，展出歐洲近幾世紀的相關豐富收藏，精緻的掛毯、瓷器、彩繪玻璃、工藝品等收藏；服裝與織品博物館則有16,000件時裝、35,000件配件、30,000件自14世紀至今日的布料，定期展出包含Christian Dior、Yves Saint Laurent、Issey Miyaki等時裝大師的作品，是時尚人士的靈感來源；創立於1978年的廣告博物館原位於巴黎十區，可見到45,000張以上18世紀至1945年的海報，以及10萬部以上三〇年代至今日的廣告影片，廣告設計人士不可錯過。

旅行小抄

館內紀念品店

107 Rivoli

「希佛里路107號」是時尚編輯不會忘記的代號，這間裝飾藝術博物館附設的書店與紀念品店，占地300平方米，由設計師Bruno Moinard打造，挑選眾多時尚、設計、藝術相關的書籍，及帶有設計感的生活用品、珠寶、設計小物。

館內餐廳

Le Saut de Loup

這間餐廳無疑是花都中最有裝飾藝術感的一間。由Philippe Boisselier所設計，玩弄黑白對比的美學。烤鮭魚、大蝦燉飯、煎鮪魚配炒時蔬都很不錯，補充逛完博物館後的體力。露天座位有面對杜樂麗花園的良好視野，可眺望艾菲爾鐵塔。

館內餐廳開闊在花園的露天座位

Tuileries-Louvre

美麗的杜樂麗花園是從前王室休憩的地方

杜樂麗花園
Jardin des Tuileries

- ✉ Jardin des Tuileries 75001 Paris
- ⊘ 週一～日10：00～17：00
- ➡ 地鐵站Tuileries Ⓜ 1 ，出口Jardin des Tuileries
- MAP P.55／B3

散步在舊時皇室休息之處

位於市中心、腹地廣大帶有貴氣的杜樂麗花園，向來就與皇室、貴族的歷史密不可分。原為凱薩琳梅迪奇(Catherine de Médicis)皇后的私人財產，她請人設計成文藝復興式的園林，作為皇室遊樂休憩的地方；路易十四時代則經過打造凡爾賽宮的景觀設計師勒諾特(André Le Notre)重新翻修，使得這裡成為典型的法國對稱式園林。在杜樂麗宮被焚燒前是其附屬花園，其後獨立開放。可在園中喝咖啡、散步、休憩之外，更有橘園、網球場兩座美術館可參觀。園內20座雕刻家麥約(Aristide Maillol)所打造的青銅雕像，替此處添增美感。

杜樂麗花園周邊
騎兵凱旋門
L'Arc de Triomphe du Carrousel

位羅浮宮金字塔入口西側，由拿破崙在1806年為紀念奧茲特利茲之役所興建，由建築師楓丹(Pierre Fontaine)、波西埃爾(Charles Percier)所設計，靈感來自羅馬的賽維魯門(Septime Sévère)，為「四柱式」(Tétrapyle)四邊都有門口的設計，生動的浮雕描繪奧茲特利茲戰爭犧牲的士兵，正面4根粉紅色大理石廊柱讓它顯得與凱旋門更為不同。在頂端飾有一尊康士坦丁一世率領雙輪四頭馬車的複製品，原為拿破崙攻下義大利時自威尼斯聖馬可教堂奪來。此門原為杜樂麗宮西邊入口，在杜樂麗宮被焚燒後重建於1882年。

橘園美術館
Musée de l'Orangerie

✉ Jardin des Tuileries 75001 Paris
☎ 01 44 77 80 07
🕐 週三～一09:00～18:00，週二休息
€ 全票9€，18～25歲6.5€，每月第一個
　 週日免費 [Pass]
➡ 地鐵站Concorde Ⓜ ①，出口Jardin des
　 Tuileries往花園西南方走
🏠 www.musee-orangerie.fr
[MAP] P.55 / B2

羅蘭桑繪的香奈兒肖像，據說本人並不喜歡

藏有巨型莫內畫作的展覽館

　　以印象派繪畫收藏聞名的橘園美術館，建於1852年，就位在杜樂麗花園之內，並與國立網球場美術館相對望，美術館的命名來自園中的橘子樹。

　　從大廳漂亮的馬蹄形階梯開始參觀，便可來到收藏莫內《睡蓮

盧梭所繪的《朱尼葉神父的馬車》

(Nymphéas)》原畫的橢圓形大廳，巨型睡蓮畫作在潔白的橢圓展廳裡展現出無比的張力。這裡的珍貴收藏原為收藏家、畫廊經營者紀永姆(Paul Guillaume)的私人寶物，1977年捐給法國政府後建立橘園美術館。館內收藏以印象派及後印象派畫家的作品為主，如塞尚、高更、梵谷、馬諦斯、雷諾瓦等。盧梭的《朱尼葉神父的馬車(Carriole du Pere Junier)》、羅蘭桑(Marie Laurencin)所繪製的《可可香奈兒肖像(Portrait de Coco Chanel)》也值得一看。

©Paris Tourist Office / Photo. Marc Bertrand

位在橢圓形大廳的莫內畫作《睡蓮》是必看的原畫

聖多諾黑廣場
Place du Marché St.-Honoré

📧 Place de Marché St-Honoré 75001 Paris
➡️ 地鐵站Pyramides Ⓜ 7 14，出口
　Avenue de l'Opéra，往歌劇院方向直走
　至Rue Gomboust左轉，直走5分鐘
🗺️ P.55 / A4

時髦現代的透明天橋走廊

　　離羅浮宮不遠的聖多諾黑廣
場，在1997年由鮑菲(Ricardo Bofill)設
計，重新改建為現代化的透明玻
璃帷幕大樓，天橋走廊上常可看
到正講手機的上班族。此廣場上
有許多美味的餐廳及Marc Jacobs、
川久保玲Comme des Garçons香水店、
American Apparel等服飾名牌進駐，
同名的聖多諾黑區街(Rue Fabourg St.-
Honoré)更是名牌聚集的血拼大道。
週三、週六的早晨在此廣場有市
集舉行。

網球場美術館
La Galerie Nationale du Jeu de Paume

📧 1, Place de la Concorde 75008 Paris
📞 01 47 03 12 50
🕐 週二12:00～21:00，週三～五12:00～
　19:00，週六、日10:00～19:00，週一
　休息
💶 全票8.5€，12～25歲5.5€，每月第
　一個週日免費，每月最後一個週二
　17:00～21:00學生或26歲以下免費
➡️ 地鐵站Concorde Ⓜ 1，出口Jardin des
　Tuileries往花園西北方走
🏠 www.jeudepaume.org
🗺️ P.55 / B2

影像藝術的展示廳

　　在杜樂麗花園西北角，面對
橘園美術館，這一棟拿破崙三
世建築物便是網球場美術館。
法文名字《Jeu de Paume》來自
於起源11世紀法國的室內網球
運動，當時的王宮貴族都熱衷
此道，法王亨利八世也曾被稱
為世界級的好手。這棟1851年
的建物原為室內網球之用，
在草地網球興起後改為展覽廳。
而博物館於1947年開幕，1987年史
坦戈(Antoine Stinco)將博物館重新設
計，在不改變古典門面下，增加
大型玻璃讓自然光線穿透，使遊
客可從中遠眺杜樂麗花園、協和
廣場、艾菲爾鐵塔、傷兵院等美
景。1991年由密特朗總統親自開幕
後，這裡便是當代影像藝術重要
的展覽廳，並不時介紹新銳藝術
家，也有影片及短片節目播放。

©Jeu de Paume

明亮的展覽廳可望見艾菲爾鐵塔、方尖碑

希托夫所設計的雙盤噴泉，是熱門的拍照景點

協和廣場
Place de la Concorde

- Place Concorde 75001 Paris
- 地鐵站Concorde Ⓜ ① ，出口Place de la Concorde即可抵達
- MAP P.55 / B1

經歷大革命的歷史流轉之處

建於1757年的協和廣場，由卡布耶爾(Jacques Ange Cabriel)所設計，與其他廣場不同之處在於只有北方有建築物，使杜樂麗花園至香榭大道的視野得以保存。獻給路易十五之用原名為「路易十五廣場」，大革命時期改名為「革命廣場」，18世紀末又更名為「協和廣場」。如今只有不間斷的車流及矗立的埃及方尖碑，很難想像此地便為當年大革命時期恐怖的斷頭台(Guillotine)設置之處，包括路易十六、瑪麗皇后都在此被推上斷頭台。

呈八角形狀的廣場東側以兩尊飛馬雕像銜接杜樂麗花園，西側則以兩尊馬利雕像緊鄰香榭大道，周圍以8座雕像代表法國8座城市，而中央正是埃及人為紀念法國考古學家發現埃及楔形文字所贈送的方尖碑(Obélisque)，擁有3,200年的歷史，塔身上有當年如何搬運、豎立此碑的圖說。方尖碑兩側各有1座由希托夫(Jacques-Ignace Hittorff)所設計的雙盤噴泉，深綠鑲金的配色十分典雅高貴，曾出現在《穿著Prada的惡魔(Devil wear in Prada)》一片中。廣場周圍妝點了相同色系的羅馬式海戰紀念柱(Colonne Rostrale)，特色是金色戰船的裝飾，作為路燈之用。

Rouen 盧昂　　　　Lille 里爾
Brest 布列斯特　　　　Strasbourg 史特拉斯堡
< 往香榭大道　　　　往杜樂麗花園 >
Nantes 南特　　　　Lyon 里昂
Bordeaux 波爾多　　　　Marseille 馬賽

協和廣場上8尊雕像各代表法國8座城市

協和廣場上精美的海戰紀念柱

埃及人贈予法國的方尖碑

協和廣場周邊

協和橋
Pont de la Concorde

以巴士底監獄石塊建成的協和橋

銜接協和廣場與奧塞堤道(Quai d'Orsay)之間的協和橋,是巴黎市區重要的交通樞紐之一。1788年開始修建,曾名為「革命橋」、「路易十六橋」。大革命時期繼續修建,並在經濟和歷史意義的考量下,使用了巴士底監獄拆除後剩下的石塊建造。

凡登廣場
Place Vendôme

- ✉ Place Vendôme 75001 Paris
- ➡ 地鐵站Tuileries Ⓜ 1,出口Rue de Rivoli,往西走至Rue Castiglione右轉直行即可到達
- MAP P.55 / A3

點燈的凡登廣場更顯貴氣

歐洲的珠寶箱

蕭邦於此辭世,香奈兒每日從工作室走回家——位此廣場的麗池酒店,黛安娜王妃發生車禍前的最後一餐也是在此享用;《達文西密碼》曾在此上演……,有「歐洲珠寶箱」之稱的凡登廣場,為Bvlgari、Cartier、Chanel、Chaumet、Dior、Tiffany等多家高級珠寶店環繞,是巴黎最貴氣的廣場。原是路易十四為了和建設「孚日廣場」的亨利四世一爭高下而興建,由曾設計圓頂教堂(見P.154)的設計師蒙莎(Jules Hardouin Mansart)規劃。廣場中央原有的路易十四雕像遭到拆除,取而代之為代表拿破崙戰爭功業的「奧斯特利茲柱」,搜刮了1,200門青銅炮所熔鑄建成,其上有1尊拿破崙著凱薩服的雕像。

杜樂麗—羅浮宮

熱門景點

重回美好年代

19世紀天棚廊巷
Les passages couverts

有著頂棚的「廊巷」，至今仍存在巴黎市中心的街頭巷尾中，原是19世紀時可以安心購物、無畏風雨的所在，現在也仍是時光倒流的時尚走廊。

貴氣十足的皇宮廊巷
Palais Royal

✉ 2, Place Colette 75001 Paris
📞 01 47 03 12 50
🕐 週一～日08:00～23:00
➡ 地鐵站Palais Royal-Musée du Louvre Ⓜ 1
7，出口Place Palais Royal
MAP P.55 / B6

　　皇宮廊巷由Montponsier、Beaujolais、Valois、Orléans等4條廊巷組成，最早為黎塞留樞機主教(Richelieu)宅邸，後歸王室所有。路易十四幼年為避貴族叛亂，曾在此度過一段時光。中央長方形廣場有公園與噴水池，是巴黎人喜愛約會的地點。18世紀時人們於此地的咖啡館、商店流連佇足，現今周邊進駐法國文化部、法蘭西劇院等文藝氣息濃厚的機構，並因Didier Ludot、Marc Jacobs、Pierre Hardy、Martin Margiela等名人均在此開設店鋪，更添時尚感，還有間米其林高級餐廳Grand Véfour。不可錯過24號時尚圈知名鑑賞家Didier Ludot的古董衣店，及156號Hermès鞋品、飾品設計總監Pierre Hardy的品牌本店。

皇宮廊巷是最貴氣的一條廊巷

巴黎最美的薇薇安廊巷
Galerie Vivienne

✉ 6, rue Vivienne 75002 Paris
📞 01 42 21 17 37
🕐 週一～日08:30～20:30
➡ 地鐵站Bourse Ⓜ 3，出口Place de la Bourse，左轉Rue Vivienne
MAP P.55 / A6

　　1823年建立時，建造者馬舒(Marchoux)便以「巴黎最美最富魅力的一條廊巷」為宗旨來建設，進而成就了如今薇薇安廊巷奢華

薇薇安廊巷有巴黎最美廊巷之稱

蚤市場的公司，可找到100Drine、5.5 designers、L'aire de rien、Studio Lo、Tract等著名設計師生活用品；4號則是以金屬及玻璃零件組成創意燈具的Le Labo工作室。

高貴的模樣。高雅而呈拱形式的玻璃天棚，配上亦是拱廊的門面，很有意味，地板並鑲嵌美麗的馬賽克。此廊巷有許多時裝相關商店，設計師Jean-Paul Gaultier的工作室就在其中。25號的La Morelle有剛下時裝週的設計師出清品，35號則為一間美麗的下午茶沙龍À Priori Thé。

❀ ③ ❀
設計師必去的大鹿廊巷
Passage Grand Cerf

✉ 145, rue Saint-Denis 75002 Paris
📞 01 47 03 12 50
🕐 週一～～日10:00～19:00
➡ 地鐵站Étienne Marcel Ⓜ ④，沿Rue Turbigo直走至Rue St.-Denis左轉
MAP P.77 / B3

建於1825年的大鹿廊巷，曾被《New York Times》指為是巴黎廊巷中最嬉皮的一條，30餘家商店包含時髦的設計師工作室、具當代感的設計商品小店，饒富趣味。5號La Corbeille即是每年主辦設計跳

凱爾巷 Passage Caire

✉ 239, rue Saint-Denis 75002 Paris
📞 01 47 03 12 50
🕐 週一～～五07:00～18:30，週六、日休息
➡ 地鐵站Réaumur Sébastopol Ⓜ ③ ④，沿R. Réaumur往西至R. St.-Denis右轉
MAP P.77 / C1

建於1798年紀念拿破崙遠征埃及的凱爾巷，是歷史最悠久也最長的一條廊巷，足足有370米，命名為凱爾是埃及首都開羅的法文譯名。入口處飾有古埃及女神——哈瑟爾(Hathor)的雕刻最為顯眼。

維侯多達巷 Galerie Véro-Dodat

✉ 2, rue du Bouloi 75001 Paris
📞 01 42 36 19 91
🕐 週一～～日11:00～19:00，週日休息
➡ 地鐵站Palais Royal-Musée du Louvre Ⓜ ①，沿R. St.- Honoré往東走至r. Croix des Petits Champs左轉，步行5分鐘即可在右邊見廊巷入口
MAP P.55 / C6

由肉商Véro與財政家Dodat投資建於1826年，在1997年修復過後，Véro-Dodat仍保存美好年代的裝潢，帶新古典主義的風格，堪稱是最古典寧靜的巴黎廊巷。

(本文章原刊載於BRAND名牌誌)

逛街購物指南 *Shopping*

紀念品街——希佛里路

Rue De Rivoli

🏠 紀念品
✉ Rue de Rivoli 75001 Paris
➡ 地鐵站Tuelries Ⓜ 1，出口Rue de Rivoli
MAP P.55 / B4

希佛里路有著挑高的拱廊，雨天也可安心購物

由拿破崙下令建造，紀念1797年希佛里之戰勝利的這條街，有著18世紀古典風格，地上還找得到殘存的古典馬賽克拼磚。讓行人免受風雨之苦的拱廊，在當時是個創舉。如今雖然這些拱廊為紀念品店所占據，儼然成為一條「紀念品街」，但對遊客來說不啻是選擇一些基本款伴手禮的好地方，例如金、銀、鐵色的鐵塔鑰匙圈在這邊一個只要0.4歐元，各式艾菲爾鐵塔造型的磁鐵、擺飾、鑰匙圈能在此一次買齊，貨比三家不吃虧。此外，知名的莫里斯(Meurice)四星酒店及茶沙龍(Angelina)均在此條街上。

超人氣挑選概念店

Maria Luisa

🏠 設計師服飾挑選概念店
✉ 38, rue du Mont Thabor 75001 Paris
📞 01 47 03 96 16
🕐 週一～六10:30～19:00，週日休息
➡ 地鐵站Concorde Ⓜ 1，出口Rue de Rivoli，沿該路往西走至Rue Rouget de Lisle右轉，再至Rue du Mont Thabor左轉
MAP P.55 / A3

時尚界中超有名氣的挑選概念店，名人、模特兒、設計師都時常到此一遊。200平方米的空間，精選入時的品牌設計師時裝，經

©Maria Louisa

©Maria Louisa

Maria Luisa是挑選入時精品的人氣商店

典品牌以外，比利時六君子、Isabel Marant、Véronique Branquinho、Jil Sander、Bruno Pieters也都可找得到。

Tuileries-Louvre

挑選一份特色伴手禮

千里迢迢來到巴黎,幾份送禮自用兩相宜的紀念品自然是不可缺少的。觀光景點的基本款紀念品如艾菲爾鐵塔鑰匙圈、法國麵包磁鐵、I love Paris的T-shirt在希佛里路(Rue de Rivoli)、聖母院旁小巷、大型博物館旁的小店中都可找到;想帶點法國代表性的土產,不妨到百貨公司的食品超市,可找到包含Mariage Frère、Fauchon、Hédiard、Dammann Frère等知名品牌茶葉、餅乾;想找點當地藝術家的畫作或手藝品,則不可錯過週日在蒙帕拿斯的創意市集(P.142),能找到藝術家原創的畫作、小擺飾品或攝影照片;喜歡新奇、有設計感,單價也許稍高卻值得保存的設計師小物,到瑪黑區絕對會有所收穫;喜歡泛黃的明信片、陶瓷娃娃、舊舊的行李皮箱?到跳蚤市場(P.212)尋寶去吧!若想帶點復古的服飾和配件則別忘了到磊阿勒附近的二手衣店(P.84)瞧瞧去。

設計+點子的 Select Shop

Colette

- 🏠 設計禮品、服飾挑選概念店
- ✉ 213, rue St.-Honoré 75001 Paris
- 📞 01 55 35 33 90
- 🕐 週一～六10:00～19:00,週日休息
- ➡ 地鐵站Tuileries Ⓜ ①,出口Rue de Rivoli,往東走至Rue du 29 juillet左轉直行即可找到Rue St.-Honoré
- 🏠 www.colette.fr
- MAP P.55 / B4

Colette店內可愛的公仔

　　Colette是連香奈兒總監卡爾拉格斐(Karl Lagerfeld)都推薦的巴黎必去之處。成立超過10年,由創意總監Sarah帶領團隊在世界各地挑選入時商品,從玩具、書籍、CD、保養品、時裝應有盡有,地下室還有間活水吧(Water Bar),有著來自全世界200多種礦泉水。

玩弄色彩的混搭哲學

American Apparel

- 🏠 流行服飾
- ✉ 31, Place du Marché Saint-Honoré 75001 Paris
- 📞 01 47 03 96 15
- 🕐 週一～六10:30～19:00,週日休息
- ➡ 地鐵站Pyramides Ⓜ ⑦⑭,出口Avenue de l'Opéra,往歌劇院方向直走至Rue Gomboust左轉,直走5分鐘
- MAP P.55 / A4

　　1999年由Dov Charney創立於美國洛杉磯的服裝品牌,風靡挑剔的巴黎人,每個巴黎年輕人或多或少會有一件American Apparel的T-shirt或褲子,樣式簡約、顏色款式多、材質舒適是其最大特色,很適合拿來作混搭;大小剛好的各色手提包也很搶手。值得一逛。

American Apparel於2004年進駐法國

特色餐飲 *Restaurant*

廊巷內的19世紀風格餐廳 🇫🇷
Le Grand Colbert

🍴 前菜或甜點＋主菜套餐25€(午餐)
✉ 2, rue Vivienne 75002 Paris
📞 01 42 86 87 88
🕐 週一～六12:00～01:00，週日休息
➡ 地鐵站Bourse Ⓜ ③，出口Place de la Bourse，左轉Rue Vivienne
🗺 P.55 / A6

這間1830年開始營業的「大庫爾貝」法國餐廳，以毛玻璃隔間、金色掛衣桿襯托紅色皮椅，大面鏡牆有著濃郁的19世紀風格，在電影《愛你在心眼難開(Something's Gotta Give)》中被影后黛安基頓(Diana Keaton)大力推薦後，現在更是一位難求。以傳統法式料理為主，豪華的海鮮拼盤(Plateau de Fruit de Mer)、紅羊魚(Rouget)、炭烤羊腿排(Tranche de Gigot)都值得一試。

可口的本日濃湯

新鮮味美的紅羊魚配時蔬

充滿書香的酒吧餐廳 🇫🇷
Le Fumoir

🍴 前菜或甜點+主菜19.5€(午餐)，前菜+主菜32€(晚餐)
✉ 6, rue de l'Amiral Coligny 75001 Paris
📞 01 42 92 00 24
🕐 週一～日11:00～02:00
➡ Louvre-Rivoli Ⓜ ①，出口Rue de l'Amiral Coligny
🗺 P.55 / C6

位在羅浮宮對面的知名酒吧餐廳，開幕於1997年，燈光明亮而溫暖舒適。提供法式餐點，推薦晚餐菜色如黑血腸配煎鵝肝(Boudin et Fois Gras Poélés)、庇里牛斯山烤羔羊(Agneau des Pyrénnées)，素食者不妨選擇松露燉飯(Risotto et Truffe)。這裡更有一間小型圖書館可供借閱書籍，讓不少巴黎人在午後到此閱讀，飄滿書香。

坐在Le Fumoir一角，享受巴黎時光

小紐約創意料理 🇮🇹

L'Absinthe

🍴 前菜或甜點＋主菜套餐31.4€，單點主菜 22€起
✉ 24, Pl. du Marché St-Honoré 75001
📞 01 49 26 90 04
🕐 週一～六12:30～14:30，19:30～22:30， 週日休息
➡ 地鐵站Pyramides Ⓜ 7 ⑭，出口Avenue de l'Opéra，往歌劇院方向直走至rue Gomboust 左轉，直走5分鐘
MAP P.55 / A4

位於時髦的聖多諾黑廣場， 與川久保玲、Marc Jacobs為鄰，有 「小紐約」之稱的L'Absinthe，適合

©L'Absinthe

喜歡感受巴 黎一區新潮 時尚的人士 前往。前 菜推薦小 螯蝦義式餃子(Ravioles de Romans aux Langoustines)、龍蝦餅配番紅花沙拉 (Crabe Cake, Salade Croquante Parfumée au Curcuma)，主菜則不妨試試紅酒燒 小牛腰子(Rognon de Veau au Vin)、白 菜捲羊肩肉(L'Épaule Fondante d'Agneau en Chou Farci)。

時尚尖兵的前衛酒吧 🇮🇹

Bar l'Eclaireur

🍴 雞尾酒6€
✉ 10, rue du Boissy d'Anglas 75008 Paris
📞 01 53 43 80 12
🕐 週一11:00～19:00，週二～六11:00～ 02:00，週日休息
➡ 地鐵站Concorde Ⓜ 1 8 ⑫，出口Rue Royale，沿Pl. de la Concorde往西走至R. du Boissy d'Anglas右轉
🏠 www.leclaireur.com
MAP P.55 / A1

©L'Eclaireur
來巴黎最時尚的酒吧喝一杯

在巴黎有多間分店的老牌挑選 名店L'Eclaireur，在時尚的杜樂麗區 也成立一間，結合時裝、酒吧、 餐廳的複合式空間，成為花都最 新時尚據點。以知名義大利藝術 家Piero Fornasetti的人像畫作做裝 飾，創造奇妙的超現實空間感。

©Barlotti
挑高明亮現代感十足的Barlotti餐廳

感受時髦的義式風情 🇮🇹

Barlotti

🍴 前菜或甜點＋主菜＋飲料套餐23.5€ (週一～六中午)
✉ 35, Place du Marché St-Honoré 75001
📞 01 44 86 97 97
🕐 週一～日12:00～15:00，19:00～00:30
➡ 地鐵站Pyramides Ⓜ 7 ⑭，出口Avenue de l'Opéra，往歌劇院方向直走至Rue Gomboust左轉，直走5分鐘
MAP P.55 / A4

與知名夜店「Bouddha Bar」同屬 George V集團的Barlotti，3層樓的廣 大空間，石牆上鑲嵌著慕哈諾島 的玻璃，裝潢原創而有特色。不 可錯過米蘭雞肉燉飯(Risotto Milanais au Poulet)、鴨肝餃子(Ravioli de Fois Gras de Canard)、小牛肉茄汁千層派 (Lasagne au Veau)。

不只輕食，更要時尚
Restaurant BIO

法國有機產品的標誌

愛美的巴黎人對蔚為流行的有機風潮，自然不會錯過。時裝週時模特兒與雜誌編輯們到這些新潮時尚餐廳來享用有機輕食，維持曼妙的身段；平日則是附近上班族想要點健康、零負擔美味小食的最愛。旅遊的中午不妨就到這裡來享用點熱湯、沙拉、三明治與甜點。

---

① Bioboa

🍴 三明治6€起
✉ 93, rue Montmartre, 75002 Paris
📞 01 40 28 02 83
🕐 週一～五08:30～17:00，週六、日休息
➡ 地鐵站Bourse Ⓜ③1號出口沿Rue Réaumur往東至Rue Montmarte右轉即可抵達
🗺 P.55 / A7

② Cojean

🍴 咖哩雞肉捲5.9€，綜合果汁4.5€
✉ 10, rue des Pyramides 75001 Paris
📞 01 42 36 91 18
🕐 週一～五10:00～18:00，週六10:00～17:00，週日休息
➡ 地鐵站Pyramides Ⓜ⑦⑭，出口Rue des Pyramides，沿該路往南走5分鐘
🗺 P.55 / B4

舒適輕快的健康選擇

打從logo設計到員工制服都以帶著輕鬆舒適的淺藍色為主，Cojean創立於2001年，是法國第一間輕食快餐店，提供蔬菜烤三明治、咖哩雞肉捲、沙拉、鹹蛋塔、濃湯、現榨果汁等健康選擇，中午時段常被厭倦牛排配炸薯條的上班族擠滿。

時尚可口的有機輕食

由Marielle Gamboa創立於2004年，炒豌豆配越南香米、有機漢堡、蔬菜濃湯的輕食，很受到附近剛走完秀的模特兒歡迎。水泥地板、不鏽鋼的現代吧台、木質餐桌，並挑選由經典雙人組設計師Charles & Ray Eames所設計的白色復古座椅。

©Cojean

©Cojean

Lemoni Café ③

🍴 主菜＋沙拉或湯＋甜點或飲料套餐11€起
✉ 5, rue Hérold 75001 Paris
📞 01 45 08 49 84
🕐 週一～五12:00～14:00，週六、日休息
➡ 地鐵站Louvre-Rivoli Ⓜ 1 ，沿Rue du Louvre往
　北走至Rue Coquillère左轉，至Rue Hérold右轉
MAP P.55 / B7

維他命C＋的美味沙拉

　　堅持100%自製料理，Lémoni提供地中海風味的自然均衡飲食，各式沙拉如酪梨鮮蝦、水煮蛋鮪魚、菠菜蘑菇乳酪都很可口；克里特式烤鮭魚、焗烤馬鈴薯等熱食也很美味。

健康有機的Lemoni Café

Le Pain Quotidien ④

🍴 濃湯7.5€起
✉ 18, pl. du Marché St.-Honoré 75001 Paris
📞 01 42 96 31 70
🕐 週一～六08:00～22:00，週日至19:00
➡ 地鐵站Pyramides Ⓜ 7 14 ，出口Avenue
　de l'Opéra，往歌劇院方向直走至Rue
　Gomboust左轉，直走5分鐘
MAP P.55 / A4

多種健康的濃湯與鹹派選擇

　　Le Pain Quotidien長期與有機農合作，來製造新鮮美味的各式飲食。提供各式蔬菜熱濃湯、鹹派、塔丁烤麵包、煙燻雞肉焗烤麵包片、火腿盤的選擇，甜點及麵包也很可口。

Exki ⑤

🍴 千層派6.5€
✉ 9, boulevard des Italiens 75002 Paris
📞 01 42 61 06 52
🕐 週一～六08:00～22:30，週日至19:00
➡ 地鐵站Richelieu-Drouot Ⓜ 8 9 ，出口
　Boulevard des Italiens
MAP P.187 / A5

新鮮的有機小食體驗

　　創立於2000年，秉持著自然、新鮮且準備齊全的哲學，Exki是一間讓人感到輕鬆愉快的輕食店，不認為吃得快就等於吃得糟，這裡提供選擇眾多的健康食品，就來這裡點份蔬菜湯、有機麵包、千層派、三明治或義大利麵，讓旅途中的用餐時光舒適而溫馨。

★有機超市

Naturalia
✉ 11/13, rue Montorgueil 75001 Paris
📞 01 55 80 77 81
🕐 週一～六10:00～20:00，週日
　09:30～13:30
🏠 www.naturalia.fr

Biocoop
✉ 55, rue de la Glacière 75013 Paris
📞 01 45 35 24 36
🕐 週一～六10:00～20:00
🏠 www.biocoop.fr

磊阿勒·波布

 概 況 導 覽

中世紀起，磊阿勒就有「巴黎之胃」的稱號，這裡也是巴黎年輕人最常流連的地方，有如台北西門町。小巷內不時飄出可麗餅的香氣，商店中的衣服、配件也都是時下最流行的款式。不妨就從龐畢度中心開始一趟藝術巡禮，廣場上的街頭藝人及畫家會使你停下腳步；中午到蒙特格尤食品大街逛逛，找份營養均衡的午餐；再到磊阿勒附近進行血拼，特別替你蒐羅的二手衣店將耗去一個下午的挖寶時光。逛累的時候別忘了跟法國人一樣在露天位置坐下來喝杯咖啡，欣賞熙來攘往的人潮。

磊阿勒·波布 一日行程表

參觀時間120分鐘
❶ 龐畢度中心

參觀時間60分鐘
❷ 洋娃娃博物館

參觀時間20分鐘
❸ 蒙特格尤大街

參觀時間90分鐘
❹ 磊阿勒商場

參觀時間30分鐘
❺ 聖德尼街

參觀時間20分鐘
❻ 夏特雷廣場

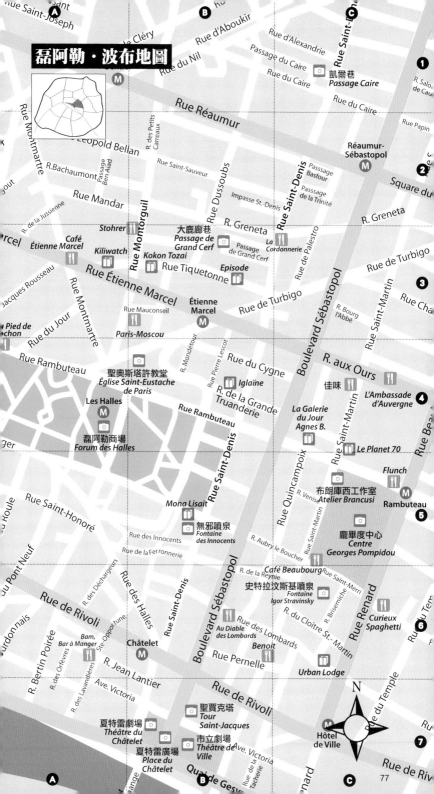

磊阿勒・波布地圖

國立龐畢度藝術文化中心 📷 Wi-Fi
Centre National d'Art et de Culture Georges Pompidou

✉ Place Georges Pompidou 75004 Paris
📞 01 44 78 12 33
🕐 週三～一11:00～21:00，週四至23:00
€ 全票12€，18～25歲9€，每月第一個週日常設展免費 Pass
➡ 地鐵站Rambuteau Ⓜ 11，出口Centre George Pompidou即可見龐畢度中心
🏠 www.centrepompidou.fr
MAP P.77 / C5

龐畢度中心 Data

建造年份：1977年
設 計 師： Renzo Piano、Giantranco Franchini、Richard Rogers
風　　格： 高科技派風
樓　　層： 共10層，地上5層、地下5層

頂樓展望台
龐畢度中心頂樓有著可眺望巴黎的美景。

5F
1905～1960年收藏

4F
1960至今日收藏

2、3F
圖書館

透明手扶梯
搭乘透明管狀手扶梯上升，可一邊欣賞遠方的美景。

外露彩色管線
龐畢度中心最明顯的外觀之一，巨大外露的彩色管線中，藍色代表空調、綠色代表水管、紅色代表電梯、黃色則為電線。

高科技派的現代藝術展覽館

若有機會在空中俯瞰巴黎，這座鋼骨外露的龐大建築物，與巴黎市區灰藍色奧斯曼式建築的確大相庭異，難怪建立之初便讓挑剔的巴黎市民無法接受，卻也有藝術家頗為支持，戲稱為「市中心的煉油廠」。這座風格前衛的藝術中心，為法國前總統龐畢度提議興建，紀念擊退希特勒的戴高樂將軍，並建立一座專供收藏現代藝術的博物館，然而完工時龐畢度卻病逝，便以他的名字命名以示紀念。

整座藝術文化中心含國立現代藝術美術館(MNAM)，展出20世紀以來最完整的現代藝術收藏，從野獸派、立體派到抽象藝術一應俱全，是欣賞近代藝術作品不可或缺的去處；此外並有表演廳、電影廳及一座歐洲最大的公共圖書館。

旅行小抄

館內書店
Flammarion Bookshop

位在龐畢度中心1樓的設計書店Flammarion，由皮亞諾(Renzo Piano)所設計，上萬種包含平面設計、建築、藝術、攝影、時尚的書籍，是專業人士也來汲取靈感的地方。種類眾多的明信片選擇讓你可以寄張不一樣的心意給台灣朋友，巴黎相關手記本或明信片組也很適合留念。

館內紀念品店
Printemps Design

©Paris Tourist Office / Photo. Amélie Dupont

位於龐畢度中心挑高的1樓，面積達280平方米，精選超過2,000種設計商品，200位知名設計師所設計的家

具、首飾、玩具、禮品甚至食物都可在此找到，挑禮物的好去處。

館內餐廳
Georges

作為龐畢度中心的館內餐廳，當然也要裡外呼應，設計師賈蔻柏(Dominique Jakob)及馬克法連(Brendan MacFarlane)在餐廳中央搭建銀色外殼、彩色內壁的水管，隔出特殊用餐空間。大片落地窗有著眺望巴黎的良好視野，最適合夏天來此喝杯咖啡。

頂樓可眺望巴黎美景的露天咖啡座

噴泉以音樂劇《火鳥》為造型靈感

史特拉汶斯基噴泉
Fontaine Stravinsky

✉ 龐畢度中心旁廣場上
➡ 地鐵站Rambuteau Ⓜ⑪，出口Centre George Pompidou，穿過龐畢度中心前廣場，至R. St.-Merri左轉即可見到噴泉
MAP P.77 / C6

色彩鮮艷而富有動感的巴黎首座動態噴泉，由夫妻檔藝術家共同完成。坦戈里(Jean Tinguely)負責動態部分，聖法爾(Niki de Saint-Phalle)則設計顏色及外型。為紀念俄國知名音樂家史特拉汶斯基，噴水池便以其著名芭蕾音樂劇《火鳥(Firebird)》為靈感，構思出火鳥、螺旋、骷髏、高音符、低音符等表達樂曲張力的雕塑，充滿藝術家的想像力。

布朗庫西工作室
Atelier Brancusi

✉ 55, rue Rambuteau 75004 Paris
☎ 01 44 78 12 33
🕐 週三～一14:00～18:00，週二休息
➡ 地鐵站Rambuteau Ⓜ⑪，出口Centre George Pompidou，工作室在龐畢度中心前廣場
MAP P.77 / C5

羅馬尼亞雕塑家布朗庫西(Constantin Brancusi)於1916～1957年在巴黎居住。逝世後留下遺囑將作品全數捐贈給法國政府，條件是需還原其工作室原貌，就位在龐畢度中心廣場前方，由建築龐畢度中心的設計師之一皮阿諾(Renzo Piano)打造，純白的空間在自然光穿透下，展出包含《吻(Baiser)》等200多件雕塑、1,600多張攝影作品及其私人用品。

簡單現代的雕塑家布朗庫西工作室

Les Halles Beaubourg

巴黎最古老的地方

街頭發現

★3, Rue Volta 75003

➡ 地鐵站Arts et Métiers Ⓜ③⑪，出口Rue de Turbigo，沿Rue au Maire走至Rue Volta左轉

在與遍布溫州餐廳有「溫州街」之稱的Rue au Maire相交的小路Rue Volta上3號，可以找到一棟建於14世紀的木構屋，現為美髮店與餐廳。

★51, Rue de Montmorency 75003

➡ 地鐵站Étienne Marcel Ⓜ④，沿R. Étienne Marcel往東走至R. St.-Martin左轉，至R. de Montmorency右轉

建於1407年，這裡曾是法國作家Nicolas Flamel的宅邸，現為一間名為Auberge Nicolas Flamel的法式料理餐廳。

在古色古香的老房子內用餐，別有風情

夏特雷廣場
Place du Châtelet

✉ Place de Châtelet 75004 Paris

🚇 地鐵站Châtelet Ⓜ ❶❹❼⓫，出口 Place du Châtelet即可抵達

MAP P.77 / B7

劇院環繞的優美之地

法語夏特雷(Châtelet)的意思是「小城堡」，12世紀時這裡曾有座城堡，由路易六世所興建的這座廣場也因此得名。後成為監獄、刑場所在地，雖已在1806年由拿破崙移除改建，但附近的路仍保留與之相關的路名。廣場上拿破崙所建造的帕爾米耶噴泉(Fontaine de Palmier)，除了炫耀其戰績，更提供當時的巴黎人免費飲水。中央立有1尊柱子，下方有4尊埃及人面獅身吐水獸，柱身則寫有埃及、義大利省分的名字，頂端則有1尊勝利女神之像；而廣場前塞納河上的交易橋(Pont de Change)，為塞納河上第一座橋，通往西堤島，命名歷史可追溯自中世紀時遊客在此兌換錢幣的交易所。

夏特雷廣場上的帕爾米耶噴泉

聖賈克塔
Tour Saint-Jacques

✉ 39, rue de Rivoli 75004 Paris

🚇 地鐵站Châtelet Ⓜ ❶❹❼⓫，出口 Rue de Rivoli往東步行5分鐘

MAP P.77 / B7

哥德風格的塔樓

位在希佛里路上，這座高58米的哥德式塔樓的繁複與聖母院可比美。建於1509～1523年，為當時一座Saint-Jacques de la Boucherie教堂的塔樓。塔頂有4尊聖獸：獅子、老虎、老鷹和牛，以及聖賈克的雕像。原為前往西班牙朝聖的旅者中途休息站，法國大革命時被毀。現今重新修建，500多年來一直是右岸的地標之一。

磊阿勒商場 Wi Fi
Forum des Halles

✉ Forum des Halles 75001 Paris
📞 01 41 10 08 10
🕐 週一～日10:00～20:00，週日商店關閉，但商場開放
➡ 地鐵站Les Halles Ⓜ④，出口Place Carée - Forum des Halles即可抵達
🏠 www.forumdeshalles.com
MAP P.77 / A4

磊阿勒商場是年輕人聚集的購物中心

年輕人聚集的綜合Shopping Mall

「磊阿勒」原指巴黎中央市場，由菲力普二世建於12世紀，13世紀時已是攤販林立的地方。1851年拿破崙三世指派人架設鑄鐵攤位，直到1969年因過於擁擠、阻礙交通，市政府不得已將市場遷至巴黎南部。直到1979年重建，花了9年把磊阿勒改為廣達地下4層的大型商場，由建築師瓦司寇尼(Claude Vasconi)及潘傀奇(Georges Pencreac'h)打造，地面層有廣大的花園。附近的路名都還以菜市場職業為名，如魚販街(Rue de la Poissonnière)、鐵匠街(Rue de la Ferronnerie)、甘貝販街(Rue de la Coquillière)。

這裡亦是巴黎最重要的地下鐵樞紐，連接了1、4、7、11、14號線地鐵及A、B、D、E線郊區快鐵，尖峰時段總是人潮擁擠。商場中除了有各式青少年服飾品牌包含H&M、ZARA、Celio，也有一間UGC電影院、FNAC書店及游泳池。其中「Forum des Image」提供電影圖書查閱及影片放映，地下3樓「設計師空間(Espace Créateur)」走廊則有一系列設計師的工作室及商店，可找到有設計感的服飾。

★磊阿勒商場附近的聖德尼街(Rue St.-Denis)，有如巴黎的西門町，有許多年輕人喜愛的流行平價服飾、配件，價格公道、款式新潮，值得一逛。

廣達4層的磊阿勒商場，是市中心購物方便的去處

磊阿勒商場周邊

聖奧斯塔許教堂
Église Saint-Eustache de Paris

✉ 2, impasse Saint-Eustache 75002 Paris
➡ 地鐵站Étienne Marcel Ⓜ④，沿Rue Turbigo
往西走5分鐘，教堂在右邊
🅼 P.77 / B4

　　修建於16～17世紀的教堂，外
觀為哥德式風格，內部則為古典
及文藝復興風格，為巴黎僅次於
聖母院的第二大教堂。法王路易
十四在此第一次領聖餐、劇作家
莫里哀在此受洗、音樂家李斯特
在此首次發表《大彌撒曲》。教
堂前的卡桑廣場(Place René Cassin)，
是年輕人喜愛散步、玩滑板的地
方。廣場上由米勒(Henri Miller)設
計、重達70噸的大型頭像《聆聽
(Écoute)》，向來是巴黎人喜歡相約
的地點。

在廣場上的大型頭像雕塑《聆聽》

文藝復興式的無邪噴泉在廣場上靜靜地流瀉

磊阿勒商場周邊

無邪噴泉
Fontaine des Innocents

✉ Place Joachim du Bellay 75001 Paris
➡ 地鐵站Les Halles Ⓜ④，從磊阿勒商場的
Porte Lescot出口出去，沿Rue Pierre Lescot
步行1分鐘
🅼 P.77 / B5

　　雕刻家顧迴(Jean Goujon)、帕茹
(Augustin Pajou)、拉斯哥(Pierre Lescot)
共同設計的文藝復興式噴泉。
所在的杜百雷廣場(Place Joachim du
Bellay)，正是電影《香水》一片
中主角葛奴乙出生的地方。可曾
想過這裡曾是名為無邪墓園的無
名公墓，後來因不敷使用便遷到
十四區的骷髏穴(P.139)。

追逐復古的流行

巴黎的二手衣店

Les Fripperies à Paris

巴黎的二手衣店大體上可分為兩種,「Vintage」是自歐洲各地蒐集而來50至80年代的復古衣服,有可能是設計師的古董衣,因而價格高昂;「Friperie」則為80年代以後的衣服,以低價的價格出售。喜歡復古造型、想要尋寶,到這些二手衣店就準沒錯。

① Episode

📧 12-16, rue Tiquetonne 75002 Paris
📞 01 42 61 14 65
🕐 週一~13:00~19:30,週二~五11:30~19:30,週六11:00~20:00,週日休息
🚇 地鐵站Étienne Marcel Ⓜ④,沿Rue Turbigo至Rue St.-Denis左轉,至Rue Tiquetonne左轉
🏠 www.episode.eu
MAP P.77 / B3

位在流行人士必逛的Tiquetonne石子小路上,這間大型的二手衣店以七〇及八〇年代的復古衣物為主,也可找到五〇或六〇年代的配件。男女裝均齊全,乾淨明亮的空間不像一般二手衣店的雜亂,可以慢條斯理地挑選。巴黎分店為2008年開幕。

② Kiliwatch

📧 64, rue Tiquetonne 75002 Paris
📞 01 42 21 17 37
🕐 週一~六11:00~17:30,週日休息
🚇 地鐵站Étienne Marcel Ⓜ④,沿R. Étienne Marcel往西走至R. Tiquetonne右轉
🏠 espacekiliwatch.fr
MAP P.77 / A3

最富盛名的二手衣天堂,廣大的店面裡有各品牌的新貨,也有五〇~八〇年代的舊衣,成堆的襯衫、外套、整排的靴子、滿箱的貝蕾帽等你尋寶。店內也有一角為OFR書店的各式設計雜誌與書籍,逛街之餘也很知性。

Kiliwatch的店名來自法國搖滾巨星
Johnney Holiday的一首歌

3

Vintage

✉ 32, rue des Rosiers 75004 Paris
📞 01 40 27 04 98
🕐 週一～日11:00～22:00
➡ 地鐵站Saint-Paul Ⓜ 1 ，沿Rue Malher往北走至Rue des Rosiers左轉
MAP P.95 / C2

5歐元貝蕾帽、腰帶、襯衫的超值價格讓這裡總是人潮擁擠，2007年開幕的二手衣店。

4

Free'p'Star

✉ 8, rue Ste.-Croix de la Bretonnerie 75004
📞 01 42 76 03 72
🕐 週一～六12:00～22:00，週日14:00～22:00
➡ 地鐵站Saint-Paul Ⓜ 1 ，沿R. de Rivoli往西走至R. Vieille du Temple右轉，至R. Ste.-Croix de la Bretonnerie左轉
MAP P.95 / C2

窄小的空間中永遠擠滿人潮，價格平價實在，可找到復古花襯衫、領帶、皮衣外套、可愛碎花裙、Levi's經典牛仔褲、蛇皮靴子、媽媽用的古董手袋等。想嘗試七〇年代的風格，來這裡找行頭絕對不會錯。

5

Guerrisol

✉ 17 bis, bd. Rochechouart 75018 Paris
📞 01 45 26 13 12
🕐 週一～六10:00～19:00，週日休息
➡ 地鐵站Anvers Ⓜ 2 ，出口Bd. Rochechouart沿該路往東走3分鐘
MAP P.205 / C6

一雙漆皮高跟鞋只要3歐元？Guerrisol是二手衣迷們的購物天堂！復古絲巾1歐元起、碎花襯衫7歐元、皮衣外套也只要30歐元內，加點巧思搭配就會是非常出色的穿著。

其他值得一逛的

Le Planet 70

✉ 147, rue Saint-Matin 75003 Paris
📞 01 48 04 33 96
🕐 週一～六11:00～19:00，週日休息
➡ 地鐵站Rambuteau Ⓜ 11 ，出口R. Rambuteau，沿該路至R. St.-Martin右轉
MAP P.77 / C4

七〇年代服飾的二手衣店，就位在龐畢度中心旁的小路上，鞋子5歐元、衣服3歐元的告示牌相當吸引人，到此逛逛說不定會有意外的發現。

Iglaïne

✉ 12, rue de la Grande Truanderie 75001 Paris
📞 01 42 36 19 91
🕐 週一～六11:00～19:00，週日休息
➡ 地鐵站Étienne Marcel Ⓜ 4 ，沿Rue Pierre Lascot步行至Rue de la Grande Truanderie左轉
MAP P.77 / B4

店內滿是名牌設計師的二手古董衣，如YSL、Nina Ricci、Dior，適合想尋找高級訂製服或珍品的專業人士。

逛街購物指南 *Shopping*

古今東西
Kokon Tozai

🏷 前衛服飾
✉ 48, rue Tiquetonne 75002 Paris
📞 01 42 36 92 41
🕐 週一～六11:30～19:30，週日休息
➡ 地鐵站Étienne Marcel Ⓜ④，沿Rue Turbigo 至Rue St.-Denis左轉，至Rue Tiquetonne左轉
🗺 P.77 / B3

　　帶電子風格的前衛裝潢，可找到美國設計師Jeremy Scotte、龐克教母Vivienne Westwood、比利時六君子之首Walter Van Beirendonck、Bernhard Willhelm等的入時服裝。

創意雜貨鋪
Urban Lodge

🏷 創意商品
✉ 91, rue de la Verrerie 75004 Paris
📞 01 44 54 85 54
🕐 週二～六11:00～19:30，週日、一休息
➡ 地鐵站Hôtel de Ville Ⓜ① ⑪，出口R. du Renard沿該路往北至R. de la Verrerie左轉
🗺 P.77 / C6

　　各式新奇有趣的商品，適合來此尋找一份巴黎伴手禮。店內的人氣商品為艾菲爾鐵塔造型的義大利麵。

閱讀蒙娜折扣書店
Mona Lisait

🏷 設計、藝術書籍
✉ Place Joachim du Bellay 75001 Paris
📞 01 40 26 83 66
🕐 週一～日10:00～20:00
➡ 地鐵站Les Halles Ⓜ④，從磊阿勒商場的Porte Lescot出口出去，沿Rue Pierre Lescot步行1分鐘
🏠 www.monalisait.fr
🗺 P.77 / B5

　　店名法文意思既是「蒙娜閱讀」，讓人曉得與書本有關；發音又近似達文西知名的畫作蒙娜麗莎。創立於1993年，提供各式設計、藝術、時裝、攝影相關藏書，由於發行年代都有一段時間，能有超乎想像的折扣。

來Mona Lisa找一本法式美食的食譜

Les Halles Beaubourg

Agnès B.在一區白日街(Rue du Jour)有全系列的服裝店可逛

Agnès B. 藝文空間
La Galerie du Jour Agnès B.

🏛 展覽空間
✉ 44, rue Quincampoix 75004 Paris
📞 01 44 54 55 90
🕐 週二～六11:00～20:00，週日、一休息
➡ 地鐵站Rambuteau Ⓜ ⑪ ，出口R. Rambuteau，沿該路直走至R. Quincampoix右轉
🏠 www.galeriedujour.com
MAP P.77 / C4

★哪裡買Agnès B.？

靠近磊阿勒的白日街(Rue du Jour)可說是條「Agnès B.街」，品牌全系列服裝店在此都可找到，從2號童裝店、3號男裝店、4號Agnès B.旅行包店、6號女裝店、19號嬰兒服裝店就可看出其陣容強大的勢力。而3號店址也是品牌創立所成立的第一家分店。

知 識 充 電 站

設計師小檔案
Agnès B.

1941年出生於法國的Agnès B.，在創立品牌前便有相當豐富的時尚經驗。1975年第一家服裝店成立，極簡的設計路線與當時的華麗風格截然不同，一舉獲得巴黎人的青睞。在巴黎獲得成功後，並積極將業務推廣海外，藉由與品牌的跨界合作更成功打出知名度與好感，例如與Les Coq Sportif合作的球鞋、與L'Oréal合作的彩妝、與日本品牌Sazaby合作旅行包系列，同時經營自家藝文空間、質感餐廳，將品牌形象成功塑造。

　　喜歡Agnès B.的穿衣品味，自然也不可錯過這間自1984年便成立的現代藝術展覽空間。設計師Agnès B.每年在此邀集10次展覽，致力於推動當代藝術的運行。此處還有一處圖書館，可參閱藝術家的展覽手冊、藝術作品，並展示Agnès B.與藝術家合作的T-shirt。

新潮時尚的法式料理 🇫🇷
Bar à Manger

🍴 前菜或甜點＋主菜套餐16€(午餐)

✉ 13, rue des Lavandières Ste.-Opportune 75001 Paris

📞 01 42 21 01 72

🕐 週一～六12:00～17:00，19:00～23:00，週日休息

➡ 地鐵站Châtelet Ⓜ ① ④ ⑦ ⑪，出口Rue de Rivoli，沿該路往西走至Rue des Lavandières Ste.-Opportune左轉

🏠 baramanger.canalblog.com

MAP P.77 / A6

　　Thierry Delcour創立的BAM餐廳，裝潢風格明亮而具有質感，提供每週變換菜色的創意料理，如半煎鵝肝配香料麵包(Mi-Cuit de Fois Gras au Pain d'Epices)、普羅旺斯風味義大利管麵(Penne Provençales)、香煎黑鱸魚(Filet de Lieu Noir Poêlé)等，都很有法式風味，擺盤精緻。

現代而明亮的用餐空間

每週變換菜單的Bam餐廳，料理新鮮而有創意

隆巴路上的惡魔 🇺🇸
Au Diable des Lombards

🍴 前菜或甜點＋主菜＋飲料＋咖啡套餐12.9€(午餐)

✉ 64, rue des Lombards 75001 Paris

📞 01 42 33 12 99

🕐 週一～日09:00～02:00

➡ 地鐵站Châtelet Ⓜ ① ④ ⑦ ⑪，出口Pl. du Châtelet，沿Bd. Sebastopole往北走至Rue des Lombards右轉

🏠 www.diable.com

MAP P.77 / B6

　　歡樂氣氛的美式餐廳Au Diable des Lombards，位在夜生活聞名的隆巴路上。主廚推薦是各式美味的漢堡，除了招牌100%牛肉口味外，更不能錯過融合美國及法國特色、夾著牛肉及整片煎鵝肝的「羅西尼鵝肝漢堡(Hamburger Rossini)」。

熱鬧愉快的美式餐廳Au Diable des Lombards

不妨來這裡小酌幾杯，並享用全天候供應的西班牙開胃菜(Tapas)，感受巴黎人特有的悠閒氣氛。

特別的鵝羅西尼肝漢堡／17.5€

設計人必去的咖啡館 ▮▮

Café Étienne Marcel

- 🍴 咖啡3€
- ✉ 34, rue Étienne Marcel 75002 Paris
- ☎ 01 45 08 01 03
- ⏰ 週一～日09:00～02:00
- ➡ 地鐵站Étienne Marcel Ⓜ④，出地鐵後找到Rue Étienne Marcel步行5分鐘
- MAP P.77 / A3

由Coste集團開設的咖啡館，向來以時髦氣息著稱。由M/M設計團隊打造，將原本的肉鋪店面改造為如今七○年代嬉皮風格又現代的味道，其中造型復古的白座椅內枕著彩色棉布最是出名，夏季時露天座位必定客滿。

©Paris Tourist Office / Photo, David Lefranc

吃到飽法式平民料理 ▮▮

Flunch

- 🍴 烤雞套餐5.6€，持ISIC卡打9折
- ✉ 21, rue de Beaubourg 75003 Paris
- ☎ 01 40 29 09 78
- ⏰ 週一～日12:00～14:00，19:30～22:00
- ➡ 地鐵站Rambuteau Ⓜ⑪，出口Centre George Pompidou即可抵達
- MAP P.77 / C5

各式美味的餐點自行取用

「精緻」的法國菜總讓食量大的你覺得意猶未盡？Flunch自助式吃到飽餐廳，點用任一主菜：烤雞、牛排、炸魚等後，配菜包含馬鈴薯、波菜、扁豆、胡蘿蔔、炸薯條、米飯等都無限量供應，適合逛了一天覺得該好好犒賞自己的旅客。

24小時的豬腳店 ▮▮

Au Pied de Cochon

- 🍴 招牌豬腳18.25€，焗烤酥皮洋蔥湯7.45€，生蠔3顆7.2€起
- ✉ 6, rue Coquillère 75001 Paris
- ☎ 01 40 13 77 00
- ⏰ 週一～日24小時不打烊
- ➡ 地鐵站Les Halles Ⓜ④，出口Forum des Halles，穿越磊阿勒商場經Porte St.-Eustache出口出去即可抵達
- MAP P.77 / A4

開幕於1946年，在磊阿勒商場仍為舊時市場時，因物美價廉就是工人喜愛用餐的餐廳，廣達4層樓的空間，用餐氣氛舒適愉快，24小時營業更是便利。以焗烤酥皮洋蔥湯(Soupe à l'Oignon Gratinée)、生蠔(Huitres)及外脆內軟的豬腳(Pied de Cochon Grillé)為三大招牌菜。其烹煮得極柔軟、膠質在舌尖打轉的豬腳，每年可賣出85,500份。

外酥內軟的豬腳是值得一嘗的招牌菜

磊阿勒-波布　特色餐飲

MONTORGUEIL

©Paris Tourist Office / Photo: Amélie Dupont

香氣四溢的食品大街

巴黎之胃──蒙特格尤大街
Rue Montorguille

▶ 地鐵站Étienne Marcel Ⓜ④

左拉在其小說《巴黎之胃》(Le Ventre de Paris)描述了巴黎堆滿蔬果、肉類的傳統市集,蒙特格尤(Rue Montorgueil)這條食品大街就是最好見證。堆滿乳酪的食品店、散發烤雞香氣的肉鋪、鮮魚與貝殼的海鮮鋪、披薩及鹹派的麵包店、熟食鋪誘人的鮭魚塔、甜點鋪令人抗拒不了的杏仁小圓餅……趕緊來這裡散散步,發現美味。

↘ Stohrer 🇫🇷

🍴 蘭姆巴巴3.5€
✉ 51, rue Montorgueil 75002 Paris
📞 01 42 33 38 20
🕐 週一～日07:30～20:30
MAP P.77 / B3

皇室外燴糕點鋪

　　路易十五的王妃自家鄉帶來的波蘭廚師Nicolas Stohrer,於1730年開設此甜點鋪,連英國女皇都喜愛。添加蘭姆酒的蘭姆巴巴(Baba au Rhum)蛋糕,以及名為愛之泉(Puits d'Amour)的香草焦糖千層派是人氣甜品。曾為王后的御廚,對各式宮廷宴會中的熟食準備自然拿手,各式熱冷盤如鴨肝、甘貝、龍蝦拼盤等食材可秤重購買。

↘ Paris-Moscou 🇷🇺

🍴 前菜＋主菜套餐10.8€(午餐)
✉ 37, rue Mauconseil 75001 Paris
📞 01 42 36 91 18
🕐 週一～六12:00～22:00,週日休息
MAP P.77 / B3

巴黎莫斯科零距離

　　在與蒙特格尤食品大街相交的石子路上,這間傳統俄國料理餐廳內不到20個位子卻經常座無虛席,祕訣在其用心而道地的俄羅斯風味菜,如基輔式炸雞(Poulet à la Kiévienne)、史托戈諾夫燴牛肉(Bœuf à la Stroganof),味美純正。中午前菜、主菜、甜點任意搭配的套餐也很適合想要試試俄羅斯風味菜的遊客。

Les Halles Beaubourg

玩家交流

搭直升機去用餐的高貴享受

法國東部有啤酒、美食出名的亞爾薩斯省，西北部有靠海的布列塔尼，南部普羅旺斯明媚的風光叫人難忘，東南部近阿爾卑斯山地區則是滑雪勝地與乳酪鍋的家鄉。

然而提起中部地方，大部分人的概念卻很模糊，頂多只曉得其出名的火山地形，然而事實上中部地方卻是老饕絕不會錯過的美食天堂，據說一間設立在山上的頂級餐廳，便讓人直接搭直升機上去用餐。奧弗涅(Auvergne)以克萊蒙費侯市(Clémont-Ferrand)為首府，特殊的菜色便是加入起士的馬鈴薯泥──阿里勾(Aligot)，以及加入康達乳酪(Cantal)、馬鈴薯、葡萄酒、燻肉製成的乳酪肉餅(Truffade)，也別錯過奧弗涅藍紋乳酪(Bleu d'Auvergne)。美食吸引人之餘，溫泉療養聖地Vichy、Volvic礦泉水源頭也在中部地方，從巴黎車站搭乘火車只需3小時。

來自奧弗涅的傳統美味 ▮▮

L'Ambassade d'Auvergne

🍴 鴨胸肉配阿里勾16€
✉ 22, rue du Grenier Saint-Lazare
　75003 Paris
📞 01 42 72 31 32
🕐 週一～日12:00～14:00，19:30～22:00
➡ 地鐵站Rambuteau Ⓜ⑪，出口R. du Grenier
　Saint-Lazare，過街即可抵達
🏠 www.ambassade-auvergne.com
MAP P.77 / C4

　　從踏入「奧弗涅大使館」店門那刻起，古老的擺飾與裝潢彷彿就帶你穿過時光，來到法國中部奧弗涅地方。服務生推著推車來表演地方名菜「阿里勾(Aligot)」──加入乳酪的馬鈴薯泥，如何拉得又密又長，舀起銅鍋中的一些放到你的餐盤上，透出香濃的氣息，無論配上烤鴨胸肉(Magret de Canard Rôti)或奧維涅式香腸(Saucisse d'Auvergne)都十分味美。再點用一支相應的紅酒便更顯情調。也不可錯過該區盛產的乳

酪盤，如最富盛名的奧弗涅藍黴乳酪(Bleu d'Auvergne)。各大美食指南都找的到的這家餐廳，價格也十分公道，是想體驗真正法式美食的好地方，記得預約。

美味的鴨胸肉配阿里勾

米其林初試好選擇 🔳🔳
Benoit

🍽 前菜＋主菜＋甜點套餐34€(午餐)
✉ 20, rue Saint-Martin 75004 Paris
📞 01 42 72 25 76
🕐 週一～六12:00～14:00，19:30～22:00，
週日休息
➡ 地鐵站Châtelet Ⓜ ① ④ ⑦ ⑪，出口Rue de Rivoli，沿此路往東走至Rue St.-Martin
🌐 www.benoit-paris.com
MAP P.77 / B6

1912年成立以來一直為波提(Petit)家族經營，在加入Alain Ducasse集團後更有人氣，順利獲得米其林指南一星評鑑。中午套餐多為時節料理組合，價錢公道；晚餐則為單點式，名菜為酸辣醬小牛頭(Tête de Veau Sauce Ravigote)、小牛胸腺配鵝肝佐松露醬汁(Ris de Veau, Fois Gras, Jus Truffé)。

Benoit的午間套餐很適合初嘗米其林的推薦

好奇義大利麵 🔳🔳
Curieux Spaghetti

🍽 前菜＋主菜＋飲料11€(午餐)
夏日自助吃到飽9.5€
✉ 14, rue Saint-Merri 75004 Paris
📞 01 48 87 63 96
🕐 週日～三12:00～02:00，週四～六至04:00
➡ Rambuteau Ⓜ ⑪，出口Centre George Pompidou，沿R. Beaubourg往南至R. St.-Merri左轉
MAP P.77 / C6

夏日午間的自助吃到飽Buffet/9.5€

開幕於2004年的義大利麵餐廳兼酒吧，華麗的內部裝潢無論板凳皮椅或透明高腳椅都很有設計感。推薦經典義大利開胃菜Antipasti(含肉類、海鮮、沙拉的冷盤)，或Bruschetta(烤麵包上加上沙拉配料)。夏日午間12點至15點更推出吃到飽的自助Buffet，披薩、沙拉、濃湯、乳酪、甜品、果汁等多種義式料理無限量供應。

各種義大利麵的名稱

Spaghetti	細麵
Capellini	天使髮麵
Tagliatelle	寬麵
Farfalle	蝴蝶麵
Penne	筆尖管麵
Zite	短管通心麵
Fusilli	螺旋麵
Conchiglie	貝殼麵

型男美女都來波布咖啡館 ■■
Café Beaubourg

🍴 咖啡2.7€

✉ 43, Rue Saint-Merri 75004 Paris

📞 01 48 87 63 96

🕐 週一～日08:00～01:00，週四～六至 02:00

➡ 地鐵站Rambuteau Ⓜ ⑪，出口Centre George Pompidou，穿過龐畢度中心前廣場，咖啡館在龐畢度中心左前方

🗺 P.77 / C5

波布咖啡館造型現代的座椅

現代摩登的波布咖啡館，就位在龐畢度中心斜前方，為Coste集團創立，並由曾設計紐約LV集團大廈的建築師波桑帕克(Christian de Porzamparc)建於1985年，地段絕佳配上具設計感的裝潢，讓龐畢度中心的職員、巴黎時尚人士莫不喜愛到這裡的露天咖啡座喝杯咖啡。這裡也喝得到法國茶葉名牌Mariage Frères的紅茶，麵包沾的亦是Fouquet名牌果醬。不如在逛完龐畢度中心後來此喝杯咖啡。

磊阿勒—波布

特色餐飲

法文ㄅㄆㄇ | 搭訕篇

在咖啡館內看到心儀的對象，就用簡單的法文來表達心意吧！

想說的話	法文ㄅㄆㄇ
您好，我可以跟您照張相嗎？	ㄅㄥ ㄐㄩ ㄆㄩ一 ㄖㄜ・ ㄆㄨㄥˋㄉㄜ ㄩㄣ・ ㄈㄡㄊㄛ **Bonjour, puis-je prendre une photo** ㄚ・ㄈㄟˋㄎ ㄈㄨ **avec vous ?**
您來自哪裡？	ㄈㄨˇ ㄈㄜˇㄟ ㄉㄟˋ **Vous venez d'où ?**
您是什麼星座？	ㄍㄟ ㄉㄟ ㄈㄛㄊㄜ ㄒ一ㄣˇ ㄚˋㄊㄡㄌㄛ ㄐ一ㄎ **Quel est votre signe astrologique ?**
您很帥 / 您很漂亮	ㄈㄨˇ ㄖㄟˋㄎ ㄅㄛˋ　ㄈㄨˇ ㄖㄟˋㄎ ㄅㄟˋㄌㄜ **Vous êtes beau. / Vous êtes belle.**
我叫太雅。	ㄖㄜˇ ㄇㄚˇ ㄅㄟ・ㄌㄜ ㄊㄞˋ 一ㄚˇ **Je m'appelle Taiya.**
我來自台灣。	ㄖㄜˋ ㄈ一ㄤ ㄉㄜ ㄊㄞ ㄨㄢˊ **Je viens de Taiwan.**
我很喜歡巴黎。	ㄐ一ㄢˇ ㄅㄡㄆㄨ ㄅㄚˊㄏˋ **J'aime beaucoup Paris.**
很榮幸認識您，再見	ㄥ ㄒㄩㄥ ㄉㄟˇ　ㄡ ㄏˋㄈㄚ **Enchanté(e), Au revoir.**

> 我的 Signe astrologique 是天秤座，你呢？

瑪黑區・巴士底

Le Marais-Bastille

新興設計師爭先進駐的瑪黑區，在13世紀前是片荒蕪的沼澤地，瑪黑的法語「Marais」指的即是沼澤，在水位降低、地面露出以後，這裡才漸漸成為城市發展的重心。17世紀貴族與布爾喬亞階級湧入瑪黑區，在此建立大宅，此後更有俄國、中歐人及猶太人進駐；而巴士底至共和廣場一帶是真正巴黎人出沒的地方。代表皇室權力的巴士底監獄，在大革命被徹底拆毀，浴火重生的巴士底廣場，現在成為酒吧、舞廳的聚集地；在聖馬當運河畔曬太陽、喝點啤酒，獨一無二的水岸風情會讓你深深著迷。

瑪黑區・巴士底 一日行程表

參觀時間20分鐘
❶ 市政廳
↓
參觀時間60分鐘
❷ 巴黎歷史博物館
↓
參觀時間120分鐘
❸ 畢卡索美術館
↓
參觀時間60分鐘
❹ 孚日廣場
↓
參觀時間30分鐘
❺ 巴士底廣場
↓
參觀時間30分鐘
❻ 聖馬當運河

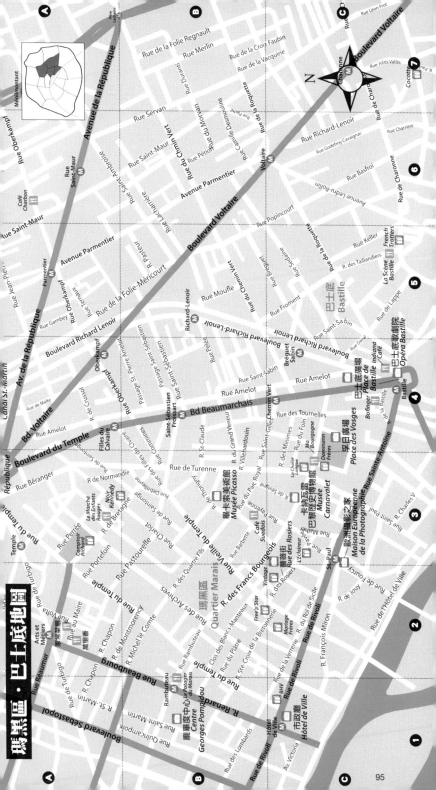

巴黎市政廳
Hôtel de Ville de Paris

- 29, rue de Rivoli 75004 Paris
- 01 41 10 08 10
- 週三～一09:00～18:00，週二休息
- 地鐵站Hôtel de Ville Ⓜ ① ⑪，出口 Hôtel de Ville即可抵達
- MAP P.95 / C1
- www.paris.fr

文藝復興式的古典建築

1357年當時的巴黎市長馬歇爾(Étienne Marcel)於本處建設巴黎市政廳，後為法蘭索瓦一世整修為文藝復興風格的建築，原本的建物歷經一場大火後損毀，在1871年重建，其上有著136尊對法國有貢獻的名人、畫家、政治家雕刻，例如浪漫主義畫家德拉克洛瓦(Eugène Delacroix)、拿破崙御用畫師大衛(Jaques-Louis David)、發明傅柯擺的傅柯(Michel Foucault)、思想家伏爾泰(Voltaire)等。市政廳前廣場時常作主題式的展設，冬天則變身為溜冰場。廳內並時常舉行免費的藝文展覽。

街頭發現

巴黎市徽
Blason de Paris

在市政府地鐵站月台上，可見此代表巴黎的市徽，紅色底紋上一艘帆船象徵巴黎是自小漁村擴張的城市，上方有著代表法國皇室的藍底金紋鳶尾花。

冬天時變裝為溜冰場的市政廳前廣場

Marais-Bastille

孚日廣場綠油油的草地是巴黎人最愛來曬太陽的地方

孚日廣場
Place des Vosges

- Place des Voges 75004 Paris
- 地鐵站Saint-Paul Ⓜ ① ，沿R. Ste.-Antoine直行至Rue de Birague左轉
- P.95/ C3～C4

世界最美的廣場

亨利四世於1605年下令修建孚日廣場，欲取代舊有的皇家杜爾聶爾大宅(Hôtel des Tournelles)舉行大型晚宴。落成時，其子路易十三便在此與奧地利的安公主(Anne d'Autriche)舉行婚禮。這座四合院建築群，共有36棟對稱的紅磚藍頂宅邸，每邊9棟，飾有美麗的拱廊。南邊中央為國王宅邸(Pavillon du Roi)，而北邊中央為皇后宅邸(Pavillon de la Reine)，其下各有一道拱門。6號的雨果宅邸就在與國王宅邸同側的東南角。

原名皇家廣場(Place Royale)，後為紀念首個向法國政府納稅的孚日省而更名孚日廣場。草地上有著雙盤式噴泉及一座路易十三的雕像，氣氛寧靜舒適。

孚日廣場6號雨果之家
Maison de Victor Hugo

- 6, Place des Vosges 75004 Paris
- 01 42 72 10 16
- 週二～日10:00～18:00，週一休息
- 免費

《悲慘世界》、《鐘樓怪人》等19世紀著名法國小說的作者雨果(Victor Hugo, 1802～1885)，30歲時與其夫人芙雪(Adèle Foucher)、4個小孩在此侯昂大宅的2樓居住長達16年。大部分的《悲慘世界》便是在這裡完成。透過窗戶眺望廣場，不難想像為何雨果說它是世界上最美的廣場。

雨果家裡華麗的家具擺飾

97

畢卡索美術館
Musée Picasso

- ✉ 5, rue de Thorigny 75003 Paris
- ☎ 01 42 71 25 21
- ⏰ 週二～五11:30～18:00，週六～日9:30～18:00，週一休息，每月第三個週五延長至21:00
- ➡ 地鐵站Saint-Sébastien Froissart Ⓜ 8，沿Rue de Pont aux Choux走，至Rue de Turenne左轉，直行至R. de Thorigny
- € 全票11€
- 🏠 www.museepicassoparis.fr
- MAP P.95 / B3

來畢卡索美術館欣賞他最出名的抽象畫

世界上最豐富的畢卡索收藏

1985年開幕，位於瑪黑區古老沙雷大宅(Hôtel Salé)的畢卡索美術館，是收藏其作品最完整的一座，包括200幅繪畫、150件雕塑及素描作品。與其他美術館不同的是，此處並非畢卡索的故居或工作室，而是家人用畫作抵遺產稅而成立的美術館。而沙雷大宅是17世紀鹽稅官楓特內(Pierre Aubert de Fontenay)的歷史故居，內部華麗寬敞。

生於西班牙而久居法國的畢卡索(Pablo Picasso，1881～1973)，是20世紀重要的藝術家。這裡可看到畢卡索不同時期的轉變，包含藍色、粉紅色時期及立體派時期的作品，必看的畫作包含《自畫像》、《亞維儂的少女》、《海灘上奔跑的女人》，以及他替模特兒情人——瑪麗(Marie Thérèse)、朵拉(Dora Maar)所繪的肖像。

歐洲攝影之家
Maison Européenne de la Photographie

- ✉ 5, rue de Fourcy 75004 Paris
- ☎ 01 44 78 75 00
- ⏰ 週三～日11:00～19:45，週一、二休息
- ➡ 地鐵站Saint-Paul Ⓜ 1，出地鐵左轉沿Rue de Rivoli直行至Rue de Fourcy左轉
- € 全票8€，18～25歲4.5€，週三17:00～20:00免費
- 🏠 www.mep-fr.org
- MAP P.95 / C2

平面影像的展覽處

坐落在瑪黑區18世紀的坎托卜赫宅邸(Hôtel Hénault de Cantobre)，由建築師李翁(Yves Lion)於1993年加蓋一

棟新建築於其側擴充展廳面積。歐洲攝影之家時常舉行主題攝影展、攝影大師的回顧展，更是兩年一度的巴黎攝影月(11月)主辦單位，攝影愛好者不可錯過。

Marais-Bastille

98

卡納瓦雷—巴黎歷史博物館
Musée Carnavalet

- ✉ 23, rue de Sévigné 75003 Paris
- ☎ 01 44 59 58 58
- ⏰ 週二～日10:00～18:00，週一休息
- 🚇 地鐵站Saint-Paul Ⓜ 1，出口往右沿R. Ste.-Antoine走至R. de Sévigné左轉
- € 常設展免費
- 🏠 carnavalet.paris.fr
- MAP P.95 / C3

一窺巴黎的歷史

　　在富有歷史感的瑪黑區，卡納瓦雷——巴黎歷史博物館，是最能了解花都悠久歷史的地方。原是建於1547年的大宅，在賣給François de Kernevenoy的遺孀後，就被稱為卡納瓦雷(法文為Carnavalet，為

卡納瓦雷博物館中美麗的拱廊與花園

古典的沙龍展示法國十八世紀的收藏

Kernevenoy的誤寫)。曾被路易十四御用建築師蒙莎(François Monsart)翻修過，作家賽維涅夫人(Marquise de Sévigné)亦曾於1677～1696年居住於此；1866年巴黎市政府買下宅邸，為增加展覽面積，便將1687年建立的聖法構(Hôtel Le Peletier Saint-Fargeau)宅邸容納進來，用一座美麗的拱廊銜接。100個展覽廳，道盡巴黎的今昔過往，卡納瓦雷宅邸為大革命前的巴黎歷史，包含羅馬至文藝復興時期，與路易十五、路易十六執政時的建設；聖法構宅邸則是大革命及第一、第二帝國時期的藏品，攻陷巴士底監獄的紀錄、奧斯曼男爵大改造，直到美好年代的收藏。

薔薇街
Rue des Rosiers

- ✉ rue des Rosiers 75003 Paris
- 🚇 地鐵站Saint-Paul Ⓜ 1，往Rue Pavée 直走至Rue des Rosiers左轉
- MAP P.95 / C3

食物飄香的誘人小巷

　　總長303米的薔薇街上，原是一處種滿薔薇的花園因而得名。現在這條街上充滿許多猶太人的小食店、麵包店，可找到小食三明

薔薇街是瑪黑區最值得一逛的一條街

治法拉費(Falafel)，以及多間猶太麵包店、熟食鋪。

聖馬當運河
Canal Saint-Martin

✉ Canal Saint Martin 75010 Paris
➡ 地鐵站République Ⓜ ③ ⑤ ⑧ ⑨ ⑪，出口R. du Fbg. du Temple，沿該路往東走至Quai de Valmy，即是運河
🗺 P.95 / A4

靜謐美麗的河岸之旅

從拉維特港口、烏克運河穿過巴黎市中心，在阿森那爾港口匯入塞納河的聖馬當運河，總長4.55公里，由路易十六構思、拿破崙三世興建，完工於1825年。在巴士底廣場至李察勒諾爾(Richard Lenoir)大道間，運河被一處長形的公園所覆蓋，直到朱兒法利(Jules Ferry)大道後才得見天日。共有9座船閘及數條河上天橋，電影《艾蜜莉的異想世界》中，女主角便是在此打水漂。河岸兩旁種植巨大的梧桐樹，街上盡是咖啡館和餐廳，夏天時也可看見來此垂釣，或坐在岸邊喝啤酒的巴黎人。靜靜地在此散步，欣賞水面的倒影，將會帶來一下午的悠閒。

旅行小抄

聖馬當運河遊船

欲享受2小時30分的河上風光，有2家遊船公司可供選擇。**Paris Canal**從奧塞美術館旁塞納河出發，經聖母院到阿森那爾港口轉入聖馬當運河，最後抵達烏克運河所在的拉維特湖泊；**Canauxrama**則從阿森那爾港直抵拉維特湖泊，讓人細品品味這段觀光客鮮少的巴黎風情。因水位高低不一，須灌水後等待閘門、天橋開放，船隻彷彿在河上「爬樓梯」，十分有趣。

Paris Canal
🕐 3～11月週一～日09:30
📞 01 42 40 96 97 (需預約)
💶 全票20€，12～25歲17€
🏠 www.pariscanal.com

Canauxrama
🕐 6～9月週一～日21:00
📞 01 42 39 15 00
💶 全票18€，學生14€(週六、日下午不適用)
🏠 www.canauxrama.com

在聖馬當河畔學會獨處

如果塞納河河畔適合戀人約會，那聖馬當河畔就是想獨處的好去處。這條運河最值得前往的一段便是共和廣場附近朱兒法利大道(Avenue Jules Ferry)往北的部分，水面高度與地面幾乎相等，沿途散步欣賞水光倒影，是此區獨有的風情。不妨選擇旅途中的一個下午，帶著一本書、幾罐啤酒、幾個甜點或剛出爐的麵包，坐在河畔的長椅享受暖陽吧！看著河上的游船緩慢地划行，天空中的浮雲也跟隨飄動，艷陽的倒影在水裡泛起了波光，扎得你有些睜不開眼睛……就把地圖和旅遊書都拋在腦後，專心享受這片刻的悠閒。許多巴黎人也跟你一樣到此看書、垂釣、小憩，或什麼也不做只是躺著曬太陽，時間彷彿緩慢了下來。在旅費花光、疲憊不堪地登上回程班機時，這樣短暫而獨處的時光，似乎才是多年後仍能清晰回想起來的幸福。

共和廣場
Place de la République

✉ Place de la République 75009 Paris
➡ 地鐵站République (M) ③ ⑤ ⑧ ⑨ ⑪，出口Place de la République即可抵達
MAP P.95 / A3

代表人權宣言的堡壘

廣達3.4公頃的共和廣場，是巴黎市中心最大的廣場，以場上高9.5米代表法蘭西共和國的瑪麗安娜(Marianne)雕像最著名，左手倚著刻有「人權(Droit de l'Homme)」之板、右手持橄欖枝，下方3座大理石雕像分別為自由(La Liberté)、平等(L'Égalité)、博愛(La Fraternité)——法蘭西共和國的國家格言，最下方的浮雕則為12座1789年大革命的著名事蹟。廣場兩旁遍植樹木，四周均是知名商店、餐廳、咖啡館，向來就是相當熱門的約會地點，也是許多左派遊行或工會抗議的必經之處。

阿森那爾港口
Port Paris Arsenal

✉ 53, Boulevard Bastille 75012 Paris
➡ 地鐵站Bastill (M) ① ⑤ ⑧，出口Jardin du Bassin de l'Arsenal

數百餘船舶停靠的風情

沿舊時巴士底監獄壕溝所開鑿，是聖馬當運河匯入塞納河之處，可停靠多達200艘船隻，頗有海港風情。沿著岸邊長形的阿森那爾河岸花園(Le Jardin de l'Arsenal)散步，是巴黎人喜愛的午後運動。每年3～4月因應威尼斯嘉年華，這裡也有巴黎版的面具嘉年華在水岸旁舉行，會有打扮華麗、戴上面具的藝術家在此散步。

巴士底廣場上的七月柱與巴士底歌劇院

巴士底廣場
Place de la Bastille

✉ Place de la Bastille 75012 Paris
➡ 地鐵站Bastill Ⓜ 1 5 8，出口Place de la Bastille即可抵達
MAP P.95 / C4

自由、解脫的歷史意義之地

查理五世於14世紀建立巴士底堡壘，作為防禦之用，直到路易十一世時才轉作監獄之用。一直是王室權力象徵的巴士底監獄，在1789年7月14日法國大革命時被人民攻陷後，廣場變成荒蕪一片，直到拿破崙時代才得以重建。關於改造有各種不同的想法，甚至想要放上一尊大象造型的噴泉，最後決定放置一尊七月柱（Colonne de Juillet），由阿拉萬（Jean-Antoine Alavoine）所設計，仿自羅馬的圖拉真柱，在其逝世後由路易公爵（Josephe-Louis Duc）完成。其上有杜蒙（Augustin Alexandre Dumont）所雕塑的金色自由之神（Génie de la Liberté），左手拿著象徵專制被打斷之鏈、右手高舉文明之火，紀念法國1830年的七月革命，圓形的地下長廊是504位犧牲者長眠之處。

巴士底廣場周邊
追尋巴士底監獄的痕跡
Les traces de la prison Bastille

昔日的巴士底監獄雖已拆除，但巴士底地鐵站5號線往Bobigny-Pablo Picasso月台上仍有塊碑文寫著「巴士底碉堡東牆外側壕溝之遺跡」；1號線的月台上則有攻占巴士底監獄圖的陶瓷畫。

巴士底歌劇院
Opéra Bastille

✉ 120, Rue de Lyon 75012 Paris
📞 01 41 10 08 10
🕐 週一～日10:00～17:00，7～9月休息
➡ 地鐵站Bastill Ⓜ ① ⑤ ⑧，出口Rue de Lyon，即可抵達
💶 全票9€，18～25歲5.5€，皆含專人導覽
🏠 www.opera-de-paris.fr
MAP P.95 / C4

在巴士底廣場上，原巴士底監獄舊址改建成的新穎、現代化歌劇院，為建築師歐特(Carlos Ott)的代表作，玻璃帷幕的弧形上是有節奏感的幾何造型，下方由細柱所支撐，與迦尼葉歌劇院形成強烈的對比，被稱為「國民歌劇院」。在建築之初，當時的總統密特朗原就想建立一座平民都可以前往觀賞的藝文空間，並特地選在法國大革命200週年紀念日開幕。表演廳內廣闊寬敞、設備新穎，共有9座活動換幕舞台，約可容納2,700名觀眾，現在大部分的歌劇、芭蕾舞蹈也在此演出。

現代又新穎的巴士底歌劇院2樓座位區

聖德尼門與聖馬當門
Porte Saint-Denis & Porte Saint-Martin

✉ 聖德尼門：Bd. St.-Denis 與R. du Faubourg St.-Denis交界上；聖馬當門：Bd. St.-Denis與 R. du Faubourg St.-Martin交界上
➡ 地鐵站Strasbourg Saint-Denis Ⓜ ④ ⑧ ⑨，出口Bd. St.-Denis，往西走至R. du Faubourg St.-Denis是聖德尼門，往東至R. du Faubourg St.-Martin是聖馬當門

矗立市中心的兩座城門

由建築師布朗戴(François Blondel)於1672年設計，高24米的聖德尼門為紀念路易十四對萊茵河戰役的勝利，兩側有方尖碑造型的浮雕，刻上了戰爭的戰利品。中央的浮雕南面描繪穿越萊茵河，北面則是攻占荷蘭的馬斯垂特。相比之下較為簡樸的聖馬當門，高17米，建於1674年，紀念路易十四取下柏桑松(Besançon)及擊潰荷德西盟軍的功績。

壯觀的聖德尼門

深 度 特 寫 鏡 頭

地底下的祕密
巴黎的地鐵藝術
L'Art du Métro de Paris

穿梭在巴黎地底的地下鐵，是全市人民
交通工具的重心，而伴隨地鐵所誕生的
各種設計，包含入口、裝潢、字型、座
椅等等，均顯示著法國的獨門創意！

① 新藝術風搭地鐵站 吸引各國藝術家「交換創作」

　　19世紀中葉後，巴黎的交通運輸開始混亂，興建地鐵的計劃於是開始進行。以貫穿東西的1號線，與南北的4號線十字交叉巴黎，其他支線隨之鋪展開來。1900年隨著萬國博覽會開幕，巴黎首座地鐵1號線也正式啟用，當時還只有8個車站。新藝術風格的入口及站名標示，為大名鼎鼎的設計師吉瑪(Hector Guimard)所設計，與當時海報之父羅德烈克(Toulouse Lautrec)的新藝術畫風正一氣呵成。目前僅存於2號線Porte de Dauphine、4號線Chatelêt其一出口、12號線Abbesse等地可見，其他80幾處則已拆除玻璃頂棚，僅剩流線造型的入口。而此新藝術風格的入口不僅成為巴黎地標，更讓它與世界各國的地鐵站進行「藝術交易」，吉瑪的地

鐵入口搬到芝加哥Van Buren Street地鐵站，而美國藝術家Judy Ledgerwood的玻璃藝術創作則裝設在Bir-Hakeim站；1號線Champs-Élysées Clemenceau站的磁磚牆上則有與葡萄牙交換而來的抽象小圓點裝飾，為藝術家Maneul Cargaleiro所設計。

小圓點裝飾，是典型的葡萄牙裝飾風格

② 原創性的地鐵站風貌 大玩主題車站風潮

　　在巴黎多處主要地鐵站裡，隨該站歷史與文化背景，也有不同的創意設計，比如接近羅浮宮的1號線Louvre-Rivoli，便以羅浮宮的館藏作裝飾，並使用幽暗的打燈讓整座車站更有氣氛，是帶頭玩起主題車站風潮的第一個車站；11

巴黎的地
鐵站入口
標誌

Arts et Métiers站充滿科技感的裝飾

號線Arts et Métiers因鄰近Arts et Métiers美術工藝博物館，便將車站內壁全部以銅板覆蓋，充滿科技感，獻給法國知名科幻小說作家Jules Verne；而路易十六與瑪麗安東尼皇后魂斷的斷頭台所在地12號線Concorde，則有一個一個字母繪在牆上的人權宣言；Bastille站自然便有紀念攻陷巴士底監獄的陶瓷畫作；位於拉丁區的10號線Cluny-La Sorbonne站，則在拱形隧道上以馬賽克飾有該區名人如伏爾泰的簽名；2號線Jaurès站則有法國國旗的彩繪玻璃。在巴黎乘坐地鐵的時候，別忘了觀察四周有趣的設計！

以羅浮宮館藏作裝飾的Louvre-Rivoli站

Jaurès站的彩繪玻璃裝飾

字型設計也很重要

字型設計也是觀看法國地鐵的重點之一，目前地鐵站大部分的站名看板均使用一種名為「Parisine」的字型，由Jean-François Porchez替巴黎地鐵公司(RATP)所設計，特色為無襯線裝飾(Sans-Serif)，常見的形式為藍色的襯板配上白色字型；另一種與Parisine相像名為「Motte」的字型，則見於未進行更新的地鐵站，如西堤島站(Cité)，特色是全部使用大寫；而另一種較古典的字型「CMP」，則為RATP的前身之一，巴黎地鐵公司時代所用，特色是相當方正，且直接鑲嵌在牆壁上，藍底白框；還有一種稱為「Ancien」的，則以棕底黃字的形式出現。「Nord-sud」則為北南交通公司建設的12、13號線上最常看到，特色是略瘦長形的角字，以藍底白字搭配綠框或棕框。

Saint-Placide

巴黎地鐵站中常見的Parisine字型

CITÉ

Motte字型的特色是全部大寫

Nord-sud為北南交通公司所使用的字型

Ancien字型常見於棕底黃字的地鐵站

(本文章原刊載於創意市集108)

居家生活百貨
BHV

🏠 生活雜貨、五金工具

✉ 本館 55, rue de la Verrerie 75004 Paris 男裝館 36, rue de la Verrerie 75004 Paris

📞 01 42 74 90 00

🕐 本館週一～六09:30～19:30，週三至21:00，男裝館週一～六10:00～20:00，週三、五至21:00，週日休息

🚇 地鐵站Hôtel de Ville Ⓜ 1 11，出口 Hôtel de Ville即可看見BHV百貨

MAP P.95 / C1

全名為「Bazar de l'Hôtel de Ville」的BHV百貨公司，位在巴黎市政廳對面，其歷史可追溯至1856年，一位商人Xavier Ruel買下這棟建築，開了一間名為Bazar Napoléon的商店，其後才由他的投資者改建為百貨公司。以居家生活用品為主，最出名的便是其地下樓有如「特力屋」的零件雜貨，各式五金工具都很齊全。其他樓層居家、裝潢、文具用品也都完備。2007年在本館旁成立的男裝館，是專為男士打造的4層樓購物天地。

時尚界的流行尖兵
L'Eclaireur

👕 前衛服飾

✉ 40, rue de Sévigné 75003 Paris

📞 01 48 05 80 10

🕐 週一～六11:00～19:00，週日休息

🚇 地鐵站Saint-Paul Ⓜ 1 沿Rue Pavée往北直走至r. des Rosiers左轉

MAP P.95 / C3

巴黎首屈一指的挑選概念店L'Eclaireur，在黃金地段擁有5間分店，東京南青山也有1間分店。向來以推動流行的前哨尖兵自居，不停發掘有潛力的新銳設計師，如安特衛普六君子之一的Dries Van

Noten在尚未走紅前早已是這裡力推的明日之星。本著流行教主的概念，L'Eclaireur在巴黎的分店也都各具風格與特色，在瑪黑區為1990年開立的女裝店，以及2000年隨後於馬雷街(Rue Malher)加入的男裝店。

Marais-Bastille

法國的茶葉品牌

愛喝茶的法國也出了不少知名的茶葉品牌，包裝精美帶有古典氣息，很適合作為伴手禮。

① Mariage Frères

- ✉ 30, rue du Bourg-Tibourg 75004 Paris
- ☎ 01 42 72 28 11
- 🕐 週一～六10:30～19:30，週日休息
- 🚇 地鐵站Hôtel de Ville Ⓜ 1 ⑪，出口R. de Rivoli往東走至R. du Bourg-Tibourg左轉
- 🏠 www.mariagefreres.com
- MAP P.95 / C2

多樣選擇的法國茶葉

　　自17世紀便從事茶葉買賣，為法國最早的茶葉進口商，店鋪則至1845年才成立於巴黎，擁有超過500餘種茶葉，出名的自創茶葉馬可波羅（Marco Polo），添加來自中國與西藏的花果。

② Dammann Frères

- ✉ 15, place des Vosges 75004 Paris
- ☎ 01 44 54 04 88
- 🕐 週一～日11:00～19:00
- 🚇 地鐵站Saint-Paul Ⓜ 1，沿R. Ste.-Antoine直行至Rue de Birague左轉
- 🏠 www.dammann.fr
- MAP P.95 / C3

皇室感的頂級茶葉品牌

　　法國頂級茶葉品牌Dammann Frères，其歷史可追溯自17世紀，路易十四授與Damane於法國販售茶葉的壟斷權，是其進口茶葉的開端。1925年成立品牌，黑色鑲紅邊的茶葉罐，鑲著品牌的金屬徽章，透露其高貴質感。

1. Mariage Frères馬可波羅茶葉罐/10.5€　2. Dammann Frères茶葉罐/9.5€
3. Comptoir de Richard玫瑰花苞/3.9€

③ Comptoir de Richard

- ✉ 45, Rue Bretagne 75003 Paris
- ☎ 01 48 04 93 70
- 🕐 週一～六10:00～19:30，週日09:30～13:00
- 🚇 地鐵站Temple Ⓜ ❸，沿Rue du Temple往南走至Rue Bretagne左轉
- 🏠 www.comptoirsrichard.fr
- MAP P.95 / A3

咖啡與茶葉飄香的櫃檯

　　1892年成立的咖啡與酒品牌Richard，一直受到巴黎人的喜愛。而這間Comptoir de Richard法文意思就是Richard的櫃檯，店內咖啡豆、

茶葉、配茶或咖啡的小點心都一應俱全。復古風格的茶葉罐、透明茶壺與茶杯，都讓人心動，是挑選伴手禮的好選擇。

茶葉的種類

Earl Grey	伯爵茶
Darjeeling	大吉嶺紅茶
Assam	阿薩姆紅茶
Cylan	錫蘭紅茶
Keemun	祈門紅茶
Sencha	日本煎茶

©French Trotters

龐克途必遊的前衛衣著店
Noir Kennedy

- 🏢 前衛服飾
- ✉ 14 rue de Bretagne 75004 Paris
- 📞 01 42 71 15 50
- 🕐 週一～六11:00～19:30，週日休息
- ➡ 地鐵站Temple Ⓜ③，沿R. du Temple往南走至Rue Bretagne左轉
- MAP P.95 / A3

裝潢十分前衛的小店「黑色甘酒迪」是瑪黑區知名的商店，充滿重金屬、龐克的搖滾風氣。年輕人喜愛的褲子品牌如April 77、Cheap Monday在此都十分搶手；個性十足的塗鴉T-shirt也很流行。

潮流指標的挑選概念店
French Trotters

- 🏢 精選各地流行服飾
- ✉ 30, Rue de Charonne 75012 Paris
- 📞 01 47 00 84 35
- 🕐 週一14:30～19:30，週二～六11:00～19:00，週日休息
- ➡ 地鐵站Ledru-Rollin Ⓜ⑧，沿Av. Ledru-Rollin往北至Rue de Charonne左轉
- MAP P.95 / C5

由兩位年輕的攝影師Clarent與Carole創立，憑著對時尚的愛好，精選如Acne、Filippa K、Fred Perry、Gaspard Yurkievich、Malin＋Goetz等新銳設計師服裝、配件，是巴士底區值得一逛的挑選概念店。

來長椅找一份創意商品
La Chaise Longue

©La Cocotte

- 🏢 創意商品、禮物
- ✉ 20, rue Francs-Bourgeois 75004 Paris
- 📞 01 48 04 36 37
- 🕐 週一～六11:00～19:00，週日14:00～19:00
- ➡ 地鐵站Saint-Paul Ⓜ①，沿R. Ste.-Antoine往東走至R. Turenne左轉後直行至r. Francs-Bourgeois右轉
- MAP P.95 / C3

1990年開幕的「長椅」是瑪黑區知名的創意生活用品店，店長Pierre Bouvrain旅行世界各地帶回超過2,000種以上的商品，自2歐元到800歐元都有，均新奇有趣。

飄香的食譜屋
La Cocotte

- 🏢 食譜書店、下午茶店
- ✉ 5, Rue Paul-Bert 75011 Paris
- 📞 09 54 73 17 77
- 🕐 週二～六10:30～20:00，週三至19:00，週日休息
- ➡ 地鐵站Faidherbe-Chaligny Ⓜ⑧，沿R. Faidherbe往Rue Paul-Bert右轉
- MAP P.95 / C7

提供各式食譜的書屋，也有其他與美食相關的設計、漫畫、攝影、小說、繪本，在店內一角更可享用下午茶的手工甜點。

©Antoine et Lili

設計師不可錯過的書店
Artazart

- 📖 設計書籍、流行雜誌
- ✉️ 83, quai de Valmy 75010 Paris
- 📞 01 40 40 24 00
- 🕐 週一～五10:30～19:30，週六、日
  14:00～20:00
- ➡️ 地鐵站Jacques Bonsergent Ⓜ️⑤，
  出口Rue de Lancry，沿該路往北走至聖馬
  當運河邊即是Quai de Valmy
- 🏠 www.artazart.com
- 🗺️ P.219 / A5

在聖馬當運河旁，由Jérôme Fournel及Carl Huguenin創立於2000年，專門販售平面設計、插畫、攝影、時尚、室內裝潢、純藝術相關書籍、雜誌。原以網站賣書起家的Artazart更提供網路訂購、寄送書籍的服務。

蔚藍繽紛的色彩服飾
Antoine et Lili

- 📖 創意服飾
- ✉️ 95, Quai de Valmy 75010 Paris
- 📞 01 40 37 41 55
- 🕐 週一～六11:00～20:00，週日休息
- ➡️ 地鐵站Jacques Bonsergent Ⓜ️⑤，
  出口Rue de Lancry，沿該路往北走至Quai
  de Valmy左轉
- 🏠 www.antoineetlili.com
- 🗺️ P.219 / A4

充滿色彩與創意的服飾店「安東尼與莉莉」，品牌創立於1994年。風格有著普普藝術的味道，多樣的色彩、上等的質料，無論是剪裁合宜的寬口褲，或帶古典風味的小碎花洋裝，都會讓女孩們開心到愛不釋手。

法文ㄅㄆㄇ | 數字篇

到了店裡只要學會簡單的123數字，就可順利買到東西喔！

我的幸運數字是Sept，你呢？

數字	法文ㄅㄆㄇ	數字	法文ㄅㄆㄇ	數字	法文ㄅㄆㄇ
1	ㄤ Un	8	ㄩˋ ㄊ Huit	60	ㄙㄨㄚ ㄙㄨㄥˋ ㄊ Soixante
2	ㄉ Deux	9	ㄋㄜˋ ㄈㄨˇ Neuf	70	ㄙㄨㄚ ㄙㄨㄥˋ ㄉㄧˋ ㄙ Soixante-dix
3	ㄊㄨㄚ Trois	10	ㄉㄧˋ ㄙ Dix	80	ㄍㄚˋ ㄊ ㄈㄥˋ Quatre-vingts
4	ㄍㄚˋ ㄊ ㄏ Quatre	20	ㄈㄢˋ Vingt	90	ㄍㄚˋ ㄊ ㄈㄥˋ ㄉㄧˋ ㄙ Quatre-vingt-dix
5	ㄙㄢˋ ㄎ Cinq	30	ㄊㄨㄟˋ ㄎ Trente	100	ㄙㄨㄥˋ Cent
6	ㄙ一ˋ ㄙ Six	40	ㄍㄚ ㄏㄨㄥˋ ㄎ Quarante	1,000	ㄇ一ˋ ㄌㄜˋ Mille
7	ㄙㄟ ㄎ Sept	50	ㄙㄢ ㄍㄨㄟˋ ㄎ Cinquante	10,000	ㄉㄧ ㄇ一ˋ ㄌㄜˋ Dix-mille

特色餐飲 *Restaurant*

紅孩兒傳統市集 🇫🇷

Le Marché des Enfants Rouges

🍴 塔晉鍋7.5€、海鮮沙拉盤6.9€
✉️ 39, rue de Bretagne 75003 Paris
🕐 週二～六08:30～13:00，16:00～19:30，
　週日08:30～14:00
➡️ 地鐵站Temple Ⓜ③，沿R. du Temple往南
　走至Rue Bretagne左轉
MAP P.95 / A3

　　在瑪黑區散步巡禮後，不妨到這裡來逛市集、吃些攤子上的熱食，市場的庶民氣氛會讓你感覺離巴黎又近了些。這座古老的頂

紅孩兒市場中新鮮的蔬果

燉煮得恰到好處的塔晉鍋(Tajine)，
配上薄荷茶最美味

義大利海鮮沙
拉盤，新鮮的
章魚、花枝與
鯡魚

棚市集歷史最早可追溯到17世紀，當時稱為「瑪黑的小市集」(Petite Marché du Marais)，如今的命名來自18世紀附近一處孤兒收容所，那邊的孩子全穿上紅色的衣服。約莫20多處攤位，熟食鋪、魚販、酒商、巧克力鋪、乳酪鋪、花店、水果攤林立，可品嘗各國料理如：黎巴嫩、摩洛哥、葡萄牙、義大利菜，還有一間九州風味日本料理。現煮現吃的小吃攤，有如台灣菜市場般的親切。

結伴勃根地的美酒美食 🇫🇷

Ma Bourgogne

🍴 勃根地紅酒燉牛肉15.8€
✉️ 19, Place des Vosges 75004 Paris
📞 01 42 78 44 64
🕐 週一～日08:00～01:00
➡️ 地鐵站Saint-Paul Ⓜ①，沿R. Ste.-Antoine
　直行至Rue de Birague左轉
MAP P.95 / C3

　　位於孚日廣場的餐館，有著美好年代的裝潢，提供價格中等的法式料理。店名叫「我的勃根

地」，自然要品嘗勃根地的料理，如蝸牛沙拉(Salade d'Escargots)、紅酒燉牛肉(Bœf Bourguignon)，再配上勃根地紅酒就更美味。設計師agnès b.也會到此用餐！

Marais-Bastille

110

貼近法式生活的市集

市集反應了日常生活，往往是旅行中最能貼近當地人生活的去處，也是我到各國旅行必去的景點之一。無論在巴塞隆納的水果市場找杯新鮮的芒果汁、在斯德哥爾摩的熟食鋪帶隻烤雞到鄰近小島上享用、在佛羅倫斯的中央市場找到網友推薦的牛肚三明治、或在阿姆斯特丹的乳酪市場切一塊乳酪……旅行裡讓人難忘的經驗往往便是這樣與當地居民最直接的接觸，就算語言不通也無所謂，你會感受到最熱絡、最親切的庶民氣氛。紅孩兒市集便是巴黎少數能坐下來用餐的市集，點一份從未品嘗過的料理在陽光下享用吧！看著服務生忙碌地端著盤子進出、小販也忙著洗菜與裝盤；麵包鋪上剛出爐的麵包勾引著你的嗅覺、水果攤上陌生的蔬果也令你好奇；鄰桌的法國人正喝著咖啡並高聲談論著最近的罷工……日常生活的點滴將令你難忘。

瑞典文化中心的北歐餐廳 🇸🇪
Café Suedois

🍴 茶2€，三明治3€
✉ 11, rue Payenne 75003
📞 01 44 78 80 11
🕐 週二～日12:00～18:00，週一休息
➡ 地鐵站Saint-Paul Ⓜ 1，沿Rue Pavée往北直走5分鐘即可抵達
MAP P.95 / B3

位於瑞典文化中心內的瑞典咖啡館，是小事歇息的好地方，手工的燻鮭魚三明治、麵包及茶都很平價美味，寧靜自在地享受一個下午茶的平靜。不時有瑞典相關的展覽舉行。

有陽光的午後在此用餐特別愜意

懷舊主義的知名19世紀餐廳 🇫🇷
Bofinger

🍴 套餐23.5€起(午餐)
✉ 5-7, Rue de Bastille 75004 Paris
📞 01 42 72 87 82
🕐 週一～日12:00～15:00，18:30～01:00
➡ 地鐵站Bastille Ⓜ 1 5 8，出口R. de la Roquette，沿Bd. Beaumarchais往北走至Rue de Bastille左轉
🏠 www.bofingerparis.com
MAP P.95 / C4

1864年開立的古典餐廳，由亞爾薩斯畫家Jean-Jacques Waltz(又稱Hansi)所裝潢，有一道漂亮的旋轉樓梯。典型的老巴黎懷舊氣氛。菜色以海鮮料理為主，如：有著安康魚、鮭魚、小龍蝦、鱈魚的燴海鮮(Choucroute de la Fruit de Mer)。

氣氛迷人的老咖啡館 🇫🇷
Café Charbon

🍴 咖啡1.9€，調酒6€
✉ 109, Rue Oberkampf 75011 Paris
📞 01 43 57 55 13
🕐 週一～五09:00～02:00，週六、日至04:00
➡ 地鐵站Parmentier Ⓜ③，沿Rue Oberkampf 步行5分鐘
MAP P.95 / A6

像極老電影中三〇年代懷舊裝潢，酒吧後方挑高的牆面擺滿了酒瓶，座椅區的紅皮沙發上有著金色橫杆，天花板垂吊一座座紅色燈罩的昏黃燈光，配著一首首老歌與早報便極有氣氛。無怪乎這裡是藝術家或時尚編輯喜愛約會的地方，夜晚變身酒吧，氣氛更讓人沉醉。

古老懷舊的氣氛，十分迷人

在聖馬當運河旁享受陽光 🇫🇷
Chez Prune

🍴 咖啡2€
✉ 36, rue Beaurepaire 75010 Paris
📞 01 42 41 30 47
🕐 週一～六07:30～23:00，週日10:00～01:45
➡ 地鐵站Jacques Bonsergent Ⓜ⑤，出口Rue de Lancry，沿該路往北走至Quai de Valmy右轉，直行至Rue Beaurepaire
MAP P.219 / A5

面對聖馬當運河的美景，這裡是另一處巴黎人的獨家約會地點。開張於1998年，每日提供4種時節主餐選擇：魚類、肉類、素食及沙拉，視當日市場鮮貨決定。來這裡喝杯清涼的啤酒，看運河上的船隻緩行，十足波西米亞式的愜意。

民族風傳統小食

方便快速的法國街頭小食，很適合旅行途中嘗試看看！

克巴Kebap—阿拉伯三明治

香氣十足的烤肉配上炸薯條夾在麵包中，是年輕人喜歡的速食/4.5€

批踏Pita—希臘口袋餅

希臘人所作的克巴稱為批踏，麵包成口袋狀又稱為口袋餅/4.5€

帕尼尼Panini—義大利熱三明治

來自義大利的帕尼尼為白麵包夾起士、肉類及蔬菜/4€

沙威瑪Chawarma—黎巴嫩捲餅

黎巴嫩式的捲皮內包牛肉餅、蔬菜/4.5€

法拉費Falafel—中東炸丸子

炸丸子配上蔬菜沙拉及調味料做成三明治，源於埃及，新鮮味美/4€

素食

Marais-Bastille

112

體驗巴黎夜生活

法國人的晚餐時間約莫是晚間20:00左右，下班到用晚餐這段時間便正好到酒吧喝一杯小酒打發，許多店家便會在18:00～20:00之間推出所謂的「Happy Hour」快樂時光，提供啤酒、雞尾酒半價或買一送一的特惠。

往巴士底附近的Roquet或Lappe街上逛逛，隨興地找間看中意的酒吧進去，點杯調酒感受氣氛；有足球比賽的時候，這裡可是一位難求呢！歐洲的夜生活不像台北如此繁華，有KTV可以夜唱、有夜市可以吃宵夜；店家大約19:30就早早收攤，超市至多營業到22:00，因此年輕人夜晚主要的娛樂活動便是到舞廳跳舞，多半在23:00至凌晨間入場，一直玩到清晨才回家，女生多半可享受Lady's Night免費入場的優惠。就找一家播放喜愛音樂類型的舞廳，到裡面去放鬆一個夜晚吧！

巴士底舞台 🇫🇷
La Scène Bastille

🍽 音樂會門票10～15€
✉ 2 bis, rue de Taillandiers 75011 Paris
🕐 週一～日09:00～02:00
➡ 地鐵站Bastill Ⓜ 1 5 8，出口R. de la Roquette，沿該路直走至R. de Taillandiers右轉
🏠 www.la-scene.com
🗺 P.95 / C5

近巴士底夜店區的這間知名舞廳，由舊倉庫改建，可容納300人熱舞及音樂會、樂團表演。也有Lounge Bar給想要談天享受音樂的人們。

印地安那咖啡館 🇫🇷
Indiana Café

🍽 無酒精調酒6€，雞尾酒10€
✉ 14, Place de la Bastille 75011 Paris
🕐 週一～日09:00～02:00
➡ 地鐵站Bastill Ⓜ 1 5 8，出口Rue de la Roquette，沿廣場走找到14號
🗺 P.95 / C4

連鎖的印地安那咖啡館，很適合在Happy Hour時來此享用半價的啤酒或雞尾調酒，美式烤雞翅、開胃小菜等餐點也很不錯。

知名調酒

調酒名	成分
Pina Colada 鳳梨椰奶	蘭姆酒、鳳梨、椰奶
Tequila Sunrise 墨西哥日出	龍舌蘭、柳橙汁
Margarita 瑪格莉特	龍舌蘭、橙香酒、檸檬汁
Martini 馬丁尼	琴酒、苦艾酒、紅心橄欖
Blood Mary 血腥瑪麗	伏特加、番茄汁、檸檬汁
Cuba Libre 自由古巴	蘭姆酒、檸檬汁、可樂
Long Island Iced Tea 長島冰茶	蘭姆酒、琴酒、伏特加、龍舌蘭、檸檬汁、橙香酒、可樂

聖傑曼德佩

Saint-Germain des Prés

概 況 導 覽

黎人心目中永遠的左岸精神指標地段——聖傑曼德佩地區，以前住過伏爾泰，現在則是卡爾拉格斐的家。古老的聖傑曼德佩教堂是區域地標，新藝術風格的奧塞美術館替此區增添藝文氣息。取代蒙馬特、蒙帕拿斯，成為20世紀菁英分子討論時事的聖傑曼德佩，以其文學飄香的咖啡館著名；老饕則必到各大甜點鋪及熟食鋪報到；精品的購物狂，記得到左岸平價百貨公司必有所獲；設計人士不能錯過區內幾家出色的設計書店；《達文西密碼》小說迷則該到聖許畢斯教堂朝聖。

聖傑曼德佩
一日行程表

參觀時間60分鐘
❶ 盧森堡公園
↓
參觀時間60分鐘
❷ 聖許畢斯教堂
↓
參觀時間60分鐘
❸ 聖傑曼德佩教堂
↓
參觀時間90分鐘
❹ 露天咖啡館
↓
參觀時間120分鐘
❺ 奧塞美術館
↓
參觀時間120分鐘
❻ 左岸平價百貨

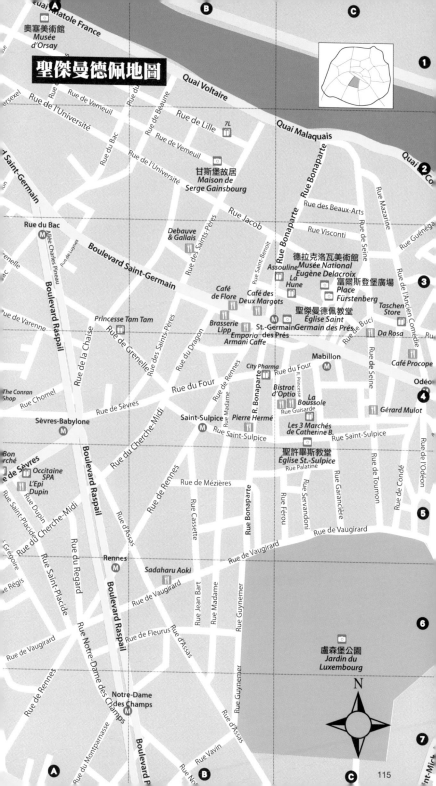

聖傑曼德佩地圖

奧塞美術館
Musée
d'Orsay

Quai Voltaire

Quai Malaquais

Quai Co

7L

Rue de Lille

Rue de Vernueil

Rue de Baune

Rue de l'Université

Rue de Vernueil

Rue du Bac

Rue de l'Université

甘斯堡故居
Maison de
Serge Gainsbourg

Rue Jacob

Rue Bonaparte

Rue des Beaux-Arts

Rue Mazarine

Rue de Seine

Rue de Lille

Rue du Bac

Rue Visconti

Rue de Guénéga

Rue Saint-Germain

Rue de l'Université

Boulevard Saint-Germain

Debauve
& Gallais

Rue des Saints-Pères

Rue Saint-Benoît

Assouline

德拉克洛瓦美術館
Musée National
Eugène Delacroix

富爾斯登堡廣場
Place
Fürstenberg

Rue de l'Ancien Comédie

Taschen
Store

Rue de Varenne

Boulevard Raspail

Princesse Tam Tam

Rue de la Chaise

Rue de Grenelle

Rue des Saints-Pères

Allée Charles Pineau

Café
de Flore

Café des
Deux Margots

Lu
Hune

聖傑曼德佩教堂
Église Saint
St.-Germain des Prés
Germain des Prés

Rue de Buci

Da Rosa

Brasserie
Lipp

Emporio
Armani Caffe

Mabillon

Café Procope

Rue de Seine

Odéo

The Conran
Shop

Rue Chomel

Rue de Sèvres

Rue du Four

City Pharma

Rue du Dragon

Rue du Four

Rue de Rennes

R. Bonaparte

Rue Madame

R. Princesse

Bistrot
d'Optio

La
Boussole

Rue Guisarde

Rue de Seine

Gérard Mulot

Sèvres-Babylone

Saint-Sulpice

Pierre Hermé

Rue Saint-Sulpice

Les 3 Marchés
de Catherine B.

Rue Saint-Sulpice

Rue de l'Odéon

Bon
rché

Rue de Sèvres

Occitaine
SPA

L'Epi
Dupin

Boulevard Raspail

Rue du Cherche-Midi

Rue de Rennes

聖許畢斯教堂
Église St.-Sulpice

Rue Palatine

Rue de Tournon

Rue de Condé

Rue Saint-Placide

Rue Dupin

Rue du Cherche-Midi

Rue d'Assas

Rue de Mézières

Rue Bonaparte

Rue Férou

Rue Servandoni

Rue Garancière

Grégoire

Rue Saint-Placide

Rue du Regard

Rennes

Sadaharu Aoki

Rue Cassette

Rue de Vaugirard

Rue de Vaugirard

Régis

Boulevard Raspail

Rue de Vaugirard

Rue Jean Bart

Rue Madame

Rue Guynemer

盧森堡公園
Jardin du
Luxembourg

Rue de Rennes

Rue Notre-Dame des Champs

Rue de Fleurus

Rue d'Assas

Notre-Dame
des Champs

Rue de Vaugirard

Rue Guynemer

Rue d'Assas

N

Boulevard Montparnasse

Rue Vavin

Rue No

nt-Mich

奧塞美術館
Musée d'Orsay

📧 1, rue de la Légion d'Honneur 75007 Paris
📞 01 40 49 48 14
🕐 週二～日09:30～18:00，週四至21:45，週一休息
€ 全票11€，18～25歲8.5€，每月第一個週日免費 `Pass`
🚇 地鐵站Solférino Ⓜ⑫，出口Musée d'Orsay
🏠 www.musee-orsay.fr
`MAP` P.115 / A1

19世紀的藝術之旅

天棚的新藝術風格入口，宣告博物館與19世紀藝術密不可分的關係。奧塞美術館前身是拉盧(Victor Laloux)為1900年萬國博覽會所設計、前往奧爾良方向的火車站，在此條路線變動、車站廢棄後，法國政府欲改建為博物館，如何將原址改頭換面，又因此處隔著塞納河與羅浮宮相望，需一座相等分量的建物才能相得益彰。最後由義大利建築師歐隆第(Gae Aulenti)贏得比稿，透明頂棚引入自然光線，讓整座博物館呈現明亮

且寬敞的視覺感受，原火車站保留下來的華麗大掛鐘顯示該年代的金碧輝煌，中央原為鐵道的地方成了第二帝國雕刻展場，兩側原為月台的地方則展示19世紀的畫作，於1986年開幕。2011年由知名建築師Jean-Michel Wilmotte負責規劃展示廳與參展動線的翻新工程，替奧賽美術館加注現代風貌。

奧塞美術館的收藏品年代介於羅浮宮與龐畢度之間，以印象派的畫作最值得一看，耳熟能詳的大師從莫內、雷諾瓦、畢沙羅、塞尚、羅德列克至梵谷的原作都能在此處欣賞，更有羅丹和布爾代勒的雕塑。

旅行小抄

館內餐廳

🍽 前菜或甜點＋主菜套餐22€(午餐)

認為到美術館用餐，既無法享受美食、價格也較昂貴？奧塞美術館的餐廳是個例外。新藝術風格內部裝潢由Jean-Michel Wilmotte所設計，金碧輝煌的頂棚有著美麗的古典壁畫，鑲金壁面也都精雕細琢。在如此華麗的門面內用餐，卻可用合理價格享用傳統法式料理，是不是很讓人心動呢。

奧塞必看美術品推薦

到奧塞美術館必看的作品自然以印象派畫作為主，大家熟悉的
雷諾瓦、莫內、馬內等畫家的真跡都可以在這裡找到。

大廳
Rez-de-
chaussé

漂亮而明
亮 的 大
廳，由舊
火車站所
改建。

拾穗 ⑤
Les Glaneuses
米勒(Jean-François Millet) / 1857年，111 × 83.5
cm

巴比松畫派畫家米勒這幅描繪三
名婦人撿拾麥穗的畫作，表現出
人類辛勤耕作的精神。

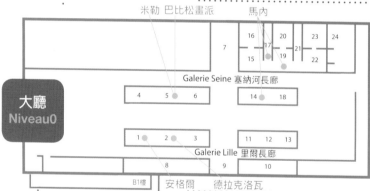

米勒 巴比松畫派　　　馬內

			16	20	23	24
7			17	21		
			15	19	22	

Galerie Seine 塞納河長廊

| 4 | 5 | 6 | | 14 | 18 |

大廳 Niveau0

| 1 | 2 | 3 | | 11 | 12 | 13 |

Galerie Lille 里爾長廊

| 8 | | 9 | | 10 |

B1樓

B2樓　　安格爾　　德拉克洛瓦

草地上的午餐 ⑲
Le Déjeuner sur l'Herbe
馬內(Edouard Manet) / 1863年，116.5 x 89.5 cm

這幅草地上兩位盛裝男士及一名裸
女野餐的畫作，震驚了當時的藝評
家，被認為傷風敗俗。

歐蘭比亞 ⑭
Olympia
馬內(Edouard Manet) / 1863年，74 x 57.5 cm

這幅在1865年展出的畫作受到極大
批評的畫作，卻讓馬內奠定名聲。

2層 Niveau2

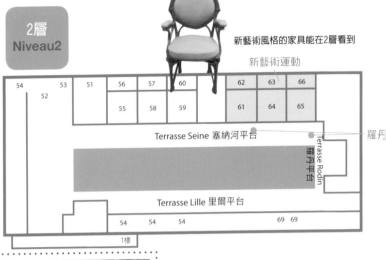

新藝術風格的家具能在2層看到

新藝術運動

| 54 | 53 | 51 | 56 | 57 | 60 | 62 | 63 | 66 |
| 52 | | | 55 | 58 | 59 | 61 | 64 | 65 |

Terrasse Seine 塞納河平台

羅丹

Terrasse Rodin 羅丹平台

Terrasse Lille 里爾平台

| 54 | 54 | 54 | | 69 | 69 |

1樓

亞爾的房間 ㉟
La Chambre d'Arles
梵谷(Vincent van Gogh) / 1889年，74 x 57.5 cm

畫家梵谷位法國南部亞爾(Arles)地方的房間，當地仍可以看到保存完整的這座房間真實版。

煎餅磨坊的舞會 ㉜
Le Bal au Moulin de la Galette
雷諾瓦(Pierre Auguste Renoir) / 1876年，175 cm x 131 cm

蒙馬特煎餅磨坊餐廳的一景，利用點綴在人群上的光影，畫出歡樂的巴黎景象。

5層 Niveau5

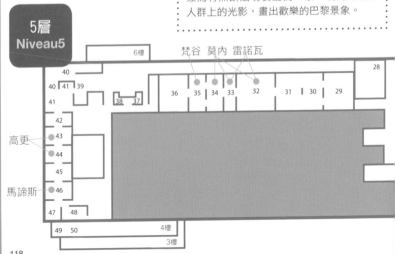

6樓

梵谷 莫內 雷諾瓦

40										28
40	41	39		36	35	34	33	32	31	30	29
41			38	37							
42										

高更 ● 43

● 44

45

馬諦斯 ● 46

| 47 | 48 |

| 49 | 50 | | | 4樓 |

3樓

聖傑曼德佩

洛可可風格
Rococo

源自法文「Rocaille」，意指岩狀工藝，並運用多種C型、S型、漩渦型線條，非對稱的構圖，以上流社會為描寫主題。約在路易十四晚期至路易十五時期盛行，又稱為「路易十五式」，精巧、繁複而浮華。在代表皇室的巴洛克藝術逐漸式微後，藝術風格轉向主張自由的洛可可藝術，並受到中國的影響，知名的倡導人有路易十五的情婦龐巴度夫人。

印象派主義
Impressionnisme

藝術史上重要的流派，起因1874年莫內的《日出·印象》遭受學院派評論家攻擊挖苦，讓印象派由此得名。手法上強調人對光影的感覺，筆觸易見，著重畫下瞬間的光影變化成為永恆。知名印象派畫家包括莫內、雷諾瓦、竇加、畢沙羅、馬內、塞尚等，塞尚開創了後印象派，帶來包括梵谷、高更、羅德列克等藝術家掀起的另一波高峰。印象派收藏尤見於奧塞美術館。

熱門景點

甘斯堡故居
Maison de Serge Gainsbourg

✉ 5 bis, rue Verneuil 75006 Paris
➡ 地鐵站St.-Germain des Prés Ⓜ④，沿Bd. St.-Germain往西走至Rue Sts-Peres右轉，至Rue Verneuil左轉
🏠 www.artsaintgermaindespres.com
MAP P.115 / B2

音樂奇才的故居

舉國聞名的法國歌手、作曲家、演員甘斯堡Serge Gainsbourg，來自一個俄國的猶太家庭，他玩世不恭的態度與洋溢的才華讓他擁有無數的歌迷；與碧姬芭杜(Brigitte Bardot)、珍柏金(Jane Birkin)的戀情更讓人津津樂道。對法國人而言，甘斯堡是足以代表六〇年代的靈魂人物。他在這間5bis的公寓住了24年，於1991年心臟病發逝世，葬於蒙帕拿斯公墓。其故居被歌迷塗滿了塗鴉懷念。

聖許畢斯教堂
Église Saint-Sulpice

- ✉ 2, rue Palatine 75006 Paris
- ☎ 01 42 34 59 60
- ⏰ 週一～日07:30～19:30，週日聖樂彌撒10:30
- ➡ 地鐵站Saint-Sulpice Ⓜ④，出口R. de Rennes côté R. du Four，沿著Rue du Vieux Colombier步行3分鐘
- MAP P.115 / C4

搶看《達文西密碼》的玫瑰線

這座聖許畢斯廣場上的宏偉教堂裡。這座教堂向來被視為建築的傑作，建於1646年，花了135年才完工。詩人波特萊爾、作家薩德曾在此受洗，雨果曾於此舉行婚禮，又因電影《達文西密碼》而知名度大增，引來無數觀光客爭賭電影中那條「玫瑰線」與「日晷儀」。浪漫主義畫家德拉克洛瓦生前的最後時光，便是在此教堂的聖天使禮拜堂度過，他所繪製的壁畫《雅各與天使的搏鬥》，表現的情緒與氣度都是上乘之作。

教堂在每週日及每月第二、四個週五15:00有一場免費導覽，須電話預約。廣場上由威斯康提(Joachim Visconti)所設計的四主教雕像噴泉極為美麗。冬天時這裡也會舉行聖誕市集，而四周除了聖羅蘭左岸(Yves Saint Laurent Rive Gauche)時裝店，更有許多年輕設計師的服裝店，是左岸的購物街。

氣勢雄偉的聖許畢斯教堂

波旁宮
Palais Bourbon

- ✉ 126, rue de l' Université 75007 Paris
- ☎ 01 40 63 60 00
- ⏰ 參觀議會週六10:00，11:00，15:00 自33, Quai d'Orsay集合
- ➡ 地鐵站Assemblée Nationale Ⓜ⑫，出口Rue de l' Université

國會大廈所在地

原為18世紀時路易十四私生女波旁夫人(Duchesse de Bourbon)的寢宮，拿破崙修建其面塞納河的一面添入科斯林式的廊柱，好與隔岸同樣式的瑪德蓮教堂對望。現作為法國國會大廈使用，成為法國法律的代表象徵。

位在教堂中的日晷儀

聖傑曼德佩教堂
Église Saint-Germain des Prés

- ✉ 3, pl. Saint-Germain des Prés 75006 Paris
- 📞 01 55 42 81 33
- 🕐 週一～六08:00～19:45，週日09:00～20:00
  週日彌撒09:00起
- ➡ 地鐵站Saint-Germain des Prés Ⓜ④，出口
  Église Saint-Germain des Prés即可抵達
- MAP P.115 / C3

巴黎最古老的教堂

這座古老教堂的歷史可追溯至西元
542年，席德貝王(Childebert)為收藏聖物
而建，於11世紀時重建，混合了6世紀
的大理石廊柱、哥德式穹頂、羅馬式
拱門，大革命時遭損毀又於19世紀重
建。浪漫主義畫家德拉克洛瓦在此舉
行葬禮，提出「我思故我在」的哲學
家笛卡兒長眠於此。教堂外的廣場時
常有街頭藝人表演，對街就是花神、
雙叟咖啡館，熙來攘往的人群及街頭
藝術家將這裡點綴得好不熱鬧。

聖傑曼德佩教堂附近是知名的藝文區

阿波里內爾雕像
Hommage à Apollinaire

✉ Place Laurent-Prache 75006 Paris

在聖傑曼德佩教堂旁的羅蘭·
帕許小廣場上，有一尊由藝術家
畢卡索所打造的雕像，為紀念他
的詩人朋友阿波里內爾(Guillaume
Apollinaire)：出生於羅馬的法國詩

人，被認為是20
世紀前半法國最
好的詩人之一，
亦是超現實主義
的先驅，逝世後
葬於拉榭斯神父
墓園。

**畢卡索打造的阿波里內
爾雕像**

魁北克廣場噴泉
Fontaine de la Place du Québec

✉ Place du Québec 75006 Paris

在聖傑曼德佩教堂的對街，有一
處地面像是要裂開來似的公共藝
術裝置，稱為「淤積」(Embâcle)，

創作的藝
術家多德
蘭(Charles
Daudelin)表
示此為「想
從地底核心
迸裂出來的
噴泉」，並
巧妙運用青
銅曲線來表
現。

盧森堡公園內美麗的雕像

盧森堡公園
Jardin du Luxembourg

- Jardin du Luxembourg 75006 Paris
- 週一～日夏季07:30～16:45，冬季 08:15～21:45
- RER車站Luxembourg (RER)(B)，出口Jardin du Luxembourg即可抵達
- MAP P.115 / C6

在公園一處寧靜而復古的梅迪奇噴泉

第一座開放給市民的貴族公園

　　占地25公頃的盧森堡公園，是點綴巴黎市中心的肺葉，由瑪麗梅迪奇(Marie de Médicis)皇后始建於1615年，在丈夫法王亨利四世遭刺殺後，她想離開羅浮宮這塊傷心地，於是便選中這片廣大的綠地另建盧森堡宮，並以故鄉義大利佛羅倫斯梅迪奇家族私家花園「波波里」(Giardino di Boboli)為靈感打造花園。在巨樹與花圃環繞下，人們喜愛到這裡慢跑、看書，或只是單純躺在長椅上享受暖陽。法蘭辛(Alexandre Francine)打造的梅迪奇噴泉為園中最漂亮的景點，還有一個由迦尼葉所設計的旋轉木馬。

梅迪奇家族
Médicis

來自義大利佛羅倫斯(Florence)的梅迪奇(Médicis)家族，是歐洲著名的望族，精通醫藥、建築與藝術，贊助過歷史上許多偉大建設，如義大利烏菲茲美術館、聖母百花大教堂，被稱為文藝復興教父。家族中精英輩出，出過4位托斯卡尼大公爵、3位教皇、2位法國皇后及多位佛羅倫斯統治者。

時常讓人混淆的法國史上兩位梅迪奇皇后，分別是凱薩琳梅迪奇(Cathérine de Médicis，1519～1589)，亨利二世的皇后，帶來義大利精緻文化，影響法國歷史二十多年，在布洛瓦堡(Blois)逝世；瑪麗梅迪奇(Marie de Médicis，1575～1642)則為亨利四世的第二任皇后，修建的盧森堡宮及花園即是以故鄉花園為藍本建造，與攝政的黎塞留主教(Richelieu)不合發動政變，終被流放。

國立德拉克洛瓦美術館
Musée National Eugène Delacroix

✉ 6, rue de Fürstenberg 75006 Paris
📞 01 44 41 86 50
🕐 週三～一09:30～17:00(6～8月至17:30)，週二休息
€ 全票6€，每月第一個週日免費 Pass
🚇 地鐵站St.-Germain des Prés Ⓜ④，出口Église St.-Germain des Prés，沿聖傑曼教堂正門旁巷子直走至R. de Fürstenberg
MAP P.115 / C3

法國浪漫主義畫家的工作室

受到波特萊爾推崇的德拉克洛瓦(Eugène Delacroix)，與音樂家蕭邦、作家歌德、大仲馬都有深厚的友誼，最著名的畫作是收藏在羅浮宮的《引導民眾的自由女神》、《阿爾及利亞婦女》、《桑丹帕爾之死》。畫作氣勢動人很能激動人心，作畫也像獅子獵食般一氣呵成，被稱為「浪漫主義的獅子」。

這裡是德拉克洛瓦1857年的工作室，當時他替附近的聖許畢斯教堂繪製壁畫，因年邁且身體欠佳便就近在此居住。畫家畫作熱情奔放，居室卻簡單純樸，可看到他的自畫像、替蕭邦、喬治桑所繪的畫像、來往的信件，以及北非之旅所帶回的文物。

德拉克洛瓦美術館周邊

富爾斯登堡廣場
Place de Fürstenberg

✉ Place de Fürstenberg 75006 Paris
MAP P.115 / C3

景色有如風景明信片，為古典建築及梓樹群圍繞，富爾斯登堡(Fürstenberg)廣場是德拉克洛瓦時常散步的地方。《情人》的女作家莒哈斯也住在附近的聖貝諾瓦街(Rue Saint-Benoit)上。

美麗的富爾斯登堡廣場

©Café des Deux Margots

學法國人在露天座位上喝咖啡

巴黎的咖啡館
Les Cafés de Paris

許多人對巴黎的印象是人潮似乎永遠不歇的咖啡館。想學法國人在午後挑選一處露天座位喝杯咖啡嗎？那必不能錯過以下的咖啡館：

① 波寇伯咖啡館
Café Procope

🍴 咖啡3€
✉️ 13, rue de l'Ancienne-Comédie 75006
📞 01 40 46 79 00
🕐 週一～日10:30～01:00
➡️ 地鐵站Odéon Ⓜ ④ ⑩，出口Bd. St.-Germain，沿該路往西至R. de l'Ancienne-Comédie右轉
🗺️ P.115 / C4

1686年，咖啡問世後的20年，波寇伯咖啡館由義大利人Francesco Procopio dei Coltelli創立，是巴黎首間咖啡館。棗紅鑲金色的華麗裝潢、大理石桌、藝術吊燈呈現迷人的古典氣質。據說伏爾泰每天來這裡喝上40杯咖啡，巴爾札克、雨果、富蘭克林都是常客。

年輕的拿破崙因付不出咖啡錢而拿來抵押的帽子

② 花神咖啡館
Café de Flore

🍴 熱巧克力7€
✉️ 172, bd. St.-Germain 75006 Paris
📞 01 45 48 55 26
🕐 週一～日07:30～01:30
➡️ 地鐵站Saint-Germain des Prés Ⓜ ④，出口Église Saint-Germain des Prés，沿Bd. St.-Germain往西走1分鐘
🗺️ P.115 / B3

上個世紀西蒙波娃、沙特在此討論存在主義、畢卡索在此與朵拉相戀、超現實主義在此誕生；現今Sonia Rykiel、強尼戴普、凱特摩絲也到此享受陽光。坐落在聖傑曼德佩教堂對面的花神咖啡館，創立於1887年，無疑是左岸最出名的露天咖啡館，

不只咖啡迷人，其香醇濃郁的熱巧克力更令人回味。

花神濃郁的熱巧克力

雙叟咖啡館
Café de Deux Magots

🍴 咖啡4.4€
✉ 6, pl. St.-Germain des Prés 75006 Paris
📞 01 45 48 55 25
🕐 週一～日07:30～01:00
➡ 地鐵站Saint-Germain des Prés Ⓜ④，出口 Église Saint-Germain des Prés，咖啡館在教堂對面
🗺 P.115 / B3

1933年成立的雙叟咖啡館，店名來自館中兩尊清朝商人雕像，是王爾德、安德烈、普維等作家、詩人愛來的人文勝地。花神、雙叟兩大咖啡館讓聖傑曼地區永遠飄著咖啡香。

es Deux Magots

丁香園咖啡館
La Closerie des Lilas

🍴 咖啡3€
✉ 171, bd. du Montparnasse 75006 Paris
📞 01 40 51 34 50
🕐 餐廳12:00～14:30，19:00～23:30
　 輕食吧12:00～01:00
➡ RER車站Port-Royal ⓇⒺⓇⒷ，出口Bd. du Montparnasse

左拉、塞尚、波特萊爾都喜愛在丁香園咖啡館聚會，海明威更稱之為巴黎最好的咖啡館。曲徑幽暗，也讓這裡成為貴族與情婦幽會的絕佳地點。店內有「名人習慣座位」，如海明威之椅。咖啡館分為簡餐類的啤酒吧及正式用餐的餐廳。

oserie des Lilas

亞曼尼咖啡館
Emporio Armani Caffe

🍴 咖啡3€
✉ 149, bd. St.-Germain 75007 Paris
📞 01 45 48 62 15
🕐 週一～六12:00～00:00，週日休息
➡ 地鐵站Saint-Germain des Prés Ⓜ④，出口Bd. St.-Germain，穿過R. de Rennes即可抵達
🗺 P.115 / B3

巴黎人會相約在這時尚地點見面：亞曼尼男裝店內挑高的樓中樓，由設計師親自主導室內裝潢的亞曼尼咖啡館，來此喝道地的義式黑咖啡，或吃一頓主廚Ivan Schenatti細選的正統義大利餐都不錯。白松露燴飯(Risotto aux Truffes Blanches)、西西里紅鮪魚(Thon Rouge de Sicile)都是上選。

小橋咖啡館
Café le Petit Pont

🍴 咖啡2€
✉ 1, rue du Petit Pont 75005 Paris
📞 01 43 54 23 81
🕐 週一～日06:00～04:00
➡ 地鐵站Saint-Michel Ⓜ④，出口Fontaine St.-Michel，沿河岸Quai St.-Miche往東至Rue du Petit Pont右轉
🗺 P.33 / B3

9世紀時曾是座木製的小城堡，也曾作為監獄之用，如今是全然改建過的小橋咖啡館，有著全年的露天咖啡座，面對聖母院的美景讓這裡總是客滿。啤酒、調酒選擇種類豐富，週四～六晚間有DJ進駐。

逛街購物指南 *Shopping*

欣賞法式美學

逛逛設計書店！

Les librairies de design

藝文氣息濃厚的聖傑曼德佩區，有相當多以設計、攝影、建築、插畫、時裝為主的設計書店，是相關人士不可錯過的地方。

↘ *Taschen Store*

✉ 2, rue de Buci 75006 Paris
☎ 01 40 51 79 22
🕐 週一～四11:00～20:00，週五、六11:00～00:00，週日休息
➡ 地鐵站Mabillon Ⓜ⑩沿Rue de Buci步行3分鐘
MAP P.115 / C3

TASCHEN是間德國的出版社，而這間位於聖傑曼的分店，以深色原木裝潢為主，書架還以茶色玻璃點綴，出自設計鬼才Philippe Starck之手。小開本的「STYLE」系列介紹各大城市的裝潢風格，並有以藝術、電影、設計為主題的叢書，相當平價而實用。

↘ *Assouline*

✉ 35, rue Bonaparte 75006 Paris
☎ 01 42 92 03 58
🕐 週一～五19:00～00:00，週六、日休息
➡ 地鐵站Saint-Germain des Prés Ⓜ④，出口bd St.-Germain
MAP P.115 / C3

1994年從紐約進駐巴黎的精緻豪華書店，發行限量的奢華出版品，如香奈兒獨家授權Assouline製作的黑皮菱格紋封套、鑲品牌金屬logo的套書；Coach獨家替Assouline設計的小型皮革書櫃，都是高價得令人咋舌。

↘ *7L*

✉ 7, rue de Lille 75007 Paris
☎ 01 42 92 03 58
🕐 週二～六10:30～19:00，週日、一休息
➡ 地鐵站St.-Germain des Prés Ⓜ④，沿Bd St.-Germain往西至R. Sts.-Pères右轉，直行至R. de Lille左轉
MAP P.115 / B2

知名服裝設計師Karl Lagerfeld的書店，創立於1999年，以流行、攝影、建築、設計與當代藝術相關領域的書籍為主，有著超過20萬冊的收藏，當然也少不了店長的著作，如《The 3d Diet》，描述他如何成功減去42公斤。

↘ *La Hune*

✉ 18, rue de l'Abbaye 75006 Paris
☎ 01 45 48 35 85
🕐 週一～六10:00～23:45，週日11:00～19:45
➡ 地鐵站Saint-Germain des Prés Ⓜ④，出口bd St.-Germain
MAP P.115 / B3

夾在花神和雙叟咖啡館之間，La Hune是間設計圈中名氣響亮的書店。自1949年便在聖傑曼地區開業，樓中樓挑高的空間中有各式設計、時裝、藝術、建築相關書籍，甚至李白、白居易的法文版詩集。

Saint-Germain des Prés

香奈兒包包的二手名店
Les 3 Marchés de Catherine B.

🏠 二手名牌
✉ 1, rue Guisarde 75006 Paris
📞 01 43 54 74 18
🕐 週一～六08:00～20:30，週日休息
➡ 地鐵站Mabillon Ⓜ 10，沿r. Mabillon往南至 r. Guisard右轉
MAP P.115 / C4

回憶巴黎的香味
Diptyque

🏠 香氛、蠟燭
✉ 34, bd. Saint-Germain 75005 Paris
📞 01 43 26 77 44
🕐 週一～六10:00～19:00，週日休息
➡ 地鐵站Maubert-Mutualité Ⓜ 10，出口bd. Saint-Germain
MAP P.33 / C4

由Catherine創立於1994年，店鋪小小的空間裡有著為數驚人的Hermès凱莉包、柏金包、Chanel手袋、圍巾、香水。無數的名人、演員曾前來尋找他們珍愛的包包或方巾。這裡的愛馬仕絲巾數量多達1,500條，二手價約在140歐元，新品價在190歐元左右。

Diptyque在1961年成立時，原是販售家飾布料的店，同時提供客戶來自英國的傳統香氛；後來開創旗下室內香氛蠟燭，取材天然山楂花、肉桂、晚香玉、無花果、雪松，成功擄獲時尚人士的品味，瑪丹娜來巴黎時必走一趟；Karl Lagerfeld最愛肉桂香；John Galliano代言設計一款俄羅斯的香味；蘇菲瑪索、凱薩琳丹妮芙、凱特摩絲都是追隨者。

號稱全巴黎最便宜的藥妝店
City Pharma

✉ 26, rue du Four 75006 Paris
📞 01 46 33 20 81
🕐 週一～五08:30～20:00，週六09:00～20:00，週日休息
➡ 地鐵站Saint-Germain des Prés Ⓜ 4，沿Rue du Four 步行3分鐘
MAP P.115 / B4

2層樓的空間中可找到各類法國的藥妝品牌產品，如薇姿(Vichy)、理膚寶水(La Roche Posay)、雅漾(Avène)、碧兒泉(Biotherm)、泰奧菲(Caudalie)、芳療草本(Nuxe)等，價格實惠。

化妝品、保養品的法文

護手霜	Crème Main
眼霜	Crème Contour des yeux
面膜	Masque
防曬乳	Crème de Soleil
化妝水	Tonique
卸妝油	Démaquillant
護唇膏	Soins de lèvres
口紅	Rouge à lèvres
腮紅	Fard à Joues
粉底液	Fond de Teint

老巴黎人提著LV的手袋，但他會提著Bon Marché的購物袋。1984年為LVMH集團買下後，形象更是越發奢華，全店分為5層樓。食品超市部(Le Grande Epicerie de Paris)在本館的旁邊，精緻多樣的法國各家名店商品一應俱全，可一次買齊伴手禮。到了這種高級百貨店，也別忘了利用這裡免費的「禮品包裝」服務，結帳完畢後把商品拿到服務處(Accueil)請求包裝即可。

左岸平價百貨公司
Le Bon Marché Rive Gauche

🏬 百貨公司、食品超市
✉ 24, rue de Sèvres 75007 Paris
📞 01 44 39 80 00
🕐 週一～三10:00～19:30，週四10:00～21:00，週五10:00～20:00，週六09:30～20:00，週日休息
➡ 地鐵站Sèvres Babylone Ⓜ 10 12，出口Rue de Sèvres
🏠 www.lebonmarche.fr
MAP P.115 / A5

由Aristide Boucicaut創立於1852年，位於左岸精華地段的平價百貨公司，成功在法國人心中灌入高雅及精緻的形象，你不會看到

左岸平價百貨公司在法國人心目中是奢華的象徵

左側邊欄：**Saint-Germain des Prés**

旅行小抄

館內餐廳
Delicabar

位於平價百貨公司1樓，玩弄時尚遊戲的新潮咖啡館。色彩強烈、曲線流暢的咖啡座椅，由寇魯齊(Claudio Colucci)設計。甜點由Pierre Hermé的前左右手Sébastien Gaudard、Alain Ducasse前顧問Hélène Samuel掌廚，推出名家口味的鹹點心，如燻鮭魚千層派、蔬菜捲鵝肝。

附屬超市
Le Grande Epicerie

挑剔的巴黎人最喜愛的購物場所，這間巴黎最頂級的美食超市，就位在平價百貨公司旁邊，有著數以萬計的各式商品，Mariage Frères茶葉、Fauchon巧克力、Hediard餅乾、銀塔餐廳食品在這裡都買得到。內部更有甜點鋪、燻肉鋪、麵包鋪、海鮮鋪等多樣的選擇。

法國人的左岸情結

當法國人問你住哪裡,其實是想拐個彎問你的背景。當你說「我住郊區」,對巴黎人來說那等於「你不住在巴黎」;若你說「香榭大道附近」,巴黎人想「觀光客去的」;而若你說「我住左岸,聖傑曼德佩區。」巴黎人則會流露出一種這才是巴黎的眼神,對你另眼相看,不過接下來,你可千萬不能說你常去花神咖啡館。

我在聖傑曼德佩區住了兩年半,深深感受到巴黎人的這種莫名的「左岸情結」,充滿知識分子的咖啡館、書店、學校林立所帶來的書香與人文氣息,與香榭大道的奢靡、杜樂麗的貴氣或貝爾維爾的庶民風情截然不同,有一種身為文化人的自尊與驕傲;難怪Sonia Rykiel在1968年搶先進駐聖傑曼大道175號,YSL創立聖羅蘭左岸(YSL Rive Gauche)副牌,Karl Lagerfeld以此為家。這種情結也傳染了我,當我後來搬家——儘管也是資產階級聚集的十五區,但回答法國人的問題時,我還是習慣加上一個補充,「噢⋯⋯以前,我住在聖傑曼⋯⋯」。

身心放鬆的時尚中心
Occitane SPA

📖 SPA60€起
✉️ 47, rue de Sèvres 75007 Paris
📞 01 42 22 88 62
🕐 週一～六09:30～19:30,週四至21:00,週日休息
➡️ 地鐵站Sèvres Babylone Ⓜ️⑩⑫,出口Rue de Sèvres,沿該路往西步行1分鐘
🗺️ P.115 / A5

法國保養品品牌歐舒丹(Occitane),在平價百貨公司對面開設了該品牌在歐洲第一間美容沙龍。提供各式臉部、身體的按摩與療程,使用的自然便是當家明星產品。木質地板配上大地色的浴袍、毛巾,這裡的氣氛讓你可以完全放鬆,除去旅途的疲憊,不妨提早去電預訂吧!

康藍爵士的居家哲學
The Conran Shop

📖 家具、生活用品
✉️ 41, rue du Bac 75007 Paris
📞 01 42 84 10 01
🕐 週一～五10:00～19:00,週六至19:30,週日休息
➡️ 地鐵站Rue du Bac Ⓜ️⑫,沿Rue du Bac步行1分鐘
🏠 www.conranshop.fr
🗺️ P.115 / A4

來自英國、由康南爵士所創的品牌,成功擄獲法國人的心,1992年於巴黎成立首間分店。精選各種設計師商品,除了家具、擺飾、廚房、衛浴用品,也找得到各式的生活小雜貨,讓你恨不得把所有東西搬回家。

©The Conran Shop

愛逛生活百貨的人不可錯過Conran Shop

特色餐飲 *Restaurant*

杜半街上的麥穗餐館 🇫🇷
L'Epi Dupin

🍴 前菜或甜點＋主菜＋一杯酒25€
✉ 11, rue Dupin 75006 Paris
📞 01 43 26 95 34
🕐 午餐週二～五12:00～15:00，晚餐週一～
　 五19:00～23:00，週一中午、六、日休息
➡ 地鐵站Sèvres Babylone Ⓜ ⑩ ⑫，出口r. de
　 Sèvres，沿該路步行至r. Dupin左轉
🏠 www.epidupin.com
MAP P.115 / A5

成立於1995年的L'Epi Dupin，石
牆及木構屋裝潢極有鄉村氣氛，
主廚François Pasteau推出簡單精緻的
料理，隨時節選擇新鮮食材。焦

糖苦苣山羊酪塔(Tatin
d'Endive au Chèvre)、
香草醃兔肉(Lapin
Mariné aux Herbes)、
小螯蝦佐鳳梨薑汁

主廚François Pasteau 醬(Langoustine au
Chutney d'Ananas et Gingembre)都是好
選擇，隨餐附送的「麥穗」(Epi)麵
包，更有別於其他餐廳。

新鮮健康的鮮蔬干貝

有創意又美味的兔肉春捲

L'Epi Dupin舒適的用餐空間

香料之旅的小餐館 🇫🇷
La Boussole

🍴 前菜或甜點＋主菜套餐13.9€(午餐)
✉ 12, rue Guisarde 75006 Paris
📞 01 43 54 66 59
🕐 週一～六12:00～14:45，19:00～23:30，
　 週五中午、週日休息
➡ 地鐵站Mabillon Ⓜ ⑩，沿R. Mabillon往南至R
　 Guisard右轉
MAP P.115 / C4

　菜色中添入從世界各地收集而來
的香料，如香茅生鮪魚(Tartare du Thon
à la Citronnelle)、蜂蜜香料烤鴨胸肉
(Magret de Canard au Miel et aux Épices)、塔
晉鍋燉羊肉(Tagine d'Agneau)，洞穴感
的內部裝潢更是其特色。

Saint-Germain des Prés

新鮮創意的藝廊餐廳 🇫🇷
Ze Kitchen Galerie

🍴 前菜或甜點＋主菜26.5€(午餐)，套餐80€(晚餐)
✉ 4, rue Grands Augustins 75006 Paris
📞 01 44 32 00 32
🕐 週一～六12:00～14:30，19:00～23:00，週日休息
➡ 地鐵站Saint-Michel Ⓜ④，出口Fontaine St.-Michel，沿Quai Grands Augustins往西至Rue Grands Augustins左轉
🏠 www.zekitchengalerie.fr
MAP P.33 / A2

左岸布爾喬亞風情的時尚餐廳，Loft風的挑高裝潢，Philippe Starck設計的餐桌更增色不少，主廚William Ledeuil創意料理，讓它於2008年拿下米其林一星。畢卡索從前在這條街上曾有過工作室，餐廳裡也時常有畫作的展覽，連菜單都是油畫的封面。隨季節變換的創新料理值得一試。

精緻的料理，順利拿下米其林一星榮譽

Philippe Starck設計的餐桌
©Ze Kitchen Galerie

力普啤酒屋 🇫🇷
Brasserie Lipp

🍴 酸菜肉腸18€
✉ 151, boulevard St.-Germain 75007 Paris
📞 01 45 48 53 91
🕐 週一～日09:00～01:00
➡ 地鐵站Saint-Germain des Prés Ⓜ④，出口Bd. St.-Germain
MAP P.115 / B3

密特朗總統、馬勒侯、小王子作者聖修伯里、沙特與西蒙波娃、海明威、莎朗史東……能讓這些名人齊聚一堂的只有力普啤酒館。列為歷史古蹟的1900風格裝潢下，享用各種亞爾薩斯菜，如酸菜肉腸(Choucroute)、史特拉斯堡香腸(Saucisses de Strasbourg)。

充滿陽光的普羅旺斯風情 🇫🇷
Bistrot d'Opio

🍴 主菜＋沙拉套餐13.3€，前菜＋主菜18.3€
✉ 9, rue Guisarde 75006 Paris
📞 01 43 29 01 84
🕐 週一～日19:00～23:30
➡ 地鐵站Mabillon Ⓜ⑩，沿R. Mabillon往南至R. Guisard右轉
🏠 www.bistrot-opio.com
MAP P.115 / C4

提供清新、色彩繽紛、充滿香料的南法普羅旺斯地方菜，如沙丁魚配燉菜(Filet de Sardin Farci sur un Lit de Ratatouille)、普羅旺斯香料醃牛肉串燒(Brochette de Bœuf)，選用上等橄欖油，有益健康。

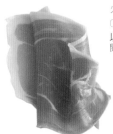

火腿凍蛋
Œuf en gelée au Jambon
以高湯將白煮蛋、火腿凍住的
開胃菜/1.8 €

生火腿 Jambon Cru
醃後風乾的生火腿，以西班牙伊比利產
的最有名，在法國也相當流行/盒裝3 €

豬肉凍 Terrine du Porc
加入香料、白酒凍成的豬肉凍/4 €

千層派 Lasagne
以麵皮、肉醬、起士層層堆疊的
手工千層派，香軟厚實/4 €

今夜，在旅館品嘗道地的法式美味

到熟食鋪打包法國料理
Allez aux Traiteurs

在法國街頭常見的外燴熟食鋪(**Traiteur**)，或肉店(**Boucherie**)兼作一些煮好的熟食，都是可以找到這些家常美味的地方，帶回旅館既方便又可以現吃，再配上棍子麵包及一瓶美酒，就是相當法式的一餐。

鵝肝醬 Fois Gras
法國頂級食材，最適合
拿來塗抹在道地法國麵
包上享用/3.99 €

燻火雞肉 Dinde Poivre
入味切成薄片的燻火雞肉，作成
沙拉或三明治都適合/10片3.5 €

鹹蛋塔 Quiche
洛林地方美食鹹蛋
塔，以蛋、菠菜、鮭
魚烘烤而成/4 €

肉醬 Terrine
將各種口味的肉醬塗抹
在棍子麵包上吃，相當
美味/2 €

藍酪舒芙蕾
Soufflé Bleu
烘烤的舒芙蕾，內含
美味的乳酪/1.8 €

Da Rosa
62, rue de Seine 75006 Paris
01 45 21 41 30
地鐵站Odéon Ⓜ④⑩，沿Bd. St.-Germain
往西走至R. de Seine右轉
MAP P.115 / C3

　　高級食材外燴商店，可找到魚子醬、鵝肝醬，地中海橄欖沙拉、西班牙伊比利火腿(Jambon Ibérico)、義大利及葡萄牙的紅酒，連五星級飯店都找它進口。古典的裝潢出自名設計師Jacques Garcia。

Gérard Mulot
76, rue de Seine 75006 Paris
01 43 26 85 77
地鐵站Odéon Ⓜ④⑩，沿Bd. St.-Germain
往西走至R. de Seine左轉
MAP P.115 / C4

　　號稱熟食天王的外燴店，可找到不少外帶回旅館享用的美食，如鮭魚凍(Terrine de Saumon)、鱈魚子醬(Tamara aux Œufs de Cabillaud)或各式沙拉。甜點則推薦玫瑰或柳橙薑糖口味的杏仁小圓餅。

99%金幣巧克力
Pistole
瑪麗皇后的最愛，超濃度的頂級巧克力/
Debauve & Gallais

「竹」抹茶蛋糕Bamboo
出名的抹茶蛋糕 / Sadaharu Aoki

伊絲芭翁 Ispahan
玫瑰口味兩片大馬卡洪，夾著新鮮覆盆子與荔枝，是大師最滿意的創作 / Pierre Hermé

歌劇院 Opéra
原創的歌劇院巧克力蛋糕，已有百年歷史 / Dalloyau

©Dalloyau

必嘗的人氣甜點
超幸福外帶
Emporter une Bonne Heure

眾多知名甜點師傅不約而同將店面開在本區，從傳統的**LaDurée**到超人氣的**Pierre Hermé**，東方的抹茶大師青木定治到西方的**Jean-Paul Hévin**，就到幾個老牌甜點鋪去買一份人氣甜點，帶到公園在溫和的陽光下享用吧！

⇘ Pierre Hermé

✉ 72, rue de Bonaparte 75006
📞 01 43 54 47 77
🕐 週一～六10:00～19:00，週日休息
➡ 地鐵站Saint-Germain des Prés Ⓜ❹
MAP P.115 / B4

在這裡杏仁小圓餅——馬卡洪（Macaron）有如時裝，口味不斷推陳出新。記得在馬卡洪日3月20日前來，店裡將只賣馬卡洪，包括舊口味的限量回味版。由兩片玫瑰馬卡洪夾著新鮮覆盆子的Ispahan也不可錯過。

⇘ Dalloyau

✉ 2, place Edmond-Rostand 75006 Paris 📞 01 43 29 31 10
🕐 週一～日09:00～20:30
➡ RER車站Luxembourg ⓇⒺⓇ Ⓑ，出口Jardin du Luxembourg
MAP P.33 / A5

1802年成立的法國高級甜點鋪，以「歌劇院（Opéra）」巧克力蛋糕最出名。盧森堡的店面中並附設茶沙龍的座位讓人可以坐下來好好享受。

⇘ Sadaharu Aoki

✉ 35, rue de Vaugirard 75006 Paris
📞 01 43 26 85 77
🕐 週二～六11:00～19:00，週日10:00～18:00，週一休息
➡ 地鐵站Saint-Placide Ⓜ❹，沿Rue de Vaugirard步行5分鐘
MAP P.115 / B6

日本一級甜點師傅青木定治帶有東方風情的甜點讓巴黎人也趨之若鶩，不能錯過其有名的抹茶蛋糕「竹」（Bamboo）。

⇘ Debauve & Gallais

✉ 30, rue des Saints-Pères 75006 Paris
📞 01 45 48 54 67
🕐 週一～六09:30～19:00，週日休息
➡ 地鐵站St.-Germain des Prés Ⓜ❹，出口bd. St.Germain往西至Rue des Sts.-Pères右轉
MAP P.115 / B3

1818年路易十六的藥師所開設的巧克力鋪「戴堡嘉萊」，品牌logo上有法國皇室授與的百合徽章，足見其尊貴。這裡有瑪麗皇后最喜愛的濃度99%金幣巧克力（Pistole），相傳是她屢次抱怨藥太苦，於是藥師便將藥劑作成一枚巧克力說服她服用。

Montparnasse

蒙帕拿斯

概況導覽

蒙帕拿斯的命名來自古希臘人獻給阿波羅神及繆斯的帕拿斯山(Mount Parnassus)，18、19世紀時藝術家居住在蒙馬特，而20世紀早期藝術家則搬遷至蒙帕拿斯。矗立在此區的蒙帕拿斯大樓，提供眺望巴黎的絕佳視野，附近則是以夜生活聞名的區域，位在蒙帕拿斯大道上的圓頂咖啡館，自1927年開業至今：在短短幾步之內更有多達7、8間電影院並立，是文藝人士喜愛前往的地方：由於來往布列塔尼的蒙帕拿斯火車站在此設立，附近也有許多布列塔尼名產可麗餅餐廳，是打發晚餐的好選擇。

蒙帕拿斯 一日行程表

參觀時間120分鐘
❶ 巴黎骷髏穴

參觀時間90分鐘
❷ 卡地亞基金會

參觀時間60分鐘
❸ 蒙帕拿斯墓園

參觀時間90分鐘
❹ 蒙帕拿斯大樓

參觀時間60分鐘
❺ 可麗餅街

參觀時間90分鐘
❻ 蒙帕拿斯咖啡館

蒙帕拿斯地圖

1940年6月18日廣場
Place 18 juin 1940

Boulevard Montparnasse

B

Rue du Montparnasse

C

Rue Vavin

Boulevard Raspail

查德金美術館
Musée Zadkine

Rue Notre-Dame-des-Champs

1

Avenue du Maine

Rue de l'Arrivée

Montparnasse
Bienvenüe

Ciel
de Paris

蒙帕拿斯大樓
La Tour
Montparnasse

Rue du Départ

R. d'Odessa

Hippopotamus

Léon de
Bruxelles

Crêperie de
Pont Aven

Crêperie de
Quimper

Crêperie
de Josselin

Falstaff

Rue du Montparnasse

Rue Stanislas

Rue Vavin

Rue Bréa

Le
Select

Vavin

La
Coupole

Chez Clément

Le Dôme

La Rotonde

Bar À Huître

Boul

2

Rue Delambre

Flam's

Rue du Maine

Edgar
Quinet

Boulevard Edgar-Quinet

紀念博物館
Musée
de la Poste

蒙帕拿斯火車站
Gare
Montparnasse

Rue du Maine

Marché de la Création
Montparnasse

Raspail

Rue Campagne Prem

Boulevard Raspail

3

Rue Boissonade

Gaîté

Rue de la Gaîté

Rue Vercingétorix

蒙帕拿斯墓園
Cimetière du
Montparnasse

布列松攝影基金會
Fondation
Cartier Bresson

Rue Leboui

Rue du Texel

Rue Froidevaux

Rue Emile Richard

卡地亞基金會
Fondation
Cartier

Rue Victor Schoelcher

4

Rue Fermat

Rue Daguerre

Rue Asseline

Avenue du Maine

Rue Raymond Losserand

Rue du Château

l'Ouest

ninot

Rue Deparcieux

Chez Papa

Rue Daguerre

Rue Laincourt

Rue Danville

Rue Lalande

Rue Boulard

貝爾佛之獅
Lion de Belfort

巴黎骷髏穴
Catacombes
de Paris

Rue Daguerre

Denfert-
Rochereau

5

rnety

Rue Pernety

R. du Moulin des Lapins

Square de l'Aide Social

Rue du Château

Rue Maurice Ripoche

Avenue du Maine

Rue Charles Divry

Rue Saillard

Rue Boulard

Mouton-Duvernet

er-Barret

Cité Bauer

Rue Didot

Rue de l'Eure Maindron

Rue Hippolyte Maindron

Rue Severo

Rue de la Sablière

Rue Bénard

Rue Léonidas

Rue Olivier Noyer

Rue des Plantes

Avenue du Maine

Rue Mouton Duvernet

Rue Brézin

6

Rue du Moulin Vert

Gergovie

Face au
Square

Rue Delbert

Rue d'Alésia

Rue du Moulin Vert

Avenue du Maine

Rue Alésia
Outlet街

Rue Thibaud

Avenue du Général Leclerc

Rue du Couédic

Rue Rémy Dumoncel

Porcelaine
M.P. Samie

N

7

Rue Didot

Rue Baillou

Rue Louis Morard

Rue de l'Abbé Carton

Rue d'Alésia

Alésia

C

Rue d'Alésia

Moulin

A

B

蒙帕拿斯大樓
La Tour Montparnasse

- ✉ 33, avenue du Maine 75015 Paris
- ☎ 01 45 38 53 16
- ⏰ 4～9月09:30～23:30，10～3月09:30～22:30
- € 全票15€，16～20歲或學生11.7€
- ➡ 地鐵站Montparnasse Bienvenüe Ⓜ④⑥⑫⑬，出口Tour Montparnasse
- 🏠 www.tourmontparnasse56.com
- MAP P.135 / A1

法國最高的辦公大樓

1965年舊蒙帕拿斯車站被拆除，換上這棟矗立在巴黎西南方的黑色弧形高樓，高210米，向來就不被挑剔的巴黎人喜愛，1973年完成時曾是歐洲最高的大樓。56樓的絕佳視野，是除了艾菲爾鐵塔外，另一個可以眺望巴黎美景的地方，來這裡搭乘歐洲最快的電梯，38秒就可抵達196米的高樓。附有一間觀景餐廳(P.140)。高樓南方即是蒙帕拿斯車站，專供往西南部布列塔尼方向的列車進出。

登上大樓遠眺巴黎的美景

蒙帕拿斯大樓周邊
1940年6月18日廣場
Place 18 juin 1940

- ✉ Place 18 juin 1940 75014 Paris
- MAP P.135 / B1

位於蒙帕拿斯火車站前，這個廣場紀念戴高樂將軍在倫敦廣播號召法國軍民抵抗納粹的「6月18日呼籲」(Appel du 18 juin)。

學法國人穿衣哲學

蒙帕拿斯附近有各種受法國年輕人歡迎的平價品牌店，包含：Zara、Etam、Promod、Mango、NAF NAF、Punkie、Jennifer，可找到各式流行又有質感的中價位服飾，均集中在正對蒙帕拿斯大樓的購物大道——漢恩街(Rue de Rennes)上。

此條街上也有許多平價鞋店，包含：André、Jonak、Texto、Eram，供挑選最新流行的鞋款；拉法葉百貨蒙帕拿斯分店裡更有男裝品牌Célio、Zara的過季副牌Lefties、德國品牌C&A等平價服飾，折扣季時更能一次買齊，是滿足消費慾望的好去處。

比起義大利人愛追求流行，法國人更想要在流行之餘穿出自我不同的風格，想穿得有如巴黎人？一件黑色外套是少不了的，冬季不妨挑選黑色大衣，而夏季時一件黑色皮外套，不管搭連帽T-shirt或襯衫都會相當迷人。

郵政博物館
Musée de la Poste

✉ 34, bd. de Vaugirard 75015 Paris
📞 01 42 79 24 24
🕐 週一～六10:00～18:00，週日休息
€ 全票5€，學生3.5€，教師免費 Pass
🚇 地鐵站Pasteur Ⓜ 6 12
🏠 www.museedelaposte.fr
MAP P.135 / A2

©Fondation Cartier Bresson

郵票迷不可錯過的去處

郵政博物館在1946年開幕時，位在一棟17世紀的帕斯蘭大宅(Hôtel Choiseul Praslin)中，後來1973年遷移到現址，15個展覽廳展出500年郵政相關歷史及郵票收藏，入內參觀須搭電梯至最高層，再慢慢沿旋轉樓梯往下探索。其中的紀念品店賣出郵政、旅遊相關的產品，例如印有艾菲爾鐵塔的護照套、行李吊牌，或陶瓷的法式郵筒等，十分有趣。

布列松攝影基金會
Fondation Cartier Bresson

✉ 2, impasse Lebouis 75014 Paris
📞 01 56 80 27 00
🕐 週二～日13:00～18:30，週六11:00～18:45，週三至20:30，週一休息
€ 全票7€，18～26歲4€
🚇 地鐵站Gaîté Ⓜ 13
🏠 www.henricartierbresson.org
MAP P.135 / A4

現代化的攝影藝文空間

開幕於2003年，布列松攝影基金會由蒙帕拿斯一間舊工作室改建，造型現代而空間明亮，專門展出攝影相關的主題展，並舉辦布列松攝影獎，是喜愛攝影人士不可錯過的藝文空間。

卡地亞當代藝術基金會
Fondation Cartier pour l'art Contemporain

- ✉ 261, boulevard Raspail 75014 Paris
- ☎ 01 42 18 56 50
- ⏰ 週二～日11:00～20:00，週二至22:00，週一休息
- 💶 全票10.5€，18～25歲及學生7€
- ➡ 地鐵站Raspail Ⓜ❹❻，出口Boulevard Raspail
- 🏠 fondation.cartier.com
- MAP P.135 / C3

現代藝術的中心

創立於1984年，由建築師努維爾(Jean Nouvel)、卡塔尼(Emmanuel Cattani)所共同設計，新穎出色的外觀相當有現代感，為鼓勵現代創作而由知名珠寶品牌卡地亞出資建設，是法國首座支持現代藝術的私人基金會，每年舉辦5次

推動當代藝術不遺餘力的卡地亞基金會

展覽，主題包含設計、攝影、影音、時尚、繪畫等當代藝術，每週並舉行1次流動展覽(Soirée Nomades)，以舞台藝術為主。

卡地亞基金會周邊
貝爾佛之獅
Lion de Belfort

- ✉ Place Denfert-Rochereau
- ➡ 地鐵站Denfert-Rochereau Ⓜ❹❻
- MAP P.135 / C5

佇立在廣場上雄壯的貝爾佛之獅

卡地亞基金會附近的丹佛爾・候歇霍廣場(Place Denfert-Rochereau)有一尊「貝爾佛之獅」，為紀念在1870年普法戰爭中犧牲的阿爾薩斯人，雕刻家為巴爾托迪(Auguste Bartholdi)，他同時也雕刻了法國送給美國的自由女神像。

查德金博物館
Musée Zadkine

- ✉ 100 bis, rue d'Assas 75006 Paris
- ☎ 01 55 42 77 20
- ⏰ 週二～日10:00～18:00，週一休息
- 💶 常設展免費
- ➡ 地鐵站Vavin Ⓜ❹
- MAP P.135 / C1

參觀雕刻家的工作室

位於盧森堡公園旁的小博物館，是巴黎畫派代表俄籍雕塑家查德金(Ossip Zadkine)的故居，自1928～1967年在此工作與居住，超過400件的雕塑作品。風格介於立體派與原始主義之間，其著名的作品包含了位在奧維小鎮上的梵谷雕像。

巴黎骷髏穴
Catacombes de Paris

- 1, av. du Colonel Henri Rol-Tanguy 75014 Paris
- 01 43 22 47 63
- 週二～日10:00～17:00，（最後入場16:00），週一休息
- 全票10€，18～26歲8€
- 地鐵站Denfert-Rochereau (M)4 6　步行5分鐘
- MAP www.catacombes.paris.fr
- P.135 / C5

探索神祕另類的地下世界

磊阿勒商場旁的無名公墓在飽和了之後，巴黎政府便決定將這些屍骨移到原為採石場的本處，二戰時也曾為法國抗德地下組織的總部所在地。從售票處經旋轉樓梯往下，會先通過長長的通道，然後到了寫著「止步！這裡是冥界」(Arête! C'est ici l'Empire de la Mort)的入口，便可進入骷髏穴中

©Paris Tourist Office / Photo. Henri Garat

探索陰暗神祕的地下骷髏穴，需要十足的膽量

心。黑暗的下水道內擺滿了骷髏堆及貼滿死亡相關標語，膽子大的人不妨試著冒險前進參觀。整條通道走完約需1小時30分，隧道內終年氣溫只有13～14℃左右，別忘了帶件外套保暖，也記得帶支手電筒好探路。出去時可別順手帶了不該帶的東西！

蒙帕拿斯墓園
Cimetière du Montparnasse

- 3, bd. Edgar-Quinet 75014 Paris
- 01 40 71 75 60
- 週一～六08:00～17:30，週日09:00～17:30
- 地鐵站Edgar Quinet (M)6
- MAP P.135 / B3

安寧靜謐的長眠之地

巴黎三大墓園之一(其餘兩座為北方的蒙馬特墓園、東方的拉榭思神父墓園)的蒙帕拿斯墓園占地19公頃，於1824年啟用，高大的椴木、槐樹、柏樹圍繞下，絲毫沒有陰森的氣息。圓環中央立有一處丹雍(Horace Daillon)打造的青銅長眠守護天使(Génie du Sommeil Éternel)，這裡是許多文人安息的地方，如著有《惡之華》的詩人波特萊爾(Charles Baudelaire)、法國知名歌手甘斯堡(Serge Gainsbourg)、存在主義戀人沙特與西蒙波娃(Jean-Paul Sartre & Simone de Beauvoir)、建造歌劇院的加尼葉(Charles Garnier)、小說家莫泊桑(Guy de Maupassant)等。

擁抱巴黎夜景

高空觀景餐廳與酒吧

Les restaurants avec une vue exceptionelle

在短短數天巴黎行程當中，如能安排一趟高空餐廳之旅，享有絕佳視野的觀景餐廳，是俯瞰巴黎夜色的最佳地點，一邊享用著道地的法國料理，一定能為旅行留下美好而深刻的回憶。

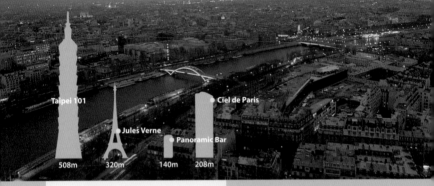

Taipei 101   Ciel de Paris

Jules Verne

Panoramic Bar

508m   320m   140m   208m

---

① Ciel de Paris 高度：208米

🍽 週一～六午餐：前菜或甜點＋主菜套餐26€，晚餐及週日午餐：前菜＋主菜＋甜點套餐59€

✉ 33, Avenue du Maine 75015 Paris

📞 01 40 64 77 64

🕐 週一～日12:00～14:30，19:30～23:30（目前關閉維修至2012年4月）

🚇 地鐵站Montparnasse-Bienvenüe Ⓜ④⑥⑫⑬

🏠 www.cieldeparis.com

蒙帕拿斯大樓56層高空餐廳

搭乘高速電梯來到蒙帕拿斯大樓56樓，透過寬廣的玻璃窗，艾菲爾鐵塔、凱旋門、龐畢度中心、聖母院等巴黎美景彷彿都盡收眼底。位在此大樓頂端的「巴黎天空」餐廳，提供精緻現代的法式料理套餐，在美景環繞下，美好的花都氣氛令人不心醉也難。來此讓巴黎之旅不虛此行。

©Ciel de Paris

登上蒙帕拿斯大樓，享受視覺與味覺的雙重感受

❷ Panoramic Bar 高度：140米

🍴 雞尾酒22€
✉ 3, place du Général Koenig 75017 Paris
📞 01 40 68 50 68
🕐 週一～五16:00～01:00，週六、日15:00～01:00
🚇 地鐵站Porte de Maillot Ⓜ 1

四星酒店大樓全景酒吧

Concorde Lafayette為知名連鎖旅館，其全景酒吧位在十七區的四

©Concorde Lafayette

星酒店33樓，夜色中閃爍的艾菲爾鐵塔與巴黎如畫的夜景盡收眼底，提供各式雞尾酒，並有現場鋼琴伴奏，不想排隊上鐵塔吹風受凍？這裡是另一種觀賞巴黎夜景的方式。

點杯酒配上開胃點心，視野絕佳的Lougne Bar

❸ Jules Verne 高度：320米

🍴 週一～五午餐85€，週六及晚餐200€
✉ Avenue Gustave Eiffel 75007 Paris
📞 01 45 55 61 44
🕐 週一～日12:15～15:00，19:15～23:00
🚇 地鐵站Bir-Hakeim Ⓜ 6
🏠 www.lejulesverne-paris.com

艾菲爾鐵塔第2層餐廳

位於艾菲爾鐵塔第二層的高級法式料理餐廳，無疑是欣賞巴黎美景、享用美食的好地方，三星名廚Alain Ducasse的管理下，已於2009年順利摘下米其林一星。無論是晴朗的白天或璀璨的夜晚，到此享用主廚Pascal Féraud的創新料理，必能為巴黎之旅留下美好而難忘的回憶。

❹ Lounge Bar View

🍴 白酒6€
✉ 257, Rue de Vaugirard 75015 Paris
📞 01 40 45 10 00
🕐 5月15日～9月30日開放，週一～日17:00～01:00
🚇 地鐵站Vaugirard Ⓜ 6

正對艾菲爾鐵塔的露天酒吧

位在Novotel四星旅館頂層，擁有可遠望艾菲爾鐵塔的絕佳視野，這間酒吧無疑是傍晚到凌晨來此喝一杯的好選擇。挑高的座椅配上純白有設計感的家具，這座摩登時髦的酒吧已成為巴黎人新寵。

逛街購物指南 *Shopping*

阿雷吉亞Outlet街
Rue Alésia

- 過季出清商品
- Rue d'Alésia 75014 Paris
- 01 42 36 92 41
- 週一～六10:00～19:00，週日休息
- 地鐵站Alésia Ⓜ④，出口Rue d'Alésia
- MAP P.135 / B7

在蒙帕拿斯南邊的「阿雷吉亞街(Rue Alésia)」是巴黎著名的小型Outlet街，滿街都是寫著「Stock(清倉折扣店)」的服飾、鞋品、包包店，約莫有市價3～6折的折扣。然而想要採購名牌的人還是往郊區的La Vallée去比較不會失望，這裡則是不在乎過季商品，或想發現些超值折扣配件的人可以打發時間的地方。街上最出名的清倉店該屬64號及112號的Sonia Rykiel，以及111號巴黎知名皮件及包包品牌Mac Doglas。

白瓷器工廠
Porcelaine M.P. Samie

- 白色瓷器
- 45, avenue Général Leclerc 75014 Paris
- 01 42 36 92 41
- 週一～六10:30～19:00，週日休息
- 地鐵站Alésia Ⓜ④，出口Avenue Général Leclerc
- MAP P.135 / C7

品牌由Roland和Marie-Paule Samie創於1983年，專門販售日常生活所需的各式白瓷器，如杯盤、花瓶、烤盤、茶壺等。在法國擁有8間分店，巴黎分店共有3層樓，超大空間讓你慢慢挑選。

蒙帕拿斯創意市集
Marché de la Création Montparnasse

- Boulevard Edgard-Quinet 75014 Paris
- 01 40 26 83 66
- 週日09:00～19:00
- 地鐵站Edgard Quinet Ⓜ⑥，出口Boulevard Edgard-Quinet
- www.marchecreation.com
- MAP P.135 / C2

就位在蒙帕拿斯高樓旁，每週日有120位藝術家參與的創意市集，手工藝品、攝影、繪畫作品，將這條小街點綴得很熱鬧。

Montparnasse

特色餐飲 *Restaurant*

熱鬧狂歡的啤酒屋 🇫🇷
Falstaff

- 🍴 前菜或甜點＋主菜＋杯酒＋咖啡套餐 19€
- ✉️ 42 , Rue du Montparnasse 75014 Paris
- 📞 01 43 35 38 29
- 🕐 週一～日08:30～05:00
- ➡️ 地鐵站Montparnasse-Bienvenüe Ⓜ ④ ⑥ ⑫ ⑬，出口Boulevard Montparnasse
- MAP P.135 / B1

　　這間啤酒屋是體會蒙帕拿斯夜生活的最佳去處，120種罐裝啤酒、13種現榨啤酒任你挑選，配淡菜鍋、三明治等都很適合。

● ● ● ● ● ● ● ● ● ● ● ● ● ● ● ● ●

寧靜道地的法式餐館 🇫🇷
Face au Square

- 🍴 前菜＋主菜套餐12.5€(午餐)，20€(晚餐)
- ✉️ 53, rue Didot 75014 Paris
- 📞 01 45 43 18 87
- 🕐 週一～五12:00～14:15，20:00～22:30，週六、日休息
- ➡️ 地鐵站Plaisance Ⓜ ⑬，沿R. Alésia往東至 R. Didot右轉
- MAP P.135 / A6

　　街坊裡的家庭式餐館，沒有觀光客的吵雜，多了幾分寧靜，提供傳統而美味的法國料理，如蜜汁鴨胸肉 (Magret au Miel)、梅子鵝肝醬 (Foie Gras aux Figues)、方塊羊肉(Carré d'Agneau)、茴香鱸魚 (Bar aux Fenouil)，價格合理。

手工的醃竹筍、梅子有著家庭氣氛

不輸米其林的人氣餐館 🇫🇷
Le Regalade

- 🍴 套餐32€
- ✉️ 49, avenue Jean-Moulin 75014 Paris
- 📞 01 45 45 68 58
- 🕐 週二～五12:00～14:30，19:00～23:30，週一、六、日休息
- ➡️ 地鐵站Alésia Ⓜ ④

　　Le Régalade並沒有米其林星芒閃耀，卻是三星主廚會到訪的餐館之一，厭倦了高級餐廳的繁文縟節、傳統餐廳的過時料理，這裡富有創意並兼具品質的餐點、放鬆舒適的用餐氣氛，會是讓你眼睛一亮的地方。主廚Yves Camdeborde曾在大師Christian Constant手下工作，繼任的Bruno Doucet也不可小覷，被美食指南GM2006年選為最年輕的天才廚師。以西南料理聞名的主菜隨時節變換，推薦梅醬黑胡椒綠頭鴨(Canard Col Vert aux Figues Fraîches et Poivre Noir)、焦糖豬胸肉(Poitrine de Cochon Fermier Caramélisé)，甜點則當然要嘗嘗法國名品舒芙蕾(Soufflé)。

143

文人、藝術家的最愛

蒙帕拿斯大道上四大咖啡館

4 Cafés au Boulevard Montparnasse

➡ 地鐵站Vavin Ⓜ④，出口Boulevard Montparnasse

MAP P.135 / C2

不讓聖傑德佩區專美於前，20世紀藝術家、文人喜愛的蒙帕拿斯區也有許多著名的咖啡館，光是蒙帕拿斯大道(Boulevard du Montparnasse)上就有許多星光熠熠、名人愛去的四大咖啡館，不妨跟著法國人一起到此喝杯咖啡或享用美食。

↘ N°108 *Le Dôme*

☎ 01 43 35 25 81

🕐 週一～日12:00～15:00，19:00～23:00

戰地記者羅伯特卡帕、畫家畢卡索、康丁斯基、高更、莫迪里安、《先知》作者紀伯倫、海明威、列寧等無數的知識份子都曾蒞臨多姆咖啡館，甚至海明威在《流動的饗宴》中都有描述。1898年開幕，是蒙帕拿斯地區最早的咖啡館，現被米其林評鑑為一星，以海鮮料理著名，如馬賽魚湯、比目魚、龍蝦。

↘ N°102 *La Coupole*

☎ 01 43 20 14 20

🕐 週一～日08:00～01:00

1927年開幕的圓頂咖啡館，以其列入歷史古蹟的裝飾藝術風格聞名，是酒館、舞廳，也是蒙帕拿斯大道上夜生活的中心。32根廊柱掛有32張包含夏卡爾及布朗庫西的畫作。餐點以開幕至今未變的招牌菜：印度咖哩羊肉(Curry d'Agneau à l'Indienne)最出

名，燴布列斯雞(Fricassée de Poulet de Bresse)、鵝肝醬(Fois Gras)、威士

忌燴龍蝦(Homard Flambée au Whisky)也不錯，列寧、托洛斯基、畢卡索、海明威、史特拉汶斯基都曾是常客。

↘ N°99 *Le Select*

☎ 01 45 48 38 24

🕐 週一～五07:00～03:00，週六、日07:00～04:00

1923年開幕的菁英咖啡館，是20世紀畫家、文人喜愛聚集的地方，費茲傑羅、畢卡索、海明威都曾留下足跡。營業至凌晨，是晚間想喝杯咖啡的好去處。

↘ N°105 *La Rotonde*

☎ 01 43 26 48 26

🕐 週一～日12:00～18:00，19:00～23:00

1911年開幕，以紅色為主的裝潢透露高貴典雅的氣氛，侯通咖啡館在二戰期間是超現實主義畫家聚集地，如今則是電影與藝文界人士的去處，全日提供傳統法式料理，如洋蔥湯、勃根地烤蝸牛、生牛肉、生蠔、海鮮拼盤以及貝提雍冰淇淋。

2月在法國，來份可麗餅吧！

在台北時，陰雨的冬日總會讓我想念校門口一份現作熱騰騰的可麗餅；在巴黎的午後、忙碌的空檔間，我也喜歡外帶一份可麗餅，在公園悠閒地享用或到餐廳裡點用鹹、甜可麗餅及蘋果酒的正式程序。這種源自法國布列塔尼地方的美食，甜的基本口味有砂糖、巧克力、果醬、蜂蜜；鹹的則有乳酪、火腿、蛋等，而其中一種特別的口味「蘇瑞特可麗餅(Crêpe Suzette)」是一種以橙香酒撒在薄餅上，送上桌來時點火烤焦的火焰可麗餅，特別像是餐桌上的魔術。每年2月2日聖燭節(Chandeleur)舉行時，法國人點起蠟燭，用年末剩下的小麥製作可麗餅，因此這天也被視作可麗餅節。左手持著一枚硬幣，右手將平底鍋中的可麗餅翻面，如果能順利翻面就表示接下來一整年能得到好運。據說拿破崙在遠征俄國時就以這樣的風俗習慣來測試，可麗餅卻沒有成功翻面，果然也打了敗仗。

道地的法國美食

可麗餅街
Rue du Montparnasse

➡ 地鐵站Montparnasse Bienvenüe Ⓜ④⑥⑫⑬，出口Bd. Montparnasse往東走至R. du Montparnasse右轉

MAP P.135 / B2

蒙帕拿斯火車站專供行駛巴黎—布列塔尼方向的火車進出，也是這附近有「可麗餅街」(來自法國布列塔尼地方薄餅)的原因。法式吃法是先上沙拉當前菜，點份鹹的蕎麥餅(**Galette**)當主菜，配杯蘋果酒(**Cidre**)，再來份甜的可麗餅(**Crêpe**)作飯後甜點。

↘ N°67 *Crêperie de Josselin*

🍴 可麗餅9.1€
📞 01 43 20 93 50
🕐 週二～日12:00～23:00，週一休息

本條街最出名的可麗餅屋，由Josselin Bénuezi女士所製作的雙層蕎麥可麗餅，已有超過15年以上歷史。招牌為「Maraichère」(菠菜、蛋、豬肉、起士)，及「Josselin」(蛋、火腿、起士、蘑菇)。店內以Quimper地方的彩釉瓷器及馬賽克裝飾，極有布列塔尼風情。

↘ N°60 *Crêperie de Quimper*

🍴 可麗餅10€
📞 01 43 20 77 13
🕐 週一～日12:00～15:00，18:30～23:30

1980年開立的老店，由Charles Noirot所掌廚。招牌菜為黑麥麵粉(Galette de Sarrazin)作的鹹可麗餅，喜歡海鮮的人不妨嘗嘗「La Coquille St-Jacques」(甘貝、海鮮、蘑菇)。

↘ N°54 *Crêperie de Pont Aven*

🍴 甜鹹可麗餅套餐8€(午餐)
📞 01 43 22 23 74
🕐 週一～日09:00～00:00

紅色搶眼的裝潢外觀，這間1920年便成立的可麗餅老店，提供各式美味的可麗餅選擇，喜歡起士的人別錯過「Savoyarde」(馬鈴薯、起士、火腿、奶油)，想嘗鮮的人可以試試看「Roué」(鵝肝醬、蜂蜜、梅子醬、番茄、榛果沙拉)，都很有法國的風情。

連鎖餐廳的套餐方案

平價享受法式料理

Chaînes de Restaurants

在法國有不少連鎖餐廳，提供**20**歐元左右含前菜＋主菜或主菜＋甜點的套餐，在夜生活不間斷的蒙帕拿斯地區可輕鬆找到這些連鎖餐廳的分店。

Bar À Huître

🍴 生蠔一顆2.3€起，海鮮拼盤價格46€
✉ 112, bd. Montparnasse 75014 Paris
📞 01 43 20 71 01
🕐 週一～日12:00～18:00，19:00～23:00
➡ 地鐵站Vavin Ⓜ ④，出口Boulevard Montparnasse
🏠 www.barahuitres.fr
MAP P.135 / C2

坐在這間名為「生蠔吧」的連鎖海鮮餐廳裡，船舶、纜繩、舵盤的裝飾讓人有在船艙裡用餐的氣氛。含生蠔、鮮蝦、螃蟹、淡菜等分量十足的「海鮮拼盤」(Plateau de Fruits de Mer)讓喜愛海鮮的人過癮十足。

Léon de Bruxelles

🍴 茄汁淡菜鍋15.5€，比利時啤酒5.3€
✉ 82 bis, bd. Montparnasse 75014 Paris
📞 01 43 21 66 62
🕐 週一～日12:00～18:00，19:00～23:00
➡ 地鐵站Montparnasse-Bienvenüe Ⓜ ④ ⑥ ⑫ ⑬，出口Boulevard Montparnasse
🏠 www.leon-de-bruxelles.fr
MAP P.135 / B1

知名的比利時淡菜鍋(Moules)連鎖餐廳，淡菜為海鮮蚌殼，Léon提供清蒸淡菜鍋、茄汁、奶油等口味，配上現炸薯條吃到飽。網站並提供兩人同行可折抵10歐元的優惠券(Bon Plan)列印。

淡菜鍋配上無限供應的炸薯條

Hippopotamus

🍴 前菜或甜點＋主菜套餐14.9€
✉ 68, bd. du Montparnasse 75014 Paris
📞 01 42 22 36 75
🕐 週一～日12:00～18:00，19:00～05:00
➡ 地鐵站Montparnasse-Bienvenüe Ⓜ ④ ⑥ ⑫ ⑬，出口Boulevard Montparnasse
🏠 www.hippopotamus.fr
MAP P.135 / B1

由Christian Guignard在1968年於巴黎開設第一間分店，以炭烤牛排聞名，各式沙朗(Faux-Filet)、紐約客(Rumsteak)牛排可供選擇，此外也有法式簡餐。蒙帕拿斯分店以其營業到凌晨3點的時間讓附近看完電影的巴黎人還可到此用餐。

Hippopotamus的牛排套餐

Chez Papa

🍴 前菜+主菜+咖啡套餐11€
✉ 6, rue Gassendi 75014 Paris
📞 01 43 22 41 19
🕐 週一～日12:00～18:00，19:00～23:00
➡ 地鐵站Denfert-Rochereau Ⓜ ④ ⑥ 沿R. Froidevaux往西走至R. Gassendi左轉
🏠 www.chez-papa.info
MAP P.135 / C4

帶著西裝帽蓄鬍子的男人是Chez Papa的logo。這裡提供家庭式的法國西南地方料理，如扁豆燉肉

Montparnasse

(Cassoulet)、鵝肝(Fois Gras)、藍羊乳酪水煮蛋(Œufs Pochés au Bleu Brebis)、功夫鴨腿(Confit de Canard)。不知道如何點菜，只要看寫有「Façon Papa」就是爸爸的主廚推薦。

↘ *Chez Clément*

🍽 前菜或甜點+主菜+飲料套餐14.9€
✉ 106, bd. Montparnasse 75014 Paris
📞 01 44 10 54 00
🕐 週一～日12:00～18:00，19:00～23:00
➡ 地鐵站Vavin Ⓜ ④，出口boulevard Montparnasse
🏠 www.chez-clement.fr
ᴹᴬᴾ P.135 / C2

　　紅底白字招牌，配上許多銅鍋是「克萊蒙之家」的特色，提供許多法國名菜的選擇，如布列塔尼生蠔(Huître de Bretagne)、洋蔥湯(Gratinée à l'Oignon)、功夫鴨腿(Confit de Canard)、塔塔生牛肉(Tartare de Bœuf)、豬血腸配蘋果(Boudin aux Pomme)，燒烤料理也不錯。

↘ *Flam's*

🍽 一塊薄披薩5.5€以上，主菜+飲料7€(午餐)；前菜+主菜薄餅吃到飽11.7€起
✉ 32, Avenue du Maine 75015 Paris
📞 01 45 44 63 53
🕐 週一～日12:00～18:00，19:00～23:00
➡ 地鐵站Falguière Ⓜ ⑬，沿R.Vaugirard往東走至Avenue du Maine右轉
🏠 www.flams.fr
ᴹᴬᴾ P.135 / A2

　　法式披薩「Flammekueche」吃到飽的連鎖餐廳，這種簡稱為Flam的方形薄披薩在東北地方亞爾薩斯很聞名，是薄麵餅皮配上火腿、洋蔥、蘑菇等等著料送到火窯裡烤，香氣誘人，配上亞爾薩斯白酒最適宜。

法文ㄅㄆㄇ ｜ 點菜篇

終於到了看起來美味的餐廳，就試試看用法文點菜吧！服務生會先請你選擇前菜及主菜的部分，用完餐後再選擇甜點。

> 我的牛排要A point，你的呢？

想說的話		法文ㄅㄆㄇ
我們有兩個人		ㄉㄜ ㄅㄧㄚˋ ㄙㄣ　　ㄒㄧ ㄈㄨˋ ㄆㄌㄟˋ **Deux personnes, s'il vous plaît.**
請給我一份套餐		ㄖㄜˋ ㄆㄨㄥˋ　ㄌㄢˇ ㄇㄜ ㄋㄩ　ㄒㄧ ㄈㄨˋ　ㄆㄌㄟˋ **Je prends un menu, s'il vous plaît.**
請給我一份牛排		ㄖㄜˋ ㄆㄨㄥˋ　ㄌㄢˇ ㄙㄉㄟˋㄎ ㄒㄧ　ㄈㄨˋ　ㄆㄌㄟˋ **Je prends un steak, s'il vous plaît.**
熟度	全熟	ㄅㄧㄤ ㄎㄨㄟˋ **Bien cuit**
	七分熟	ㄚˋ ㄆㄨㄢˋ **À point**
	五分熟 (帶血)	ㄙㄟ ㄋㄨㄥˋ **Saignant**
請買單		ㄌㄚˇ ㄌㄧ ㄒㄩㄥ　ㄒㄧ　ㄈㄨˋ　ㄆㄌㄟˋ **L'addition, s'il vous plaît**

艾菲爾鐵塔・帕西

概 況 導 覽

艾菲爾鐵塔已成為法國深入人心的地標，本區為巴黎市中心的高級地段，近帕西地區則一向有富人區的稱號。為數眾多的博物館、基金會進駐本區帶來藝文氣息，如金光閃耀的傷兵院圓頂教堂、國立布朗利博物館、羅丹美術館、東京宮。而此區也是另一個時尚文化重鎮，嘎黎哈宮流行博物館、聖羅蘭基金會均在此設立，Louis Vuitton亦在2010年於布隆森林成立大型美術館。到白鳥小徑——塞納河上另一座沙洲島上散步也是愜意的選擇。帕西地方則有不可錯過的建築師吉瑪代表作。

艾菲爾鐵塔・帕西
一日行程表

參觀時間120分鐘
❶ 傷兵院

參觀時間120分鐘
❷ 羅丹美術館

參觀時間120分鐘
❸ 布朗利博物館

參觀時間90分鐘
❹ 露天咖啡館

參觀時間30分鐘
❺ 夏佑宮廣場

參觀時間120分鐘
❻ 艾菲爾鐵塔

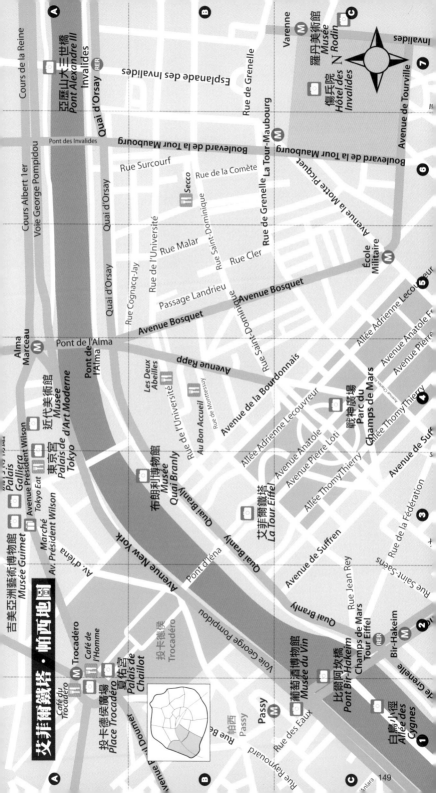

艾菲爾鐵塔‧帕西地圖

Cours de la Reine

亞歷山大三世橋
Pont Alexandre III
Invalides RER

Quai d'Orsay

Cours Albert 1er
Voie George Pompidou

Pont des Invalides

Quai d'Orsay

Quai d'Orsay

Alma
Marceau M

Pont de l'Alma

吉美亞洲藝術博物館
Musée Guimet

Palais
Galliera

Avenue Président Wilson

近代美術館
Musée
d'Art Moderne
Palais de
Tokyo
東京宮
Tokyo Eat

Marché
Av. Président Wilson

Av. d'Iéna

Café du
Trocadéro

Trocadéro M
Café de
l'Homme

投卡德侯廣場
Place Trocadéro

夏佑宮
Palais de
Chaillot

投卡德侯
Trocadéro

Av. Raymond Poincaré

Avenue Paul Doumer

Rue Benjamin Franklin

帕西
Passy

Esplanade des Invalides

Rue de Grenelle

Boulevard de la Tour Maubourg

Rue Surcourf

Rue de la Comète

Secco

Rue de l'Université

Rue Malar

Rue Saint-Dominique

Rue Cler

Rue Cognacq-Jay

Passage Landrieu

Avenue Bosquet

Avenue Bosquet

Rue Saint-Dominique

Avenue Rapp

Les Deux
Abeilles

Rue de l'Université

Au Bon Accueil

Rue de Monttessuy

Avenue de la Bourdonnais

布朗利博物館
Musée
Quai Branly

Quai Branly

Avenue New York

Pont d'Iéna

Voie George Pompidou

Quai Branly

甫萄酒博物館
Musée du Vin

Passy M

Rue des Eaux

Rue Raynouard

Esplanade des Invalides

Rue de Grenelle

Varenne M

羅丹美術館
Musée
N Rodin

Invalides

傷兵院
Hôtel des
Invalides

Boulevard de la Tour-Maubourg

La Tour-Maubourg M

Avenue de Tourville

Boulevard de la Tour Maubourg

Avenue la Motte Picquet

École
Militaire M

Avenue Bosquet

Allée Adrienne Lecouvreur

Avenue Anatole Fr

Avenue Pierre

Allée Adrienne Lecouvreur

Avenue Anatole
Avenue Pierre Loti

戰神廣場
Parc du
Champs de Mars

Allée ThomyThierry

Allée Thomy Thierry

Avenue de Suf

Avenue de la Fédération

Rue de la Fédération

Avenue de Suffren

Rue Jean Rey

艾菲爾鐵塔
La Tour Eiffel

Champs de Mars
Tour Eiffel RER

比爾阿坎橋
Pont Bir-Hakeim

Bir-Hakeim M

Allée des
Cygnes
白鳥小徑

Rue Saint-Saëns

Avenue Charles Flo...

A

B

C

1

2

3

4

5

6

7

Antara 149

熱門景點 *Sightseeing*

艾菲爾鐵塔 📷
La Tour Eiffel

- ✉ 5, avenue Anatole France 75007 Paris
- 📞 01 41 10 08 10
- 🕐 1～6月中09:30～23:45，6月中～8月09:00～00:45，9～12月09:30～23:45
- € 電梯達第二層全票9€，12～24歲7€，頂層全票15.5€，12～24歲13.5€，達第二層樓梯全票5€，12～24歲4€
- ➡ 地鐵站Bir-Hakeim Ⓜ ⑥，出口Tour Eiffel
- 🏠 www.toureiffel.paris
- MAP P.149 / B3

艾菲爾鐵塔 Data

建造年份： 1889年
設 計 師： Gustave Eiffel
高　　度： 324米

頂樓展望台
登上塔頂欣賞美麗的巴黎夜景

旅行小抄

巴黎鐵塔小知識

- 塔頂含天線高324米，寬125米
- 花費2年2個月又5天建造
- 共有1,665級階梯
- 用了250萬顆鉚釘
- 總重10,100公噸
- 每7年整修1次，用去60公噸油漆重新粉刷

巴黎的第一地標

　　由古斯塔夫艾菲爾(Gustave Eiffel)所設計，為1889年慶祝法國大革命100週年的萬國博覽會而建，300名工人在每週工作7天，連續工作26個月又5天之下，終將這在當時相當創新的鐵塔完工。當時廣受非議，甚至遭市民請願停工的這座鋼鐵建築，原本預計在博覽會後20年拆除，卻因無線電的發明意外保存下來，現成為觀光客必去之地，儼然是巴黎最出名的地標。

　　高324米的鏤空鐵塔，共分為3層，1、2層設有餐廳，第3層則有全景觀景台。4條與地面成75度的塔柱，分別指向東西南北方，內建4座電梯搭載旅客往上觀景。地面則有知名雕塑家布爾代勒(Bourdelle)替艾菲爾作的塑像。最好能在黃昏時分登上鐵塔，欣賞由日轉夜的景色。

遊客人手一枚的紀念金幣！

　　在巴黎許多觀光名勝都推出的紀念金幣，由於很有紀念價值特別受到遊客歡迎。在艾菲爾鐵塔、凱旋門、聖母院、聖禮拜堂、甚至拉法葉百貨參觀時都可以發現此款投幣機，投下2歐元就可換取此紀念金幣，注意看上面的文字，還有標示是否為限定版及發行年份喔！想要好好珍藏金幣的話，還可以到紀念幣相關用品專賣店購買保護的塑膠殼。

紀念幣相關用品店AMDC-54
✉ 54, passage des Panoramas 75002

鐵塔造型的紀念品
Les Souvenirs

以艾菲爾鐵塔為造型的各式紀念品是遊客的最愛！

鐵塔造型橡皮擦
可愛的橡皮擦，讓人捨不得拿來使用/7€

鐵塔造型吸鐵便條夾
小巧可愛的便條夾，有多種顏色可選擇/7€

鐵塔造型義大利麵
各色的鐵塔造型義大利麵，有趣又好吃/5.8€

鐵塔造型水果籃
各式法國麵包的水果籃，放在鐵塔塔身裡，相當可愛/10€

投卡德侯廣場與夏佑宮
Pl. Trocadéro et Palais de Chaillot

- ✉ Place Tocadéro 75016 Paris
- ➡ 地鐵站Trocadéro Ⓜ ❻ ❾ ，出口Place Trocadéro即可抵達
- MAP P.149 / A1～A2

　　位在投卡德侯廣場的夏佑宮是1937年為萬國博覽會所建，裡面有一座劇場、海事博物館及人類博物館、建築與遺產城供參觀。此

處是眺望艾菲爾鐵塔最佳角度的觀景處，擁有正對艾菲爾鐵塔的絕佳視野。金色的雕像襯托出古典美，鏡頭下最是耀眼。

夏佑宮前具古典美的金色雕像

戰神廣場與軍事學校
Champ de Mars et École Militaire

- ✉ Champs de Mars 75007 Paris
- ➡ 地鐵站École Militaire Ⓜ ❽ ，出口Av. de la Motte-Piquet沿該路往西步行1分鐘，即可見戰神廣場
- MAP P.149 / C4

　　戰神廣場是個達24.5公頃的帶狀公園，介於艾菲爾鐵塔與軍事學校之間。法文原名Mars，取自古羅馬的「戰爭之神」。自從給貴族子弟唸的軍事學校設置後，這片綠地就被拿來作軍事演練的操場，拿破崙就曾在此軍事學校就讀。1791年人民在此請願廢除路易十六，卻遭到武裝鎮壓，惡化了人民與貴族之間的嫌隙。美國911恐怖攻擊事件後，在戰神廣場立起了由藝術家阿樂黛(Clara Halter)建造、寫滿各國語言「和平」的和平之牆(Mur pour la Paix)。

街頭發現

巴黎的門面藝術

★29 Av. Rapp 75007 Paris
- ➡ 地鐵站Alma Marceau Ⓜ ❾ ，出口Av. Rapp沿該路往南步行5分鐘

建築師拉維侯特(Jules Lavirotte)於1901年替陶藝家比果(Alexandre Bigot)所建，典型新藝術造型代表，誇張華麗的大門以動、植物、女體雕成，具有浪漫華美的氣息，手把更是作成寫實的蜥蜴造型，成功贏得1901年巴黎門面設計大獎。

★34, Av. de Wagram 75017 Paris
- ➡ 地鐵站Ternes Ⓜ ❷ ，出口Av. de Wagram沿該路往北走5分鐘

拉維侯特另一新藝術代表作，1905年曾獲巴黎門面設計首獎，現為一間三星旅館Elysées Céramic。

蜥蜴造型的手把

布朗利博物館
Musée National Quai Branly

- ✉ 37, quai Branly 75007 Paris
- ☎ 01 56 61 70 00
- ⏰ 週二～日11:00～19:00，週四～六至21:00，週一休息
- € 全票9€，學生7€，教師免費 Pass
- ➡ 地鐵站Alma-Marceau Ⓜ 9 ，出口Pont de l'Alma，過橋後左轉即是Quai Branly
- 🏠 www.quaibranly.fr
- MAP P.149 / B3

連接不同文化的橋樑

這座由法國前總統席哈克構思建設，為使法國人永遠記得他的博物館，專門收藏世界原始藝術的展品，2006年6月正式對外開放後，將繼羅浮宮、奧塞美術館、龐畢度中心後成為巴黎最受矚目的焦點。席哈克喜愛原始、古文物及東方藝術眾所皆知，他認為在藝術史上並非只有西方文明存在，在巴黎納入一座含有超過4,000件來自亞洲、非洲、大洋洲、美洲展品的布朗利博物館，將使法國文物收藏完全，很有法國主張和平對等的觀念。

占地39,000平方米的博物館由曾設計阿拉伯文化中心、卡地亞基金會的建築師努維爾(Jean Nouvel)所構思，用現代化的鋼筋及幾何造型建構，館外玻璃牆上有26座突出的彩色方塊，相當富有節奏感。園藝設計師克萊蒙(Gilles Clément)移植180多種亞熱帶樹林到花園內，讓博物館富有生氣。而行政大樓上披蓋800平方米由15,000株植物構成的植物牆則由法國科學中心研究員布朗(Patrick Blanc)所設計。

行政大樓上的植物牆替建築帶來生氣

旅行小抄

館內咖啡館與餐廳

Café Branly & Restaurant Les Ombres

€ 咖啡館的咖啡2.5€，餐廳的義式咖啡5€

布朗利咖啡館的熱門程度並不輸給博物館，因露天咖啡座有著遠眺艾菲爾鐵塔的視野，並位在努維爾(Jean Nouvel)設計的花園之中，享用輕食及咖啡；另外在頂樓Les Ombres餐廳中，提供更優越眺望巴黎的視野，可到此用餐或享用下午茶。

153

太陽底下金光閃閃的傷兵院圓頂教堂

傷兵院
Hôtel des Invalides

- ✉ 129, rue de Grenelle 75007 Paris
- ☎ 08 10 11 33 99
- ⏰ 10～3月週一～日10:00～17:00，4～9月至18:00，除7～9月外每月第一個週一休息
- € 全票9.5€，18～26歲學生7.5€ [Pass]
- ➡ 地鐵站La Tour-Maubourg Ⓜ ⑧，出口Hôtel des Invalides即可抵達
- 🏠 www.invalides.org
- [MAP] P.149 / C7

拿破崙安息之所

路易十四令布呂揚(Libéral Bruant)所興建傷兵院，原作為受傷軍人、榮民休息的醫院，後成為拿破崙安息的地方。建成於1671年，可分為**傷兵院**、及後來建於1706年的**聖路易教堂**及**圓頂教堂**(Église du Dôme)。正門上方有路易十四的浮雕，門前18座刻有動物或人像的青銅禮砲，十分搶眼。進到榮譽庭院(Cour d'Honneur)後，便可見一處拿破崙的雕像。目前傷兵院作為軍事博物館(Musée de l'Armée)之用，陳列各種槍械、彈炮、戰袍及與戰爭相關的收藏。其中的聖路易教堂內掛滿了戰爭中擄獲的敵國國旗，並存有當年從聖赫勒拿島裝運拿破崙遺體的靈車及運送回

法國的大理石棺，而1837年白遼士便是於此發表他知名的《安魂曲》。

古典的圓頂教堂則為蒙沙(Jules Hardouin Mansart)於1706年替路易十四所設計，原準備作為太陽王的安息之所。最顯眼的鍍金圓頂在1989年修建，共用了12公斤的金箔重新上漆，內部的穹頂則飾有佛斯(Charles de la Fosse)繪製的壁畫。這座教堂後來成為拿破崙的安息之所，也為拿破崙家族及法國史上幾名著名將軍、元帥之墓。位地下室的拿破崙之墓為12尊勝利女神所環繞，地上圖騰為「法蘭西帝國戰役」，由名設計師威斯康提(Louis Visconti)所設計的紅花崗岩棺木安置在綠色花崗岩上，便是法國英雄長眠之處。

©Paris Tourist Office / Photo. Amélie Dupont

羅丹美術館
Musée Rodin

- ✉ 77, rue de Varenne 75007 Paris
- 📞 01 44 18 61 10
- 🕐 週二～日09:30～17:45，10～3月至16:45，週一休息
- 💶 博物館9€，18～25歲7€；花園2€；與奧塞美術館共遊一日通行證12€，每月第一個週日免費
- Pass
- ➡ 地鐵站Varenne (M)13，出口R. de Varenne，往東步行1分鐘
- 🏠 www.musee-rodin.fr
- MAP P.149 / C7

雕塑大師的故居

重要的西方現代雕塑家奧古斯特・羅丹（Auguste Rodin），是個無師自通的天才藝術家，其畢生精力都花在生動的青銅人物雕刻上，在扭曲形態上找到人體的力與美。他將所有作品捐給法國，交換條件是必須成立他的美術館，然而美術館未完工他卻已逝世。除了雕塑作品，羅丹

與卡蜜兒(Camille Claudel)及妻子的三角戀更是讓人不勝唏噓的話題。基於羅丹的要求，在這裡也可以看到卡蜜兒的作品，似乎表達著兩人生前分離，藝術作品卻能永遠結合的精神。此處也有許多羅丹對女體素描、繪畫、私人收藏展出。

在這座18世紀的洛可可風格畢洪宅第(Biron)，擁有一處迷人的英式花園，廣達3公頃的面積，陳列了27尊銅像、40尊大理石雕像。知名雕刻如：參考但丁《神曲》而作，原作為美術館大門之用，從未完成的《地獄門(La Porte de l'Enfer)》，以及《沉思者(Le Penseur)》等，讓遊客可在此廣大綠地休憩並欣賞大師作品。

羅丹著名作品《沉思者》

巴卡拉水晶博物館
Musée Baccarat

- ✉ 11, place des États-Unis 75116 Paris
- 📞 01 40 22 11 00
- 🕐 週一、三～六10:00～18:30，週二、日休息
- 💶 全票10€，18～26歲以下學生7€
- ➡ 地鐵站Boissière (M)6，沿Av. Kléber往北至R. Galilée，步行至R. des États-Unis右轉
- 🏠 www.baccarat.fr
- MAP P.169 / A5

古典大宅中的奢華水晶宮

創於1764年於法國洛林省，最重要的設計便是華麗的水晶燈，甚至連俄國沙皇都指定購買。2003年總部遷址到十六區後，委請鬼才設計師Philippe Starck設計，採18世紀巴洛克的風格，玩弄光影的遊

戲，將整座水晶宮打造得奢華典雅。此處為巴卡拉的總部、水晶商店、博物館及一間餐廳。

葡萄酒博物館
Musée du Vin

- ✉ 2, rue des Eaux 75016 Paris
- ☎ 01 45 25 63 26
- 🕐 週二～日10:00～18:00，週一休息
- 💶 全票10€，18～26歲9€
- ➡ 地鐵站Passy Ⓜ 6，沿Square Alboni 往西南走至R. des Eaux右轉
- 🏠 www.museeduvinparis.com
- MAP P.149 / C1

原是釀酒處的葡萄酒博物館，15世紀的地窖仍保存良好

品嚐體會美酒的藝術

　　盛產葡萄酒的法國，對喝酒及釀酒的藝術自是相當推崇。這間位在艾菲爾鐵塔旁，15世紀酒窖中的酒類博物館便是品酒人士不可錯過的選擇。這裡原是夏佑修道院的釀酒處，專門替路易十三釀製葡萄酒，1984年才改為葡萄酒博物館。所有的場景都安置上栩栩如生的蠟像，讓人更能明白採收、釀造葡萄酒的過程，還可以預約相關品酒課程。館內附設一間地窖式的餐廳，也可在參觀過後前往品嚐法式傳統料理及美酒。

知 識 充 電 站

葡萄酒的AOC管制

　　「原產地名稱管制法—AOC(Appellation d'Origine Controlée)」是法國對農產品實行的一種品質認證，例如葡萄酒、乳酪、蔬菜都有相關嚴格的規定需要遵守，因此能被冠上

「AOC」稱號的都是最優等的產品。以葡萄酒為例，能夠稱得上「某個地區AOC葡萄酒」必須符合：(1)在規定地方釀造(2)選用規定的葡萄品種(3)符合該產地要求的酒精標準(4)符合該產地法定栽培方式(5)限制每公頃的葡萄產量(6)符合規定的酸甜度等規定；AOC又可分為「AOC＋村莊名稱」、「AOC＋區域名稱」、「AOC＋地方名稱」的等級，產區越小控管越嚴格，品質也就越好，因此某一小村莊的AOC會比波爾多地方的AOC來得更加優良。這也是為何葡萄酒的標籤(Etiquette)設計如此重要，如同身分證一樣，酒標上會有酒的年份、產地、等級標誌，懂得品酒的人，看了酒標，就知道它的味道。

白鳥小徑
Allée des Cygnes

- ✉ Allée des Cygnes 75015 Paris
- ➡ 地鐵站Bir-Hakeim Ⓜ 6，沿Bd. de Grenelle往西北走至Pont Bir-Hakeim比爾阿坎橋，沿橋下階梯至白鳥小徑
- MAP P.149 / C1

塞納河上另一處浪漫的散步堤道

　　塞納河近艾菲爾鐵塔的另一座河心島，跨越葛內爾橋(Pont de Grenelle)、比爾阿坎橋(Pont Bir-Hakeim)、忽埃爾橋(Pont Rouelle)，總長890米，其上充滿樹蔭的浪漫散步道「白鳥小徑」，靜謐且遠離塵囂，帶本書到此閱讀，靜靜享受一個下午的寧靜。

©Fondation YSL

時裝大師聖羅蘭的基金會

聖羅蘭基金會
Fondation Pierre Bergé – Yves Saint Laurent

- ✉ 5, Avenue Marceau 75116 Paris
- ☎ 01 44 31 64 00
- 🕐 週一～五09:30～13:00，14:30～18:00，週六、日休息
- € 全票7€，10～18歲或學生5€
- ➡ 地鐵站Alma-Marceau Ⓜ 9 ，出口Av. Marceau，沿該路往北步行3分鐘
- 🌐 www.fondation-pb-ysl.net
- MAP P.169 / A6

一代時裝大師的展覽館

　　2008年辭世的聖羅蘭(Yves Saint Laurent)，其葬禮連法國總統及夫人都連袂出席，足見YSL在時尚界的地位。位在十六區大道內的基金會自2004年開幕，收藏有YSL縱橫時尚圈40年，超過5,000件高級訂製服，及15,000件首飾、手繪稿、私物，每件都彌足珍貴。而建築物本身也設計為適合收藏文物的環境，例如終年18度的溫度、50%的溼度、防塵設計的壁櫥、防酸化的檔案櫃等等，目的都在讓YSL的珍貴設計，不至隨時間毀損。定期舉辦相關的服裝、攝影、繪畫展覽。

流行博物館
Musée de la Mode

- ✉ 2, av. Pierre 1er de Serbie 75016 Paris
- ☎ 01 56 52 86 00
- 🕐 週二～日10:00～18:00，週一休息
- € 全票9€，18～25歲6€ Pass
- ➡ 地鐵站Iéna Ⓜ 9 ，出口Av. Pierre 1er de Serbie
- MAP P.149 / A3

18～19世紀的服裝展示櫃

　　1977年開幕，巴黎市立流行博物館建於吉南(Léon Ginain)替嘎黎哈公主打造的嘎黎哈宮中，有著文藝復興式的風格，並有一處美麗的花園。館藏有超過90萬件18～19世紀的服裝、首飾及配件展品，時常推出主題性的時尚特展。

喜愛流行的人士不可錯過嘎黎哈宮流行博物館

艾菲爾鐵塔—帕西

熱門景點

安德烈雪鐵龍公園
Parc André Citroën Wi Fi

✉ 2, rue Cauchy 75015 Paris
🕐 週一~日08:00~18:00
➡ 地鐵站Javel Ⓜ⑩，出口Parc André-Citroën
Quai de Citroën往南步行5分鐘

腹地遼闊的市中心綠地

原是雪鐵龍汽車的工廠舊址，經過建築師貝爾杰(Patrick Berger)、景觀設計師克萊蒙(Gilles Clément)等人巧妙改建為13公頃的公園。於1992年開幕，成為附近居民喜愛在假日到此散步的地方。公園內以兩處種滿花木的溫室為主，並有自然的瀑布與噴泉供人們在夏日避暑。

旅行小抄

園內熱氣球

📞 01 44 26 20 00
🕐 週一~日09:00~18:00
€ 全票10€，12€(週末或假日)
🏠 www.ballondeparis.com

若能飛到150米以上的高空，親眼目睹巴黎的街道鋪滿火柴盒般的小房子、塞納河上的船隻也彷彿模型般迷你⋯⋯「Ballon Air de Paris」將一圓你的夢！這座巨大的熱氣球於1999年開始搭建於雪鐵龍公園，短短10分鐘上下，卻能望盡巴黎的空中美景，已接待超過50萬人次。

布隆森林
Bois de Boulogne

✉ Bois de Boulogne 75016 Paris
➡ 地鐵站Porte Maillot Ⓜ②

都市西邊的綠色肺葉

占地846公頃的布隆森林是巴黎西邊的肺葉，廣大的空間與自然的環境是不必出遠門也能出外散心的地方。奧斯曼男爵將其規畫為一座英式園林，有湖泊、森林、草地、腳踏車專用道。其中的巴嘉戴爾城堡(Château de Bagatelle)建成於1777年，路易十六的弟弟阿爾托斯侯爵(Comte d'Artois)與瑪麗皇后下賭能在64天內將城堡建成，果然在趕工下將城堡完工，贏得賭

金。英式玫瑰園有1,200種不同的玫瑰，在夏季綻放時有著無限明媚的風情。森林南端為法國網球公開賽舉行的地點。

近代美術館
Musée d'Art Moderne de la Ville de Paris

- ✉ 11, av. du Président Wilson 75116 Paris
- ☎ 01 53 67 40 00
- ⏰ 週二～日10:00～18:00，週四至22:00，週一休息
- € 常設展免費，特票5～12€
- ➡ 地鐵站Iéna Ⓜ 9，出口Av. du Président Wilson
- 🏠 www.mam.paris.fr
- MAP P.149 / A4

當代藝術的殿堂

位東京宮旁，開幕於1961年的巴黎市立近代美術館收藏20～21世紀8,000件以上的近代作品，包含立體派、野獸派、達達主義、超現實主義、抽象主義等流派。最重要的展品包含世界最大的馬諦斯《舞蹈(La Dance)》畫作、杜菲的《電器妖精(La Fée Électricité)》、蒙德里安《持扇的女人(Madame Lunia Czechowska à l'Eventail)》等。

國立吉美亞洲藝術博物館
Musée National des Arts Asiatiques Guimet

- ✉ 6, place d'Iéna 75016 Paris
- ☎ 01 56 52 53 00
- ⏰ 週三～一10:00～18:00，週二休息
- € 全票7.5€，18～25歲5.5€，每月第一個週日免費 Pass
- ➡ 地鐵站Iéna Ⓜ 9，出口Av. Iéna至Place d'Iéna
- 🏠 www.guimet.fr
- MAP P.149 / A3

東方藝術的殿堂

里昂工業家吉美(Émile Guimet)在多次旅遊埃及、希臘及亞洲後陸續帶回收藏，規劃了這座博物館。原建於里昂，於1889年遷至巴黎，建築與展品一致為新希臘式。將埃及部分文物與羅浮宮亞洲文物交換，又收到法國政府資金及私人捐助後，成為歐洲最專精於東方藝術的博物館。展示來自日本、韓國、中國、南亞、印度、阿富汗地區的雕塑、玉器、繪畫及古文物。

東京宮
Palais de Tokyo

- ✉ 13, Av.du Président-Wilson 75116 Paris
- ☎ 01 47 23 38 86
- ⏰ 週二～日12:00～21:00，週一休息
- € 全票10€，18～25歲8€
- ➡ 地鐵站Iéna Ⓜ 9，出口Palais de Tokyo
- 🏠 www.palaisdetokyo.com
- MAP P.149 / A3

前衛重要的藝術場地

位在東京廣場，由建築師拉卡休恩(Anne Lacation)及瓦薩(Jean-Philippe Vassal)建於1937年，為1942年開幕的世界博覽會而準備。在現代藝術作品搬到龐畢度中心後，

就成為了提供法國及全球當代藝術家展覽的博物館，定期舉辦大型主題展覽變換氣氛，是世界重要的藝術展覽地點。開放時間滿晚，讓你晚上坐完遊船還可以到這裡走走，吸收現代藝術的精髓。

都市中的新藝術童話

跟著吉瑪去旅行
Les Architectures de l'Art Nouveau

有「富人區」之稱的十六區，鄰近艾菲爾鐵塔，最引人注目的莫過於知名設計師吉瑪（**Hector Guimard**）所設計的新藝術風格建築群，就挑選一日悠閒，漫步在這些美麗的宅邸之中吧！

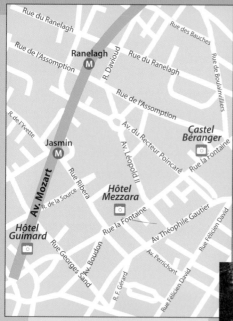

1
Castel Béranger

14, rue la Fontaine 75016 Paris

地鐵站Ranelagh Ⓜ 9，沿R. de l'Assomption往東至R. la Fontaine右轉即可抵達

位於噴泉街的貝爾宏杰城堡是吉瑪最重要的代表作，更替他贏得1898年巴黎門面大獎。建於1895年，當時年僅27歲的設計師大刀闊斧地開創出如此迷人而創新的新藝術風格。觀賞的重點包括：具流線造型感的大門、不對稱的窗台、

不僅窗戶造型不一，就連位置也不對齊顯出節奏感

各式窗框的流線設計。3道相同的窗戶卻有3種不一樣的設計，顯示出建物的節奏感。

美麗的貝爾宏杰堡，讓人羨慕裡頭的住戶

2
Hôtel Mezzara

✉ 60, rue la Fontaine 75016 Paris
➡ 地鐵站Jasmin Ⓜ 9 ，出口Av.
Mozart，沿R. Ribera往東南至R. la
Fontaine左轉

　　吉瑪另一建築代表作，建
於1910年，流線感的陽台及
窗戶是新藝術風格的強烈表
現。設計在建築物右方的不
對稱大門也是不可錯過的觀
賞重點之一。

隱身在十六區高級住宅群中的流線建築

3
Hôtel Guimard

✉ 122, Avenue Mozart 76016 Paris
➡ 地鐵站Jasmin Ⓜ 9 ，出口Av. Mozart，沿
該路往南步行5分鐘

　　位在莫札特大
道上，這間吉瑪為
自己與畫家妻子
Adeline蓋的花之別
墅(Villa Flore)，一樣有著不置中的
大門以及流線感的窗台。

吉瑪所設計的地鐵站

吉瑪與妻子曾住過的花之別墅

知 識 充 電 站

新藝術風格
Style Art Nouveau

新藝術為19世紀末、20世紀初開
始於歐洲流行的藝術運動，設計
史上稱為「1900風格」或「近代
風格」(Modern Style)，在法國也
稱為「麵條風格」(Style Nouille)
或是「美好年代風格」(Style
Belle Époque)。

吉瑪
Hector Guimard

赫克特・吉馬(Hector Guimard，
1867～1942)出生於法國里昂，
是新藝術時期最重要的法國建築
師之一。其重要的設計包含巴黎
地鐵站入口，以及十六區的建築
群像。吉瑪從事室內設計，喜歡
連家具、擺設都親自處理，由裡
到外都保持一致的吉瑪風格。

丹丹公主的秘密
Princesse Tam Tam

- 🏢 女性內衣、泳衣
- ✉ 23, rue de Grenelle 75007 Paris
- 📞 01 45 49 28 73
- 🕐 週一～六10:00～19:00，週日休息
- ➡ 地鐵站Rue du Bac Ⓜ⑫，出口Bd. Raspail，沿該路往南至R. de Grenelle左轉
- 🗺 P.115 / A3

　　1985年由Loumia及Shama Hiridjee創於法國的內衣品牌丹丹公主，極簡且有創意，展現優雅性感的氣息，是法國銷售前三名的內衣品牌。不妨來這裡挑選一組夢幻的法國內衣當作旅行的紀念品吧！

逢人的帕西地方高級百貨
Franck & Fils

- 🏢 百貨公司
- ✉ 91, Avenue Paul Doumer 75116 Paris
- 📞 01 44 14 38 00
- 🕐 週一～六10:00～19:00，週日休息
- ➡ 地鐵站Muette Ⓜ⑨，出口Av. Paul Doumer
- 🏠 www.francketfils.fr

　　由Emma Franck創立於1897年帕西地方的高級百貨公司，挑選入時的品牌，專門給這個富人地段「帕西女孩(Passy Girl)」購物的天堂。一共有3層樓，全是精挑細選的時髦品牌，1994年加入了全球頂級的奢侈品集團「LVMH」，2008年也成立了男裝部。

帕西地方的高級菜市場
Marché Avenue du Président Wilson

- 🏢 市集
- ✉ Av. du Président Wilson 75116 Paris
- 🕐 週三、六07:00～14:30
- ➡ 地鐵站Iéna Ⓜ⑨，出口Av. du Président Wilson即可抵達
- 🗺 P.149 / A3

　　在這座威爾森總統大道市集裡，更可以找到像鵝肝醬等高級食材、橄欖、榛果等地中海風味的小菜、新鮮自諾曼第直送的海鮮、生蠔、以及義大利千層麵、乳酪、燻肉等熟食。

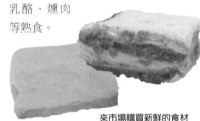

來市場購買新鮮的食材

夏季限定的美好回憶

有著艾菲爾鐵塔view的露天咖啡館
Les Cafés Térrasse

露天咖啡館是巴黎人最喜愛享受陽光的地方之一，尤其有著絕佳視野的咖啡館更是一位難求，不妨到以下這些咖啡館，淺嘗黑咖啡、寫張明信片寄給遠方的友人。

↘ *Café du Trocadéro*

✉ 8, place Trocadéro 75016 Paris
📞 01 44 05 37 00
🕐 週一～日12:00～00:30
➡ 地鐵站Trocadéro Ⓜ ❻ ❾ ，出口Place Trocadéro
MAP P.149 / A1

投卡德侯廣場遍布的咖啡館中，這間經典的咖啡館以其正面望向艾菲爾鐵塔的視線最為吸引人。露天的座位在天氣好時必定客滿，內部裝潢典雅的也透露出此區高貴的氣氛。

↘ *Café de l'Homme*

✉ 17, place du Trocadéro 75016 Paris
📞 01 44 05 30 15
🕐 週一～日12:00～00:00
➡ 地鐵站Trocadéro Ⓜ ❻ ❾ ，出口Place Trocadéro
MAP P.149 / A2

人類咖啡館以位在艾菲爾鐵塔腳邊的絕佳角度，吸引著無數旅客及巴黎人到此小酌。露天座位絕對搶手，內部裝潢也以高級奢華感聞名。

↘ *Tokyo eat*

✉ 13, Av. du Président-Wilson 75016 Paris
📞 01 47 20 00 29
🕐 週二～日12:00～00:00，週一休息
➡ 地鐵站Iéna Ⓜ ❾ ，出口Palais de Tokyo
MAP P.149 / A3

東京宮的館內餐廳，帶童趣感的色彩空間由Stéphane Maupin所設計，眼睛造型的燈具、嘴巴圖案的椅子饒富趣味。露天座位提供艾菲爾鐵塔的美景，頗有創意的餐點也可順道一嘗。

庶民氣息的餐廳 🇫🇷 Wi Fi
Café du Commerce

🍽 前菜5.5€，主菜14€
✉ 51, rue du Commerce 75015 Paris
📞 01 45 75 03 27
🕐 週一～日12:00～15:00，19:00～00:00
➡ 地鐵站Commerce Ⓜ ⑧，出口Rue du Commerce
🌐 www.lecafeducommerce.com

商務咖啡館有著傳統美味的法式料理

　　1921年開張的「商務咖啡館」，有著30年代的裝潢，光看招牌便顯出復古的氣息。這裡原是工人喜愛用餐的地方，因此極有庶民氣息，菜色也傳統而價格合理。靠近艾菲爾鐵塔，廣達3層樓的空間中，明亮的光線自中央天棚穿下，座椅區飾有鵝黃的古典燈具及馬賽克地磚，十分懷舊。菜色從開張至今沒有太大改變，有許多餐館已不再提供的費時家傳料理，如用燜、燉方式烹煮的燉菜(Le pot au feu)、家庭式小牛頭(Tête de Veau Maison)，烤豬腳(Pied de Porc Grillé Maison)、燉雞肉醬(Poule au Pot en Terrine)都是推薦選擇。此外也有時節性的里摩贊牛肉切片(Pièce de bœuf Limousin)，就來這裡享用迷人的晚餐。

品嘗新式小酒館的真功夫 🇫🇷
L'Os à Moelle

🍽 海鮮套餐28€，陸地套餐28€
✉ 3, rue Vasco de Gama 75015 Paris
📞 01 45 57 27 27
🕐 週二～六12:00～14:00，19:00～23:30，週日、一休息
➡ 地鐵站Lourmel Ⓜ ⑧，沿R. de Lournel往南走至R. Vasco de Gama左轉

在知名米其林餐廳Taillevent、奢華酒店Crillon工作過的主廚Thierry Faucher開設，打著新式小酒館的名號，昏黃的燈光有著溫暖用餐氣氛。以厚實的傳統料理功夫底子翻新創意料理，均選用當季的新鮮食材來烹飪，美味而健康。不妨來點烤安康魚(Lotte Rôti)、鵝肝(Fois Gras)當作前菜。主菜方面里摩贊蒜烤羊肉(Agneau du Limousin Rôti à l'Ail)、烤紅羊魚(Rouget Rôti)都是不錯的選擇。

各種魚類的法文名稱

Le Sole	比目魚
Le Saumon	鮭魚
La Truite	鱒魚
La Seiche	墨魚
Le Calamar	魷魚
Le Thon	鮪魚
L'Ormeau	鮑魚
L'Anguille	鰻魚
Le Bar	鱸魚
Le Rouget	紅羊魚
Le Lotte	安康魚
Le Daurade	鯛魚

新鮮傳統的法式料理 🇫🇷
Au Bon Accueil

🍴 前菜＋主菜＋甜點套餐31€(晚餐)
✉ 14, rue de Monttessuy 75007 Paris
📞 01 47 05 46 11
🕐 週一～六12:00～14:30，19:30～23:00 ，週日休息
➡ 地鐵站Alma Marceau Ⓜ 9 ，過Pont de l'Alma橋後沿Av. Rapp走至R. de Monttessuy右轉
MAP P.149 / B4

主廚Jacques Lapicière每日隨季節變換菜單，以最新鮮的市場貨提供傳統的法式料理，如田雞奶油燉飯(Risotto Crémeux aux Cuisses de Grenouilles)、布列斯雞(Poulet de Bresse)、比利牛斯地方烤羔羊(Agneau de Lait des Pyrénées Rôti Entier)，配上勃根地或隆河谷地的酒都很不錯。

露天座位可眺望艾菲爾鐵塔

兩隻蜜蜂茶沙龍 🇫🇷
Les Deux Abeilles

🍴 茶4.5€起
✉ 189, rue de l'Université 75007 Paris
📞 01 45 55 64 04
🕐 週一～六09:00～19:00，週日休息
➡ 地鐵站Alma Marceau Ⓜ 9 ，過Pont de l'Alma橋後沿Av. Rapp走至R. de l'Université右轉
MAP P.149 / B4

位於寧靜的大學路上，這間巴黎味十足的茶沙龍，提供道地的甜點，如蛋白霜檸檬塔(Tarte au Citron Meringuée)、司康餅(Scone)，配上手工果醬、蘋果汁最美味。也有熱食的選擇，如鹹蛋塔(Quiche)、焗烤茄子(Gratin d'Aubergine)。厭倦在知名茶沙龍人擠人？這裡將帶給你寧靜而充滿法式風情的下午。

拿破崙三世皇后的木屋餐廳 🇫🇷
Le Chalet des Îles

🍴 每日前菜＋主菜套餐25€(午餐)
✉ Lac inferieur du bois de Boulogne 75016
📞 01 42 88 04 69
🕐 週一～六12:00～14:00，20:00～22:00 ，週日休息
➡ RER車站Av. Henri Martin ⓇⒺⓇ Ⓒ ，沿Av. Henri Martin往西走入布隆森林，餐廳位於森林中的湖心小島

©Le Chalet des Îles

在湖心小島用餐，彷彿到了世外桃源

在布隆森林內湖心小島的瑞士小木屋，是1880年拿破崙三世送給尤金妮皇后(Eugénie)的。2001年改建為餐廳後吸引無數巴黎人前往。這裡的露天座位極美，繁花盛開與湖光倒影相當迷人；冬天則不妨坐在富麗堂皇的大廳內，享受流瀉的琴音。

牛角可頌 *Croissant*
以牛角形狀聞名的香酥
可頌/0.9€

葡萄麵包 *Pain aux Raisins*
加入葡萄乾的麵包更加營養/0.8€

奶油可頌 *Croissant*
巴黎人早餐必吃的香酥
可頌/0.9€

棍子麵包 *Baguette*
法國人每餐必吃的麵包，
無論作成三明治或切片食
用都很美味/1.1€

民主問題的第一課

麵包店激戰區

Les boulangeries de Paris

在高級住宅林立的艾菲爾鐵塔區，每天必吃的民生麵
包就成了搶生意的熱門地點，就來看看在麵包店有哪
些常見的麵包，以及非去不可的知名麵包店推薦。

僧侶泡芙 *Religieuse*
這種由僧侶得到靈感的甜
點，常見口味有巧克力或
咖啡/2.5€

巧克力麵包
Pain au Chocolat
加入巧克力的麵包，是想來點
小甜食的好選擇/0.8€

巴黎─布列斯特泡芙 *Paris-Brest*
車輪的中空形狀，灑上糖粉與杏仁，
中夾榛果口味慕斯，是甜點鋪中必有
的名品，靈感來自巴黎至布列斯特之
間舉行的單車比賽/2€

閃電泡芙 *Éclair*
狀似閃電而得名，常見的口味有咖啡、
花生、開心果/1.8€

蘋果派
Chausson aux Pommes
夾入蘋果內餡的
麵包，酸酸甜甜
的滋味/0.6€

杏仁可頌 *Croissant aux Amandes*
添加了杏仁，口感變得厚實的可口甜點
麵包/1.6€

國王餅 *Galette de Roi*
每年1月時麵包店會推出國王餅，吃
到藏有小瓷人那塊餅的人即可成為當
日的國王/8€

如何選對一根棍子麵包(Baguette)

在法國買麵包是一門學問。看似配角的麵包在餐桌上卻是無比重要的細節,等同於中國菜中的米飯,怪不得熱門的麵包店門口總是大排長龍。而每家麵包店必備、長約70公分、價格在1歐元左右,不能任意漲價的棍子麵包,更是法國人每日的民生必需品。

那麼要如何一眼分辨出一家麵包店裡的棍子麵包是否會好吃呢?首先可從麵包的外型來判斷,傳統的棍子麵包通常有著不規則的手工形狀痕跡,外脆內軟,而機器製作的棍子麵包則乾淨整齊;同時,好的棍子麵包背部將帶有白色的麵粉,機器生產的棍子麵包則有蜂巢狀的格紋;切開棍子麵包內部,好的麵包中間會有大的氣孔空隙,而機器製作的則無縫隙。

為了尋找一根風味絕佳的棍子麵包,法國人可是願意開著車在街頭巷尾鑽來鑽去呢!旅行中的你,更該花上時間尋找一根好的棍子麵包,留下紀念。

推薦必去的麵包店

❧ *Secco*

✉ 18, rue Jean Nicot 75007 Paris
☎ 01 47 05 80 88
⏰ 週一～六08:00～20:30,週日休息
➡ 地鐵站Invalides Ⓜ⑬,沿河岸Quai d'Orsay走至Rue Jean Nicot左轉

原名Poujauran的Secco,是連性感女星凱薩琳‧丹妮芙(Catherine Deneuve)都來買的超人氣麵包店,可找到巴黎最好的卡納蕾(Canelé),傳統的棍子麵包(Baguette)也值得一買,這裡香酥誘人的可頌(Croissant),可是直接送達總統府愛麗榭宮的呢!

❧ *BE*

✉ 73, boulevard de Courcelle 75008 Paris
☎ 01 46 22 20 20
⏰ 週一～日07:00～20:00
➡ 地鐵站Ternes Ⓜ②,出口Bd. de Courcelle
🏠 www.boulangepicier.com

麵包店─雜貨店(Boulangépicerie)縮寫為BE,是三星名廚Alain Ducasse的另一個巧思。在春天百貨內也有一間分店。

❧ *Eric Kayser*

✉ 18, rue du Bac 75007 Paris
☎ 01 42 61 27 63
⏰ 週二～日07:00～20:00,週一休息
➡ 地鐵站R. du Bac Ⓜ⑫,出口R. du Bac
🏠 www.maison-kayser.com

在巴黎有16處分店的Eric Kayser知名連鎖麵包店,推薦外脆內軟的棍子麵包。

❧ *Poilâne*

✉ 49, boulevard de Grenelle 75015 Paris
☎ 01 43 17 35 20
⏰ 週一～六08:00～20:00,週日休息
➡ 地鐵站La Motte-Picquet Grenelle Ⓜ⑥⑧⑩,出口Boulevard de Grenelle
🏠 www.poilane.fr

創立於1932年,一直遵循古法以木火烘焙麵包。店內最重要的是重達1.9公斤的Miche Poilâne圓麵包,切成薄片販售,不管抹奶油、果

醬、鵝肝醬或鋪燻鮭魚都美味。

香榭大道

概況導覽

巴黎最出名也最引以為傲的天際線，從杜樂麗花園、協和廣場延伸到香榭大道、凱旋門，直到拉德芳斯的新凱旋門，可以一眼望穿。香榭大道區的奢華與魅力讓人領會巴黎時尚的一面，但也別錯過Louis Vuitton總店以外的精彩景點，包括拿破崙為士兵修建的凱旋門、新藝術風格的大、小皇宮、世界最美之橋的亞歷山大三世橋、有著各時代建築的蒙梭公園。此外，想要享受精緻高級的法國料理，不妨行前提早預約一間米其林餐廳，為旅行留下美好的回憶。

香榭大道
一日行程表

參觀時間120分鐘
❶ 香榭大道

↓

參觀時間60分鐘
❷ 凱旋門

↓

參觀時間20分鐘
❸ 蒙梭公園

↓

參觀時間90分鐘
❹ 亞歷山大三世橋

↓

參觀時間30分鐘
❺ 大、小皇宮

↓

參觀時間20分鐘
❻ 蒙恬大道

香榭大道地圖

A
Pereire Ⓜ
R. Ampère
Boulevard Pereire N
Boulevard Pe
R. Fourcroy
Avenue Mac-Mahon
Avenue de Wagram
R. Poncelet
Rue Poncelet
Ternes Ⓜ
Charles de Gaulle Étoile Ⓜ
凱旋門
Arc de Triomphe
Squaire Roule
Avenue de Wagram
Avenue Hoche
Avenue Friedland
Avenue Marceau
Avenue Iéna
R. d'Urville
Pont d'Urville
lilée
R. Galilée
R. Bassano
R. Bassano
R. C. Colomb
晶博物館
Baccarat
R. de Chaillot
Av. Pierre 1er de Serbie
Av. Pierre
洲藝術博物館
National des Arts
e Guimet
流行博物館
Palais Galliera
na
Av. du Président Wilson
東京宮
Palais de Tokyo
Avenue de New York

B
R. Ampère
Wagram Ⓜ
R. de
courcelles
Avenue de Villiers
R. Jouffroy d'Abbans
Rue Médéric
R. de Prony
R. Fortuny
Avenue de Wagram
Rue Marguerite
Courcelles Ⓜ
Rue Daru
Daru 🍴
Avenue Hoche
聖亞歷山大·涅夫斯基教堂
Église St-Alexandre Nevsky
Rue du Faubourg Saint-Honoré
R. Balzac
Rue Beaujon
R. Balzac
George V Ⓜ
路易威登展覽空間
Espace Louis Vuitton
Hôtel Fouquet's Barrière
富給酒店
Ladurée 🍴
香榭麗舍大道
Avenue des Champs-Élysées
Rue Washington
Rue de Berri
R. de Ponthieu
R. la Boétie
R. de Ponthieu
R. Pierre Charron
R. Marbeuf
Av. des Champs-Élysées
四季酒店
Four Seasons George V
Avenue George V
R. François 1er
R. Cl. Marot
R. de Mangnan
Spoon 🍴
R. de Chaillot
聖羅蘭基金會
Fondation Pierre Bergé-Yves Saint Laurent
La Fermette Marbeuf
R. Freycinet
R. du Boccador
Avenue Montaigne
雅典娜酒店
Hôtel Plaza Athénée
Rue Jean Goujon
Alma-Marceau
近代美術館
Musée d'Art Moderne
Cours Albert 1er
Voie Georges Pompidou
Voie sur Berge Rive Gauche
Quai d'Orsay
Quai Branly
布朗利博物館
Musée Quai Branly
Avenue Bosquet
R. Cognacq-Jay
Rue de l'Université
Rue Jean-Nicot
R. Saint-Dominique

C
R. de Levis
R. de Tocqueville
Rue Legendre
Avenue de Villiers
Malesherbes Ⓜ
Villiers Ⓜ
Rue de Miromesnil
Monceau Ⓜ
蒙梭公園
Parc Monceau
Rue Murillo
Rue de Lisbonne
Rue de Courcelles
Boulevard Haussmann
賈克瑪·安德烈博物館
Jacquemart-André
Miromesnil Ⓜ
Rue de Miromesnil
Rue du Faubourg Saint-Honoré
Saint-Philippe du Roule Ⓜ
Rue du Colisée
Avenue Matignon
布里斯托酒店
Hôtel Le Bristol Ⓗ
R. du Cirque
Avenue de Marigny
Franklin D. Roosevelt Ⓜ
香榭大道花園
Jardin Champs-Élysées
Champs-Élysées Clémenceau Ⓜ
大皇宮
Grand Palais
小皇宮
Petit Palais
Voie Georges Pompidou
亞歷山大三世橋
Pont Alexandre III
Invalides Ⓜ
Voie Georges Pompidou
Boulevard la Tour Maubourg
R. Surcouf
Rue Albert
Rue de l'Université
Rue Saint-Domir

N

① ② ③ ④ ⑤ ⑥ ⑦

凱旋門
Arc de Triomphe

✉ Place de Charles de Gaulle 75008 Paris
📞 01 55 37 73 77
🕐 4月～9月10:00～23:00，10～3月10:00～22:30
€ 展望台全票9.5€，18～25歲7.5€ Pass
➡ 地鐵站Charles de Gaulle Étoile Ⓜ ① ② ⑥，
　出口Av. Champs-Élysées
MAP P.169 / A4

凱旋門 Data	
建造年份：	1806年
設 計 師：	Jean-François Chalgrin
風　　格：	新古典主義

頂樓展望台
搭乘電梯或樓梯可至凱旋門上方
觀景台，觀看12條大道在此匯
合的美景。

門楣上的盾牌
歐洲或非洲戰役之名

正面左上浮雕
阿布吉爾之戰

正面右上浮雕
馬梭將軍葬禮

左下雕像群
1810年凱旋
（Le Triomphe）

右下雕像群
1792年出征
（Le Départ）

凱旋門內側雕刻
凱旋門內刻有386位將軍、96場
戰役的名字。

凱旋門正下方
為紀念一次世界
大戰犧牲的無名
英雄，凱旋門底
下從1923年起點
燃不滅之火。

©Yu-Hsuan Feng

在積雪的香榭大道上眺望凱旋門

香榭大道上的著名地標

　　高50米、寬45米的凱旋門位在12條大道交會的星辰廣場(Place de l'Étoile，又稱戴高樂廣場)上，是拿破崙為紀念奧斯特利茲之戰而建，他曾允諾戰士「你們將會經凱旋門而歸來」。由夏爾金(Jean-François Chalgrin)修建於1806年，一度因第一帝國被推翻而停止修建，直到1836年才完工。新古典建築的代表，靈感來自羅馬康士坦丁凱旋門。拿破崙與元配約瑟芬離異迎娶奧國公主時，為了讓新娘永生難忘，還設計一場從凱旋門底下走過的婚禮；拿破崙在聖赫勒拿島被放逐而亡後，骨灰最終被運回法國，穿越凱旋門而得到安息。每年7月14日法國國慶的閱兵典禮均是由此開始。

　　自此遠眺巴黎著名的天際線：自協和廣場、杜樂麗花園、凱旋門一直延伸到拉德芳斯地區的新凱旋門，全無屏障而視野遼闊。

凱旋門周邊

新凱旋門
Grand Arche de la Défense

- ✉ Place de la Défense 92800 Puteaux
- 📞 01 49 07 27 27
- 🕐 週一～日10:00～20:00，9～3月至19:00
- € 全票10€，學生8.5€
- ➡ 地鐵站La Défense Ⓜ 1，出口Grand Arche

©La Défense

　　在凱旋門沿著巴黎天際線就可望見位於拉德芳斯的新凱旋門，高110米的方形大拱門建於1989年，中空部分甚至可以放入一座聖母院。丹麥建築師史佩卡森(Otto Von Spreckelsen)以纜線將一朵「雲」狀的布幕固定在新凱旋門中央，十分有想像力。搭乘電梯可抵達頂樓觀賞大巴黎的景色。

香榭麗舍大道
Av. des Champs-Élysées

✉ Av. des Champs-Élysées 75008 Paris
➡ 地鐵站George V Ⓜ 1 ，出口Av. Champs-Élysées
MAP P.169 / B4

奢華巴黎的代名詞

　　這條世界知名的大道，由協和廣場起始，向西北延伸到凱旋門所在的星辰廣場，總長約3公里，在許多人心目中是巴黎的代名詞。Joe Dassin一首著名的香頌便唱著「陽光下，在雨中，或中午，或午夜，這裡有所有你想要的——在香榭大道」。101號的Louis Vuitton總店是名牌迷不會錯過的地點；車迷不可錯過Peugeot、Toyota在此的展示中心；國慶日的閱兵典禮、環法單車賽終點、聖誕市集、跨年倒數都在這條令人心醉神迷的大道上。

　　17世紀時，梅迪奇（Marie de Médicis）令人開拓皇后小徑（Cours la Reine），作為杜樂麗花園的延伸，是香榭大道的前身；爾後由凡爾賽宮花園設計師勒諾特（André Le Notre）請人種植一排樹林，作為巴黎往凡爾賽宮沿途的風景林蔭大道；希托夫（Jacques-Ignace Hittorff）及阿爾封（Jean-Charles Alphand）陸續修建。近協和廣場的東段地勢較低緩，有著花園及漂亮的建築物，如大、小皇宮、米其林三星餐廳Ledoven、Le Nôtre餐廳兼餐飲學校，以及由設計巴黎歌劇院的加尼葉所設計的另一座馬利尼劇場（Théâtre Marigny）；往凱旋門方向的西段則慢慢爬升，有著各大名牌、餐廳、舞廳、夜總會進駐，是週日也熱鬧的商店大道，寬闊的人行步道更是其特色。

香榭麗舍大道周邊
愛麗樹宮
Palais de l'Élysées

✉ 55-57, rue du Faubourg Saint-Honoré 75008 Paris
➡ 地鐵站Concorde Ⓜ 1 ，出口R.Royale，沿該路往北至R. du Fbg. St.-Honoré左轉

©Paris Tourist Office / Photo. Claire Pi

　　作為法國總統府的18世紀宅邸愛麗樹宮，面聖多諾黑區街，背倚香榭大道，是一棟2層樓的建築。這裡曾是拿破崙執政時居住的地方，第二帝國後就演變成為總統府官方機構。內部共有365個房間，均飾滿17、18世紀的繪畫、家具，古典而富麗堂皇，每年10月中旬的古蹟日時開放參觀。

Les Champs-Élysées

蒙梭公園 Wifi
Parc Monceau

- Boulevard de Courcelles 75008 Paris
- 01 55 37 73 77
- 週一~日冬季07:00~20:00，夏季至22:00
- 地鐵站Monceau Ⓜ ②，出口Boulevard de Courcelles即可抵達
- MAP P.169 / C2

座落池畔的羅馬式半圓迴廊

穿梭時空的幻想公園

這座鄰近香樹大道，由奧爾良公爵(Louis-Philippe d'Orléans)建於1773年的公園，於擴建後請畫家卡蒙特爾(Carmontelle)設計園林。以「幻想國度」為主題，蒐羅各種時空的建築物代表，如埃及金字塔、中國寶塔、荷蘭風車、瑞士磨坊，讓這裡充滿異國情調，尤以羅馬圓柱構成的半圓迴廊，斷壁殘垣的景致，伴隨著詩意的池畔柳樹最適合戀人前往。莫內也曾繪製多幅名為《蒙梭公園》的畫作。

大、小皇宮
Grand Palais & Petit Palais

- 3, Av. Winston Churchill 75008 Paris
- 大皇宮：週一~二10:00~19:00，週三~日至23:00；小皇宮：週二~日10:00~18:00
- € 大皇宮展覽10~14€，小皇宮免費
- 地鐵站Champs-Élysées Clémenceau Ⓜ ① ⑬，出地鐵即可見大、小皇宮
- MAP P.169 / C6

©Paris Tourist Office / Photo. Marc Bertrand

新藝術風格巡禮

大、小皇宮與亞歷山大三世橋同樣是為1900年萬國博覽會所建，古典的廊柱充滿新藝術風格，建築師的理念使巴黎有兩處迎向20世紀的現代主義建築，以鋼筋結構為主，配上玻璃天棚的自然採光，被稱為「美術館風格」。大皇宮門口有著黑西蓬(Recipon)所雕的四頭馬車，內部帶有花草裝飾線條的裝潢，華麗而迷人，舉行各種工商展覽之用，其中「國際當代藝術博覽會(FIAC)」為巴黎重要的展覽之一。建於1937年的發現宮位在大皇宮之內，時常舉辦與科學相關的展覽。美輪美奐的小皇宮則為巴黎市政府的美術展覽中心，可免費參觀。

精緻的小皇宮內部

亞歷山大三世橋
Pont Alexandre III

✉ Pont Alexandre III 75007 Paris
➡ 地鐵站Invalides Ⓜ ⑧ ⑬，出口Les Invalides，往塞納河畔走
MAP P.169 / C6

金碧輝煌的世界最美之橋

　　這座塞納河上最美麗的橋，相連大小皇宮及傷兵院，太陽照耀下金碧輝煌，景色動人。以其兩側象徵科學與文藝的巨大石柱、象徵工業與商業的金色馬群，及金屬古典路燈聞名。本座橋樑象徵法俄友誼，為俄皇尼古拉二世贈予法國，並以父親亞歷山大三世之名命名，完工於1900年。橋身一面飾有象徵聖彼得堡及涅瓦河睡神的徽章，一面飾有象徵巴黎和塞納河的雕像，單一橋墩的設計使它造型優美，有「世界最美之橋」的稱號。

旅行小抄

橋上的路燈裝飾

仔細觀察亞歷山大三世橋上的路燈，可發現四面各有一種象徵性的雕刻：(1)代表巴黎市徽的小帆船(2)寫著RF代表法蘭西共和國(Republique Francaise)的logo(3)代表法蘭西的公雞(4)代表俄國的俄國雙頭鷹國徽。

玩家交流

時尚＝名牌×藝術

抵達路易威登展覽空間前，我在服務人員陪伴之下進入一處完全漆黑的電梯，連按鍵都看不見、伸手不見五指的漆黑空間，讓這一段僅約幾秒鐘的安靜分外漫長。由丹麥藝術家Olafur Eliasson所規劃的這部漆黑電梯，意義在於「空間的轉換」，由熱鬧的香榭大道走入這棟建築後，經過這幾秒的寧靜，彷彿也轉換了時空，暫時忘卻該購買Speedy包還是塗鴉包，專心欣賞藝術家所推出的展覽。這裡固定舉行與品牌歷史、設計相關的展覽，是想深入了解名牌背後文化不可錯過的地方。除了路易威登展覽空間之外，喜歡YSL的人不可錯過其位在十六區的博物館；對Dior情有獨鐘的話，更可以買張火車票到格宏維勒(Granville)參觀Dior故居及迷人的花園。

聖亞歷山大·涅夫斯基教堂
Église St-Alexandre Nevsky

✉ 12, rue Daru 75008 Paris
☎ 01 55 37 73 77
🕐 週二、五及日15:00～17:00，週一、六休息
➡ 地鐵站Couvelles Ⓜ② ，沿R. de Courecelles走至Rue Daru右轉
MAP P.169 / B3

法國的俄式風情

　　由俄國皇室第一建築師庫茲明(Kouzmine)建於1859～1861年。俄國拜占庭式的風格，3尊金色的圓頂其上有俄國東正教的十字符號。亞歷山大·涅夫斯基為13世紀的俄國王子，曾帶領俄軍擊敗瑞典。此路亦是巴黎的俄羅斯餐廳、商店區。

路易威登展覽空間
Espace Louis Vuitton

✉ 60, rue Bassano 75008 Paris
☎ 01 53 57 52 03
🕐 週一～六12:00～19:00，週日休息
💶 免費
➡ 地鐵站George V Ⓜ① ，出口Av. Champs-Élysées穿越香榭大道至LV總店後方即是Rue Bassano
MAP P.169 / A4

©Louis Vuitton

時尚品牌的藝文展廳

　　位於香榭大道上的Louis Vuitton總店舉世聞名，然而位於同一棟建築7樓的路易威登展覽空間卻是鮮為人知的藝文去處。2006年開幕，入口由總店旁的小巷進入，定期展出與包包、品牌相關的展覽，提供你深入了解品牌文化。頂樓也有眺望香榭大道的好視野。

享受精緻高級的法式料理

巴黎的米其林餐廳

Les Restaurants Michelin de Paris

法國美食世界馳名，好不容易到了花都，豈能錯過一頓精緻高級的法式料理？不妨就提前預訂一間喜愛的米其林餐廳，為旅行留下美好回憶。

何謂米其林？

米其林(Michelin)為法國一家知名輪胎公司，在1900年起開始推出「米其林紅皮指南」(Guide Rouge Michelin)，提供開車為主的旅人所需的餐廳、旅館、修車資訊，1926年起並為其中特別出色的餐廳給予星等的榮譽，在法國成千上萬的餐廳中，能被選為三星的只有25家(2009年)。百年來為了爭取最高星等的榮譽，廚師無不費盡心思，甚至還有被摘除星等而羞憤自殺的主廚！米其林指南為每年3月第一個星期三上市，除了可以線上尋找餐廳，2009年起也可在iPhone上尋找。

©Les Ambassadeurs

至米其林餐廳用餐的手續

1 預約 La Réservation

至米其林餐廳用餐必須事先預約，有些餐廳甚至要求一個月前才能進行預約，因此若計畫在旅程中前往，不妨提早以電話向餐廳訂位，告知人數、時間、姓名及連絡方式。離預訂日期前一天再打電話確認較妥。

2 服裝 L'Habiillement

注重服裝是基本的禮儀，在高級餐廳用餐，男士不妨就以襯衫、領帶為打扮，女士則可穿著裙裝。

3 點菜 La Commandation

點菜本只有男士或當日主人的才有價格，女士們就安心任意點菜吧！

©Les Ambassadeurs

知名米其林餐廳Les Ambassadeurs

4 選酒 Les Vins

在米其林高級餐廳享用美食之外，也可點用法國盛產的葡萄酒作搭配，如何配酒與當日選用的主餐有密切關係。基本上以「紅酒配紅肉、白酒配白肉」的原則為主，清淡的菜色配白酒，口味較濃郁的餐點則以紅酒搭配較佳，順序以由白至紅、由淡到濃為宜。不妨請教服務生推薦適合的酒類。

菜色	配酒	知名產區	知名酒牌(Appellation)
海鮮類	乾白酒	Alsace Bourgogne Val de Loire	Sylvaner/Riesling Chablis/Meursault Muscadet Sancerre
雞肉、豬肉、冷盤	白酒、香檳或玫瑰紅酒	Bourgogne Beaujolais Champagne	Mâcon Beaujolais Villages Coteaux Champenois Blanc
牛肉、羊肉	紅酒或薄酒萊	Bordeaux Bourgogne Beaujolais Côtes du Rhône	Médoc/Saint-Émilion Volnay/Hautes Côtes de Beaune Moulin à Vent Gigondas
兔肉、鴨肉	深紅酒	Bordeaux Bourgogne	Pauillac/Saint-Estèphe Pommard/Gevrey-Chambertin
甜點	甜酒	Alsace Bordeaux	Muscat d'Alsace/Crémant d'Alsace Sauternes

米其林餐廳推薦 Les restaurants étoilés recommandés

餐廳名稱	推薦特色	預算
L'ambroisie ★★★ 9, place des Vosges 75004	老饕稱為巴黎最美味的餐廳	無套餐，單點 160€至360€
Ledoyen ★★★ 8, Av. Dutuit 75008	第二帝國的裝潢及花園美景	午餐105€起 晚餐250€起
Taillevent ★★★ 15, rue Lamennais 75008	1946年開幕，1973年獲得三星	午餐88€起 晚餐218€起
Les Ambassadeurs ★★ 10, Pl. de la Concorde 75008	大理石華麗古典風格	午餐68€起 晚餐140€起
La Tour d'Argent ★ 15, Quai Tournelle 75005	品嘗知名的血鴨料理(140€)	午餐75€ 晚餐180€起
Benoit ★ 20, rue St.-Martin 75004	想初嘗米其林的推薦選擇	午餐38€起 晚餐55€起

巴黎這樣玩才道地

香榭大道IN
Avenue Champs-Élysées

➡ 地鐵站George V Ⓜ ①

MAP P.169 / B4

這條世界馳名的大道上,像是座熱鬧的不夜城,可別只顧著看LV總店而走馬看花錯過了精彩小店,以下就推薦幾處不可不去的店家餐廳!

©Paris Tourist Office / Photo. Jacques Lebar

↘ N°65 *Culture Bière*

📞 01 42 56 88 88

🕐 週一～日10:30～00:00

在3層樓廣達1,000平方米的空間裡,有著酒吧、餐廳、商店三種不一樣的空間。Happy Hour(週間17:00～19:00)時來此享用25cl啤酒買一送一的特惠。

↘ N°66 *LE66*

📞 01 53 53 33 80

🕐 週一～五11:00～20:00,週六11:30～20:30,週日14:00～20:00

1,200平方米的空間中,複合式商店的LE66挑選各家入時的時裝品牌,如April77、Gaspard Yukievich,設計師最愛。

↘ N°70-72 *Sephora*

📞 01 53 93 22 50

🕐 週一～六10:00～00:00,週日11:00～00:00

🏠 www.sephora.fr

連鎖的知名化妝品店,屬於LVMH精品集團,店內超過250種品牌的化妝品、香水都可試用,營業到凌晨更是便利。

↘ N°133 *Publicis Drugstore*

📞 01 44 43 79 00

🕐 週一～五08:00～02:00,週六、日10:00～02:00

🏠 www.publicisdrugstore.com

複合式商店廣達3,000平方米、2層樓的空間,有多間餐廳、書店、藥妝店、Pierre Hermé的甜點鋪,更有間電影院。

↘ N°142 *Restaurant Flora Danica*

📞 01 44 13 86 26

🕐 週一～日12:00～14:30,19:15～23:00

🏠 www.floradanica-paris.com

在丹麥大使館內,1973年建立的餐廳提供多樣的北歐風情食品,如各式魚類鰻魚、鱘魚、鯡魚、煙燻或醋漬的鮭魚及伏特加。

名牌血拼就選這裡

金三角區逛街通
Triangle d'Or

➡ 地鐵站George V Ⓜ ①

蒙恬大道、香榭大道、喬治五世大道形成的金三角區，是各家精品名牌爭相進駐的黃金地段。

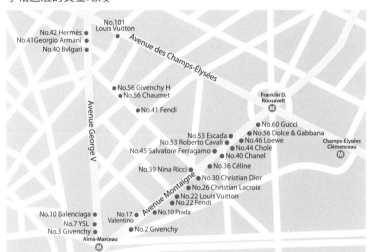

No.101 Louis Vuitton
No.42 Hermès
No.41 Georgio Armani
No.40 Bvlgari
Avenue des Champs-Élysées
No.56 Givenchy H
No.56 Chaumet
Franklin D. Roosevelt
No.41 Fendi
Avenue George V
No.60 Gucci
No.56 Dolce & Gabbana
No.53 Escada
No.46 Loewe
No.53 Roberto Cavali
No.44 Cholé
Champs-Élysées Clémenceau
No.45 Salvatore Ferragamo
No.40 Chanel
No.36 Céline
No.39 Nina Ricci
No.30 Christian Dior
Avenue Montaigne
No.26 Christian Lacroix
No.22 Louis Vuitton
No.22 Fendi
No.10 Balenciaga
No.17 Valentino
No.10 Prada
No.7 YSL
No.3 Givenchy
No.2 Givenchy
Alma-Marceau

法文ㄅㄆㄇ | 基礎篇

旅行中基本的對話，往往是最快學會的法文單字喔！

請問 Je t'aime的中文怎麼說呢？

想說的話	法文ㄅㄆㄇ	想說的話	法文ㄅㄆㄇ
日安	ㄅㄨㄥˇㄐㄩ **Bonjour.**	抱歉…(用於借過)	ㄅㄚㄉㄜㄍㄨㄥ **Pardon.**
晚安	ㄅㄨㄥˇㄙㄨㄚ **Bonsoir.**	抱歉…(用於詢問事情的句子開端)	ㄟ ㄎㄜㄙㄅㄩㄇㄟˋㄇㄨㄚˋ **Excusez-moi.**
再見	ㄡㄈㄜㄈㄚˋ **Au revoir.**	多少錢	ㄍㄨㄥ ㄅㄧㄤˋ **Combien?**
對、好的	ㄨㄧˊ **Oui.**	我愛你	ㄖㄜˋ ㄉㄟˋ ㄇㄜ **Je t'aime.**
不是、不要	ㄋㄨㄥˋ **Non.**	謝謝	ㄇㄟˋ ㄈㄜ ㄒㄧ **Merci.**
請	ㄒㄧㄈㄨㄅㄨㄉㄟ **S'il vous plaît.**	不客氣	ㄉㄜ ㄏㄧㄤˋ **De rien.**
左	ㄍㄡˋㄒㄩˋ **Gauche**	很好	ㄙㄟˋ ㄅㄧㄤˋ **C'est bien**
右	ㄉㄨㄚˋ **Droit**	很漂亮	ㄙㄟˋ ㄐㄧㄡ ㄌㄧˇ **C'est jolie**

179

特色餐飲 *Restaurant*

©Spoon / Photo. Carrie Solomon

SPOON擺盤精緻的創意料理

明星主廚的時尚餐廳 🇫🇷
Spoon

🍴 主廚每日套餐含2樣前菜＋主菜＋甜點33€（午餐）

✉ 14, rue de Marignan 75008 Paris

📞 01 40 76 34 44

🕐 週一～五12:00～14:00，19:00～22:00，週六、日休息

➡ 地鐵站Franklin D. Rossevelt Ⓜ ① ，沿Av. Champs-Élysées往西走至R. de Marignan左轉

🅼🅰🅿 P.169 / B5

　　這間位在金三角地段的Spoon餐廳，由來其林三星主廚Alain Ducasse創立於1998年，旅行多年的他，希望將各地品嘗到的美食綜合在此餐廳。繼承三星主廚的烹飪哲學，用心挑選食材調配出創意料理，招牌菜色沙茶白鮪魚鐵板（Thon Blanc à la plancha）、炭烤豬肋排（Travers de Porc à la Broche），均色香味俱全。

必遊的首席 **Lounge Bar** 🇫🇷
Buddha Bar

🍴 主菜26€以上，或甜不辣套餐22€

✉ 8 bis, rue Boissy d'Anglas 75008 Paris

📞 01 53 05 90 00

🕐 週一～五12:00～15:00，19:00～00:30，週六、日19:00～00:30

➡ 地鐵站Concorde Ⓜ ① ⑧ ⑫ ，出口R. Royale，至協和廣場西北角找到R. Boissy d'Anglas

🅼🅰🅿 P.55 / A1

　　擁有一座打坐的大尊佛像在店內，並以此命名的「布達吧Buddha Bar」是巴黎有名的時尚夜店。琥珀色燈光、桃花心木家具、環繞在中式與日式的擺設、柬埔寨小雕像間，DJ們精挑細選來自印度、佛教、非洲、日本、中國的傳統音樂並重新加以電子混音，令人

店內盤坐的大佛是布達吧的招牌雕像

心盪神弛。餐點以中式、日式、南洋混合風味為主，例如芝麻醬鮪魚（Thon au Sésame）、五香雞肉（Poulet Grillé aux 5 parfums）、烤爐魚（Bar Grillé）等等。

Les Champs-Élysées

©1728

香榭大道

特色餐飲

古典靜謐的大宅 🇫🇷

1728

🍴 套餐35€(午餐)
✉ 8, rue d'Anjou 75008 Paris
📞 01 40 17 04 77
🕐 週一～六12:00～15:00，19:00～23:30
➡ 地鐵站Concorde Ⓜ 1 8 12，出口R. Royale，沿該路至R. St.Honoré左轉，至R. d'Anjou右轉
🏠 www.restaurant-1728.com
MAP P.187 / B1

　　位在與聖多諾黑相交的安茹路上，1728這座高級的餐廳、下午茶沙龍、藝廊，位在一棟古典的大宅，正如它的店名表示的建造年代，曾住過拉法葉將軍(Lafayette)，甚至路易十五的情婦龐巴朵夫人(Madame Pompadour)也時常在此召開沙龍。更有巴黎難得一見的絕佳酒窖。除了可在週六下午到此享用貴婦午茶，適合私人聚會，也是想在巴黎求婚的浪漫地點。

新藝術風格的華美餐廳 🇫🇷

La Fermette Marbeuf

🍴 前菜＋主菜套餐23€
✉ 5, rue Marbeuf 75008 Paris
📞 01 53 23 08 00
🕐 週一～日12:00～15:00，19:00～23:30
➡ 地鐵站Alma Marceau Ⓜ 9，沿Av. George V往北走至Rue Marbeuf右轉
MAP P.169 / B5

　　創立於1978年，這裡的新藝術建築風格被列為歷史古蹟，其迷人的彩繪玻璃、花草裝飾的框架更是讓人驚嘆，在此用餐的氣氛一流。餐點以上乘的法式料理為主，嫩鴨肉(Filet de Canard Douce)、烤鱸魚(Bar entier Grillé)都是好選擇，價格也合理。

俄國古典紅的華麗餐廳 🇷🇺

Daru

🍴 套餐29€以上(午餐)
✉ 19, rue Daru 75008 Paris
📞 01 42 27 23 60
🕐 週一～六12:00～23:00
➡ 地鐵站Courcelles Ⓜ 2，沿R. de Courcelles走至Rue Daru右轉
MAP P.169 / B2

　　達虎街(Daru)是巴黎的俄國區，這間1918年的餐廳是最古老的一間，提供傳統的俄國料理，以紅色為主的裝潢古典華麗，同時也是一間外燴店。不可錯過的包含燻鮭魚配比布里尼餅(Saumon Fumé et Ses Blinis)、三種魚蛋醬(Trois Taramas)、高級魚子醬(Caviar)、傳統史托嘎諾夫辣牛肉(Bœuf Stroganoff au Paprika)等。

奢華巴黎的頂級體驗

頂級的五星級飯店服務

Une expérience dans les hôtels luxes

平均入住房價高達700歐元一晚，豪華觀景套房甚至可達數萬歐元的巴黎奢華酒店，也可藉由旅程中數個小時的時光體驗看看！就到這些頂級飯店裡享受SPA水療、游泳池、早午餐、高級料理等飯店服務，感受巴黎奢華的氣氛。

©Hôtel Fouquet's Barrière

©Hôtel Ritz

① Hôtel Ritz

🍴 劍魚餐廳午餐75€起，廚藝學校課程45€起
✉ 15, Place Vendôme 75001 Paris
📞 01 43 16 30 30
🖥 www.ritzparis.com
🗺 P.55 / A3

劍魚是Ritz內附設的高級餐廳

麗池飯店自1898年由César Ritz成立以來最受名人歡迎，其中黛安娜王妃、溫莎公爵都曾留下足跡，香奈兒更在此長住了37年，更因電影《達文西密碼》再掀風潮。裝潢以華麗的巴洛克風格為主，星期日到旅館中的劍魚 (L'Espadon) 餐廳用早午餐也很流行。旺多姆 (Bar Vendome)、麗池 (Bar Ritz)、海明威酒吧 (Bar Haimingway) 是時尚人士愛喝一杯的場所。附設的麗池廚藝學校 (Ecole Ritz Escoffier) 提供短期廚藝課程，1至4小時學習傳統法式料理、甜點、雞尾酒，詳細課程與價格可至網站上查詢報名。

©Hôtel Ritz

② Hôtel le Bristol

🍴 午餐75€起，布列斯雞單點240€(兩人份)
✉ 112, rue du Fbg. St.-Honoré 75008 Paris
📞 01 53 43 43 00
🖥 www.hotel-bristol.com
🗺 P.169 / C4

1925年開業的布里斯托奢華酒店，以高調優雅的宮廷風格為主。2009年甫獲米其林三星肯定，主廚Eric Fréchon的拿手招牌菜為法國國雞布列斯雞 (Poulard de Bresse)，這裡提供的麵包也一向有著巴黎最好的名號。

Les Champs-Élysées

182

©Hôtel Plaza Athénée

Hôtel Plaza Athénée

🍴 Dior沙龍療程45分鐘150€起
✉ 25, avenue Montaigne 75008 Paris
📞 01 53 67 66 65
🕐 Dior美容沙龍08:00～22:00
🏠 www.plaza-athenee-paris.fr
MAP P.169 / B5

Dior設立於Plaza Athénée的美容沙龍

這座位在蒙恬大道、星光閃爍的明星酒店，曾為影集《慾望城市》拍攝的外景場所。以18世紀為主的風格充滿法式情調，其中由Patrick Jouin設計的新興酒吧，已是巴黎潮流人士必去的場所，由Alain Ducasse掌廚的餐廳更是老饕必去體驗的地方。Dior更在此成立全球第一間美容沙龍（Dior Institut），護膚、蒸汽浴、桑拿浴讓愛美的你可以好好享受一下，多種包含臉部及身體的按摩或療程，達到除皺、防老、減壓的效果，使用的自然也是Dior的明星商品，奢華的享受值得嘗試。

Hôtel Meurice

✉ 228 rue de Rivoli, 75001 Paris, France
📞 01 44 58 10 10
🏠 www.meuricehotel.fr
MAP P.55 / B3

©Hôtel Meurice

得天獨厚的莫里士酒店擁有正對杜樂麗花園的地理位置，它被暱稱為「國王酒店」，因為入住人士多數是國家元首或重要嘉賓，包含英國女王、美國總統、西班牙國王等世界各地數十國的國王；藝術家裡則以達利最偏愛莫里士，每次來巴黎都要在此住上1個月，且在他的客房牆上任意地塗上顏料。由Augustin Meurice創於1835年，內部以華麗的18世紀風格為主，旅館中的Valmont SPA館提供臉部及身體的按摩，而擁有米其林三星榮譽的Meurice餐廳，以主廚Yannick Alléno提供的法式料理出名。

氣氛獨具的莫里士

©Hôtel Plaza Athénée

Plaza Athénée的酒吧是潮人必去的場所

©Hôtel de Crillon

✿❀ 5 ❀✿
Hôtel de Crillon

🍴 早午餐60€起，Les Ambassadeurs
餐廳午餐88€，晚餐210€起
✉ 10, pl. de la Concorde 75008 Paris
📞 01 44 71 16 16
🏠 www.crillon.com
MAP P.55 / A1

©Hôtel de Crillon

克里雍酒店位在頗有歷史意義的協和廣場上，離香榭大道只有數分鐘路程，內部寬敞華麗，米色的大理石走廊及鍍金鋪紅絨毯的沙發椅讓你彷彿回到17、18世紀，充滿法式巴洛克風的奢華感，瑪麗皇后便常來此會友，每年年末的上流名媛舞會也在此舉行。館內知名的高級餐廳Les Ambassadeurs，以其7種顏色的大理石地板、雍容華貴的水晶燈裝潢著名，用餐氣氛奢華，也不妨嘗試週日豐盛的早午餐。

Les Ambassadeurs華麗而高級的裝潢

✿❀ 6 ❀✿
Four Seasons George V

✉ 31, av. George-V 75008 Paris
📞 01 49 52 70 00
🏠 www.fourseasons.com/paris
MAP P.169 / B5

創於1928年原名喬治五世的四季酒店，坐落在香榭大道、蒙恬大道、喬治五世大道構成的金三角區，地位可見一般，名列全球十大豪華酒店。館內高級餐廳Le Cinq，掌廚為烹飪界有著食神之稱的Philippe Legendre。

©Hôtel de Crillon

©Hôtel Fouquet's Barrière

Fouquet's Barrière是巴黎最新成立的奢華酒店

⑦
Hôtel Fouquet's Barrière

🍴 餐廳套餐75€起，SPA按摩65€起
✉ 99, Avenue Champs-Élysée 75008 Paris
📞 01 40 69 60 50
🏠 www.fouquets-barriere.com
MAP P.169 / B4

　　巴黎最新成立的五星級奢華旅館，擁有可眺望香榭大道、凱旋門的良好視野，由建築師Edouard François及室內設計師Jacques Garcia設計，呈現低調華麗的時尚風情。內部更可使用SPA水療、蒸汽浴、並附有一座15x9的游泳池，及7間不同形態的按摩房，完全放鬆、伸展身心。此外，旅館中的用品也都可以線上購買！包含浴袍、拖鞋、雨傘、杯盤、古典燈具等，徹底將法式美學帶回家。

©Hôtel Fouquet's Barrière

面對香榭大道的景致，在此用餐讓人沈醉

　　旅館直通位在香榭大道上最出名的富給咖啡館，創立於1899年，是奢華巴黎的代名詞，這裡從前便是明星、導演簽約之地，因此店門口還設有一條刻滿名人名字的星光大道。每年餐廳更宴請法國奧斯卡凱薩獎的得主於此聚餐，連法國總統薩科奇也愛在此宴客。由得過法國最佳美食創意獎的主廚Jean-Yves Leuranguer推出的餐點精緻美味，露天咖啡座也十分搶手。

©Hôtel Fouquet's Barrière

歌劇院

概況導覽

氣勢宏偉、金碧輝煌的歌劇院矗立在巴黎右岸心臟地帶；瑪德蓮廣場連接整排的高級食品店、拉法葉與春天百貨公司終日充滿人潮。歌劇院區是享樂主義至上的巴黎人縱情的場所，在這裡你可以欣賞到自19世紀便開始上演的歌劇或芭蕾表演；找到最美味的頂級食材；在世界一流的大型商場裡盡情購物。想欣賞布爾喬亞的美學，則別忘了到香水、扇子博物館參觀；一生必要享受一次的貴族情懷，就在旅程中安排一趟茶沙龍下午茶之旅，品嘗法式甜點及享用一壺好茶。

歌劇院一日行程表

參觀時間30分鐘
❶ 瑪德蓮教堂

參觀時間30分鐘
❷ 和平咖啡館

參觀時間60分鐘
❸ 迦尼葉歌劇院

參觀時間90分鐘
❹ 香水博物館

參觀時間180分鐘
❺ 拉法葉、春天百貨

參觀時間90分鐘
❻ 茶沙龍

Opéra

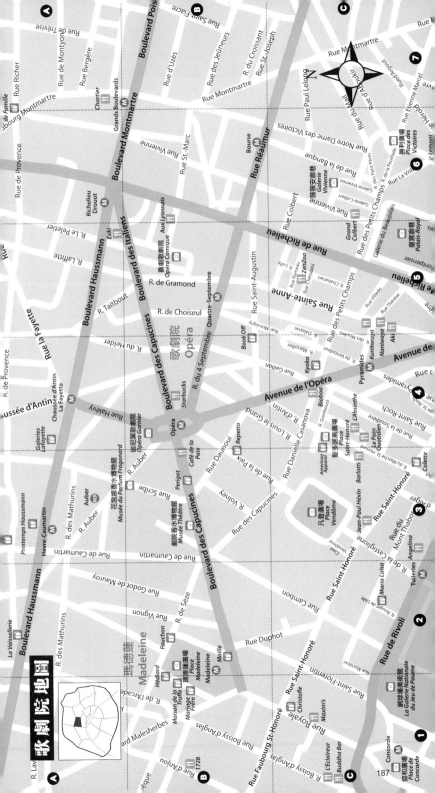

歌劇院地圖

Rue de Trévise
Rue de Montyon
Rue Bergère
Rue Richer
Rue de Famille
bourg Montmartre
Rue de Provence

Boulevard Poiss
Rue Saint-Fiacre
Rue d'Uzès
Rue des Jeuneurs
Rue du Croissant
Rue St-Joseph
Chartier
Grands Boulevards
Boulevard Montmartre
Rue Montmartre
Rue St-Marc
Rue Vivienne

Rue Montmartre
Rue Paul Lelong
Rue du Sentier
Rue d'Aboukir
Rue Etienne Marcel
Rue Aigou
Rue Herold
Rue
emoni

Bourse
Rue Réaumur
Rue Notre Dame des Victoires
Rue de la Banque
勝利廣場 Place des Victoires

Richelieu Drouot
Boulevard Haussmann
Boulevard des Italiens
R. Le Peletier
R. Lafitte
Exki
Aux Lyonnais
喜劇劇院 Opéra Comique
Rue Colbert
Rue Vivienne
薩霸安餐廳 Galerie Vivienne
Galerie Colbert
Galerie Vivienne
R. de la Feuillade
勝利廣場 Place des Victoires
s

Boulevard Haussmann
R. de Gramond
R. Taitbout
R. de Choiseul
Rue de Richelieu
Grand Colbert
Rue des Petits Champs
Galerie du Beaujolais
Rue de Montpensier
皇家宮殿 Palais-Royal

Rue la Fayette
R. du Helder
R. du 4 Septembre
Quatre-Septembre
Opéra 歌劇院
Rue Saint-Augustin
R. de Lully
R. Rameau
R. Chabanais
Rue Sainte-Anne
Rue des Petits Champs
Rue Villedo
R. de Richelieu
5

ussée d'Antin
R. de Provence
Chaussée d'Antin La Fayette
Rue Halévy
Starbucks
BookOff
Rue de Choiseul
Rue Gaillon
Rue Monsigny
R. de Ventadour
R. des Moulins
Rue Thérèse
Kyoko
Naniwaya
Kunitoraya
Aki

Galeries Lafayette
Boulevard des Capucines
Avenue de l'Opéra
R. d'Antin
R. Danielle Casanova
Bioboa
R. Gomboust
ZenZoo
Pyramides
Avenue de

Printemps Haussmann
R. des Mathurins
R. Auber
Auber
R. Aubert
花宮娜香水博物館 Musée du Parfum Fragonard
Perigot
Opéra Garnier 加尼葉歌劇院
Café de la Paix
Rue Daunou
Repetto
Rue Louis le Grand
American Apparel
聖多諾黑廣場 Place Saint-Honoré
Barlotti
L'Absinthe
Rue Saint-Roch
Rue de la Sourdière
Le Pain Quotidien
Rue du Marché St.-Honoré
Colette

Havre-Caumartin
Rue de Caumartin
Rue de Caumartin
劇院香水博物館 Musée Théâtre
Rue Scribe
R. Volney
Rue des Capucines
凡當廣場 Place Vendôme
Jean-Paul Hévin
Rue Saint-Honoré
Rue du Mont Thabor
3

La Vaisselerie
Boulevard Haussmann
R. des Mathurins
Rue Godot de Mauroy
Rue Vignon
R. de Sèze
Rue Cambon
Cour Vendôme
R. de Castiglione
Rue Saint-Honoré
Angelina
Maria Luisa
Tuileries
Rue de l'Isle
R. Rouget de Lisle
2

Rue Duphot
Rue Duphot
Madeleine
R. de l'Arcade
瑪德蓮 Maison de la Truffe
Hédiard
Fauchon
瑪德蓮廣場 Place Madeleine
Mariage Frère
Maille
Rue Saint-Honoré
Christofle
Maxim's
Rue Saint-Florentin
L'Ecloireur
球池美術館 La Galerie Nationale du Jeu de Paume
Rue Mondovi
Rue de Rivoli
Concorde
協和廣場 Place de la Concorde

d Malesherbes
Bard Malesherbes
R. d'Anfou
1728
Buddha Bar
Rue Faubourg St-Honoré
Rue Boissy d'Anglas
Rue Royale
R. Boissy d'Anglas

R. Lav
A

187
B
C

迦尼葉歌劇院
Opéra de Paris Garnier

- ✉ Place de l' Opéra 75009 Paris
- ☎ 01 41 10 08 10
- 🕐 週一～日10:00～17:00(最後入場16:30)
- € 全票10€，18～24歲8€
- ➡ 地鐵站Opéra (M) ③ ⑦ ⑧，出口Place de l'Opéra
- 🏠 www.operadeparis.fr
- MAP P.187 / B4

歌劇院背面
可由鄰近的拉法葉百貨公司頂樓
欣賞歌劇院及巴黎周遭的景色。

歌劇院 Data

建造年份：1875年
設計師：Charles Garnier
風　格：拿破崙三世風

迦尼葉
是設計歌劇
院的偉大建
築師。

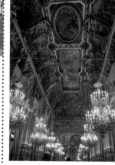

大走廊
可媲美凡爾賽宮鏡廳的
歌劇院走廊，金碧輝煌
的程度令人驚嘆。

Y字型階梯
走進歌劇院便
可看到這座大
理石造的美麗
階梯。

第一次走進歌劇院的悸動

工作的公司取得巴黎歌劇院的網站設計案後，為了讓我們親身體驗歌劇院的臨場感，老闆便大手筆請我們到迦尼葉歌劇院看戲。傍晚時分，促銷最後門票的攤販、盛裝前來看戲的貴婦將歌劇院大廳點綴得好不熱鬧。

那是我第一次走進富麗堂皇的歌劇院，精雕細琢的天使雕像舉著從上個世紀就點亮的燈火；Y字型的白色大理石階梯是否從前也被公主與夫人的裙擺擦亮過；窗台側端令人驚嘆的走廊，比鏡廳有過之而無不及，羅列的鍍金廊柱、成排懸掛的水晶吊燈、天篷的古典壁畫……滿眼都是金碧輝煌的燦爛景色，那是我多年來不曾忘記的感動。昨日還在台北車站學法文，今日卻圍坐在法國人群中欣賞歌劇；巴黎從我的嚮往，變成了我的日常。而這一切就封印在這座歌劇院裡，它依然會繼續聳立到下一世紀，而我，有幸見證了它的一晚。

巨大的結婚蛋糕

走在歌劇院大道（Avenue de l'Opéra）上，遠遠就能望見這座歐洲最大的歌劇院，被稱為「鍍金的結婚蛋糕」。為讓能見度提升，建造時刻意去除大道上的綠樹，且把建物高度提高至比四周高出一些，足見法國人的用心。

劇院內天篷上夏卡爾的「夢的花束」

由建築師迦尼葉（Charles Garnier）自競圖中勝出，1875年開幕，號稱拿破崙三世風格，混合古典與巴洛克，正面呈現法式對稱美學，下層七道富有節奏的拱廊，以著名音樂家頭像（如莫札特、貝多芬、海頓）的圓浮雕裝飾。上層則以雙羅馬柱間格出七扇窗框，框內再飾兩道細柱，其上的金色雕像則為重要的劇作家。

走進歌劇院內部，Y字型大理石階梯氣勢非凡，細部的金葉浮雕更鬼斧神工，讓人驚嘆。近窗台有一處金碧輝煌的走廊，其華麗耀眼的程度堪稱「小凡爾賽」。舞台廳的天篷有著超現實主義派畫家夏卡爾（Marc Chagall）所繪的壁畫《夢的花束》，其上懸掛一座重6公噸的水晶燈，讓人回想起《歌劇魅影》的情節。舞台共可容納450名演員，觀眾席則有五層達2,200個座位。不妨找一天來此欣賞歌劇或芭蕾，感受這裡華麗的氣氛。

189

在「歌劇院」內喝星巴克？

✉ 3, boulevard des Capucines 75002 Paris
➡ Opéra Ⓜ ③ ⑦ ⑧，出口Place de l'Opéra
MAP P.187 / B4

巴黎有星巴克咖啡店(Starbucks Coffee)不稀奇，但位在歌劇院對面這間卡布辛分店特別值得一去。挑高、描金邊、浮雕、大片鏡牆且掛有水晶燈的內部裝飾……你沒有走錯，就在這座由古宅改建的世界唯一豪華星巴克中，愜意地喝上一杯咖啡吧！

瑪德蓮教堂
Église Ste.-Marie Madeleine

✉ Place de Madeleine 75002 Paris
☎ 01 44 51 69 00
🕐 週一～日08:30～18:00
➡ 地鐵站Madeleine Ⓜ ⑧ ⑫ ⑭，出口
　Place de Madeleine
MAP P.187 / B2

新古典主義的宏偉門面

　　瑪德蓮教堂由拿破崙為紀念戰爭勝利所建，建築師維儂(Pierre Vignon)建於1807年。52條宏偉高達20米的科林新式廊柱是最明顯的外觀。上方三角形的石牆裡是藝術家勒梅爾(Henri Lemaire)雕刻的《最後的審判》，而入口的銅門上則有德特可提(Henri de Triqueti)關於聖經十誡的精彩浮雕。參觀內部不可錯過大殿天篷的三處小圓拱，光線均是由此而入；以及由義大利雕刻家馬霍切提(Charles Marochetti)製作的瑪德蓮升天雕像。

　　此處往共和廣場延伸出去共有8條大道(Boulevard)交會，在19世紀時是重要的交通樞紐；而在塞納河對岸也找得到這樣科林新式

　　廊柱的建築隔岸與之相望，便是法國國會所在的波旁宮(P.120)。與教堂相連的瑪德蓮廣場(Place Madeleine)向來是老饕的最愛，佛雄、愛迪亞食品百貨矗立廣場一方，可找到各種高級食材、茶葉、餅乾，滿足旅人的需求。

氣勢宏偉的瑪德蓮教堂

知識充電站

新古典主義
Néoclassicisme

1760～1820年間的復古運動，起源於羅馬，範圍涵蓋繪畫、雕塑至建築，是對18世紀巴洛克、洛可可華麗風格的反動，並希望重新提倡古希臘羅馬的寫實精神。畫家以安格爾(Ingres)最為著名。

賈克瑪安得烈博物館華美精緻的大廳

賈克瑪安得烈博物館
Musée Jacquemart-André

✉ 158, boulevard Haussmann 75008 Paris
☎ 01 45 62 11 59
🕐 週一〜日10:00〜18:00
€ 含語音導覽全票12€，7〜17歲學生10€
➡ 地鐵站Miromesnil Ⓜ 9 13 ，沿Av. Percier往北至Bd. Haussmann左轉
🏠 www.musee-jacquemart-andre.com
MAP P.169 / C3

精美浮華的19世紀私人收藏

華美無比卻鮮為人知的博物館，展示19世紀銀行家安得烈(Édouard André)及其夫人賈克瑪(Nélie Jacquemart)的私人收藏。開幕於1913年，位在建築師巴宏(Henri Parent)所設計的古典大宅，在當時是最為流行、奢華的裝潢。安得烈為銀行家之子，愛上了替他作畫的畫家賈克

瑪，兩人品味相合、興趣相投，婚後旅行歐洲各地帶回藝術品收藏，包含法國18世紀、荷蘭及義大利文藝復興時期繪畫、陶器、古董家具等，由賈克瑪以其藝術家品味打造；義大利館中的文物則由安得烈規劃，有《維納斯的誕生》畫家波提切利(Sandro Botticelli)的作品。

旅行小抄

館內下午茶餐廳
Café Jacquemart-André

€ 下午茶套餐9€

建立在此古宅的舊時飯廳內，是巴黎最美的下午茶沙龍之一，在路易十五式的鑲金裝潢旁、18世紀的大型掛毯下，享用精緻的餐點。更不能錯過廳中提也波羅(Tiepolo)所繪製的天花板壁畫。

扇子博物館
Musée de l'Éventail

- 2, bd. de Strasbourg 75009 Paris
- 01 42 08 90 20
- 週一～三14:00～18:00，週四～日休息
- 含語音導覽全票6.5€，12～26歲學生4.5€
- 地鐵站Strasbourg St.-Denis Ⓜ ④ ⑧ ⑨，出口 Bd. de Strasbourg

古董風味的木櫃中保存了千把珍貴扇子

貴族美學的收藏室

　　扇子博物館位在巴黎市中心第九區，建於1993年，是法國第一座專門介紹扇子及其文化的博物館，同時也是法國目前僅存製扇家Anne Hoguet的工作室。展出1,200餘件的精緻典雅摺

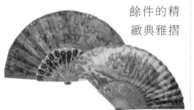

扇。館中扇子的典藏室由兩位製扇家Lepault & Deberghe於1893年所建立，該室仍保持著亨利二世時代的原樣，牆壁仍用鑲有金邊鳶尾花的藍色壁紙所裝飾，更有一處典雅的壁爐，呈現出濃厚古董風味的木櫃中，是製扇家所收藏的千餘把、超越兩世紀的古董扇子，每年會定期取出展示。當中珍貴的羽毛扇更讓人聯想到瑪麗皇后的年代。

©Paris Tourist Office / Photo. Claire Pignol

勝利廣場
Place des Victoires

- 1, pl. des Victoires 75002 Paris
- 地鐵站 Bourse Ⓜ ③，沿 Rue de la Banque往南至Rue de la Feuillade左轉，步行5分鐘至勝利廣場
- MAP P.187 / C6

第一座獻給路易十四的廣場

　　設計凡登廣場的建築師蒙莎(Jules Hardouin Mansart)所規劃的另一

處廣場，建於1658年。廣場中央原有一座身穿加冕王袍的路易十四雕像，腳底下四名戰俘指的是1686年戰爭的戰敗國，四周的古典建築均是用來烘托這座雕像，因此一律不准比雕像還高。雕像在大革命時遭到拆除，一度改放上戴瑟(Desaix)將軍的雕像，最後又換回路易十四。

花宮娜香水博物館
Musée du Parfum Fragonard

◆ **Musée Scribe**

✉ 9, rue Scribe 75009 Paris
📞 01 47 42 04 56
🕐 週一～六09:00～18:00，週日09:00～17:00
€ 免費
🚇 地鐵站Opéra Ⓜ ③ ⑦ ⑧，出口
　 Rue Scribe
MAP P.187 / B3

◆ **Musée Théâtre**

✉ 39, bd des Capucines 75002 Paris
📞 01 42 60 37 14
🕐 週一～六09:00～18:00，週日休息
€ 免費
🚇 地鐵站Opéra Ⓜ ③ ⑦ ⑧，出口Rue Scribe
MAP P.187 / B3

旅行小抄

館內商店

花宮娜(Fragonard)是1926年創立
的品牌，是法國最古老的香水製
造商之一，設立在南法格拉斯小
城，在香水博物館內商店提供品
牌旗下熱賣商品，包括第一夫人
也愛用的香精、香水、各式精油
蠟燭、香皂等。

香水博物館中陳列的
製作香水儀器

精彩的嗅覺之旅

　　不必遠赴電影《香水》所在的
南法小鎮格拉斯(Grass)，在迦尼葉
歌劇院旁就有兩座
花宮娜(Fragonard)集
團所成立的香水博物
館。一間為1983年開
幕的**史凱柏博物館**
(Musée Scribe)，在一
棟有著拿破崙三世風
格、迦尼葉的學生
勒舒法榭(Lesoufaché
Joseph Michel)所興建的19世紀宅
邸，展出5000多年的香水歷史及技
術；另一間則為1900年開幕的**劇院
博物館**(Musée Théâtre)，為一間20世
紀初期劇院改建的博物館，有著
17～20世紀美麗精緻的香水瓶收
藏，及一座迷你的香水加工廠，
展示如何萃取香精油。兩座博物
館均免費參觀。

知識充電站

香水的魔力

Chanel的香奈兒No.5、YSL的鴉
片(Opium)、Dior的迪奧小姐(Miss
Dior)、Hermès以總店地址命名的
Faubourg No.24、Lancôme的璀
璨(Trésor)、Guerlain的一千零一夜
(Shalimar)……法國擁有眾多世界
馳名的香水品牌，路易十四、拿破
崙、約瑟芬都為香水而癡迷。想購
買香水，可至化妝品店Sephora、
Marionnaud、Nocibé，及香水、香
氛專賣店Fragonard、Dyptique選
購。香精(Parfum)適合夜晚或正式
場合；香水(Eau de Parfum)適合白
天的宴會；淡香水(Eau de Toilette)
適合上班或平常日使用；古龍水
(Eau de Cologne)則適合沐浴後或運
動前。

一生享受一次的貴族情懷

巴黎的午茶時光

Salon du Thé à Paris

路易十四的推廣使喝茶成為一種貴族情調；而今日的法國人每年每人需喝上100杯茶，在唯美古典的茶沙龍裡，品嘗溫熱的紅茶，配上誘人的點心，這種幸福必要在花都體驗一次。

©Mariage Frères

① Ladurée

- ✉ 75, av. Champs-Élysées 75008 Paris
- ☎ 01 40 75 08 75
- ◷ 週一～日07:30～00:30
- ➡ 地鐵站George V ⓜ 1 ，出口Av. Champs-Élysées
- 🏠 www.laduree.fr
- MAP P.169 / B4

皇室感的尊貴沙龍

橄欖綠門面加上描金花紋、「海報之父」薛黑(Jules Cheret)繪製的天使壁畫，細膩而精緻的法式風情，讓Ladurée成為香奈兒總監Karl Lagerfeld的最愛。由Louis Ernest Ladurée創立於1862年，招牌甜點為有「少女酥胸」之稱的馬卡洪(Macaron)杏仁小圓餅，每季固定推出新口味。忠於原味者該到百年歷史的Royale本店，喜歡奢華感的貴婦則可到

Ladurée美味的馬卡洪

Jacques Garcia設計的香榭大道分店。

預算 Budget	
四個小馬卡洪口味任選 4 mini-macarons au choix	7.1€
瑪麗安東奈特紅茶 Thé Marie-Antoinette	6.8€

② Mariage Frères

- ✉ 30, rue du Bourg-Tibourg 75004 Paris
- ☎ 01 42 72 28 11
- ◷ 週一～六15:00～19:00，週日休息
- ➡ 地鐵站Hôtel de Ville ⓜ 1 ⑪ ，沿R. de Rivoli往東走至R. du Bourg-Tibourg左轉
- 🏠 www.mariagefreres.com
- MAP P.95 / C2

©Mariage Frères

法式茶葉第一品牌

1854年成立的Mariage Frères，擁有超過百餘種茶葉。在瑪黑區本店極有氣氛的茶沙龍中享用下午茶，點用知名的各色茶款配上以茶入味的蛋糕，即為享受。店內的茶葉博物館，可欣賞頗有歷史感的茶具及茶葉罐設計。

預算(兩人份) Budget	
雙人下午茶 Tea for Two	1壺茶、每人1份甜點任選：茶葉入味的各式蛋糕、司康餅、馬卡洪、鬆糕等：32€

✿ 3 Angelina

📪 226, rue de Rivoli 75001 Paris
📞 01 42 60 82 00
🕐 週一～五07:30～18:45，週六、日至19:00
🚇 地鐵站Tuileries Ⓜ 1 ，出口R. de Rivoli
MAP P.187 / C3

香奈兒也愛去的古典茶沙龍

由奧地利人倫波梅耶(Antoine Rumpelmeyer)創立於1903年的Angelina，可說是巴黎最出名的茶沙龍了！店內懷舊的美好年代風格裝潢，連香奈兒都愛來這裡吃喜愛的核桃蛋糕。兩樣超人氣名品莫過於以蛋白霜為基底，罩上鮮奶油，圍上栗子泥、糖粉的「白朗峰栗子塔」；及用整條純巧克力隔水軟化配上熱鮮奶的「非洲熱巧克力」，配上1杯香提伊奶油。

預算 Budget

	人氣商品	
白朗峰栗子塔 Mont Blanc		4.15€
非洲式熱巧克力 Chocolat chaud à l'africain		4.5€

Angelina知名的栗子塔

✿ 4 Jean-Paul Hévin

📪 231, rue Saint-Honoré 75001 Paris
📞 01 40 75 08 75
🕐 週一～六12:00～19:00，週日休息
🚇 地鐵站Tuileries Ⓜ 1 ，出口R. de Rivoli，
　往西走至R. de Castiglione右轉，至R. St.-Honoré右轉
🏠 www.jphevin.com
MAP P.187 / C3

巧克力迷絕不可錯過

Jean Paul Hévin是巧克力界的頂級品牌，堅持採用最優質的可可豆與低糖配方，每日早晨趁鮮製作，享用期不超過3日。其充滿香氣的松露巧克力，會是最好的巴黎

Pyramide巧克力蛋糕

紀念品；而它的馬卡洪更曾入選「巴黎最好馬卡洪」巧克力類第一名。位在聖多諾黑街的茶沙龍，提供輕食午餐、下午茶。

Mille feuille巧克力千層派 ©Jean-Paul Hévin

預算 Budget

	週六限定	
巧克力千層派 Mille-feuille chocolate		5.4€
貝甘七層風味巧克力蛋糕 Bergam		5.2€

(本文章原刊載於BRAND名牌誌)

拉法葉百貨公司
Galeries Lafayette

- ✉ 40, boulevard Haussmann 75009 Paris
- ☎ 01 42 82 30 51
- ⏰ 週一～六09:30～20:00，週四延長至21:00，週日休息
- ➡ 地鐵站Chaussée d'Antin-La Fayette Ⓜ ⑦ ⑨，出口Galerie Lafayette即可抵達
- 🏠 www.galerieslafayette.com
- MAP P.187 / A4

拉法葉百貨內部華麗的圓頂

　　巴黎最大的百貨商場，擁有女裝、男裝及美食超市館，拉法葉百貨已成了觀光客到巴黎必去的「景點」，購物打折季時經常人滿為患，在此聚集知名的國際品牌，能一次滿足所有購物慾望，並提供方便的當場領取現金退稅服務。建於1906年，本館內部拜占庭風格彩繪玻璃穹頂的最吸引旅人的眼睛，被列入歷史古蹟。別忘了搭乘手扶梯到本館頂樓，免費飽覽巴黎的全景。美食超市館提供各式各樣豐富的伴手禮選擇以及外帶甜點、熟食，而其中收藏豐富的酒窖更是值得一覽。

春天百貨公司
Printemps

- ✉ 64, boulevard Haussmann 75002 Paris
- ☎ 01 42 82 50 00
- ⏰ 週一～六09:35～20:00，週四延長至22:00，週日休息
- ➡ 地鐵站Havre-Caumartin Ⓜ ③ ⑨，出口Printemps Haussmann
- 🏠 departmentstoreparis.printemps.com
- MAP P.187 / A3

　　擁有女裝、男裝及居家館的春天百貨，與拉法葉百貨緊鄰形成奧斯曼商圈，每到購物季必定爆滿。建築最古老部分可追溯至1881年，立面及金色圓頂被列為歷史建築。在此聚集各大知名流行品牌，一次購齊，並享受便利的退稅服務。

旅行小抄

簡單退稅三步驟

1. 同一天在同一家店內購滿175歐元，攜發票連同護照至退稅處辦理退稅。
2. 選擇退稅方式：**A現金退稅10.8%**(又可分成A1機場取現*，或A2百貨公司現場取現)，或是**B信用卡退稅12%**。
3. 將退稅單在離開最後一個歐盟國家時交由海關審查蓋章，若選擇A1的人，直接在機場領取現金，選擇A2或B的人，將蓋好章的稅單放入信封，免貼郵票，投入郵筒寄回。

退稅辦理地點：
拉法葉百貨：本館B1、1F
春天百貨：本館B1及0F、男裝館B1、家居館2F
*選擇百貨公司領現，需要在21天內離境並且提供信用卡做擔保

西歐家運動百貨公司
Citadium

- ✉ 50, rue de Caumartin 75009 Paris
- ☎ 01 55 31 74 00
- 🕐 週一～六10:00～20:00，週四至21:00，週日休息
- ➡ 地鐵站Havre-Caumartin Ⓜ ❸ ❾，出口 Rue de Caumartin
- 🏠 www.citadium.fr
- MAP P.187 / A3

占地6,000平方米，擁有超過250個品牌，分為4層樓層的Citadium，是巴黎年輕人鍾愛的百貨，隸屬於春天百貨集團，以街頭、滑板、搖滾、運動風取向為訴求，在此可以找到相當多正流行的年輕品牌，及各式T-shirt、棒球帽、滑板鞋、Hip-Hop風格服飾，也可找到滑雪、網球、高爾夫球等運動的相關用品，甚至還包含一間髮型店、餐廳及書店。

法國女人心目中的夢幻舞鞋
Repetto

- ✉ 22, rue de la Paix 75002 Paris
- ☎ 01 44 71 83 12
- 🕐 週一～六10:00～19:00，週日休息
- ➡ 地鐵站Opéra Ⓜ ❸ ❼ ❽，出口Rue de la Paix，沿該路往西南走1分鐘
- 🏠 www.repetto.com
- MAP P.187 / B3

成立於1947年的夢幻芭蕾舞鞋品牌Repetto，不只孫芸芸愛穿，連法國女人都十分風靡。創辦人Rose Repetto原本只是想替兒子打造一雙舞鞋，進而成立品牌，卻因法國性感女星碧姬芭度(Brigitte Bardot)時常穿出門而聲名大噪。由於原本就是作為舞鞋之用，因此穿起來特別舒適好走。無論基本款「Cendrillon」、碧姬芭度款「BB」、娃娃鞋款「Bellinda」、綁帶舞鞋款「Sophia」，都十分時髦且好搭配。價格約100歐元起跳。

旅行小抄

Repetto的庫存清倉鞋店

Coté Danse

- ✉ 24, rue de Châteaudun 75009 Paris
- ☎ 01 53 32 84 84
- 🕐 週二～六10:00～14:00，15:00～18:30，週日、一休息
- ➡ 地鐵站Notre-Dame de Lorette Ⓜ⑫

在這間芭蕾舞鞋的小型Outlet裡，可找到Repetto鞋子的過季款式，價格大約原價6折左右，是想要低價擁有夢幻逸品的入手之處。

享受法國生活品質
La Vaissellerie

- ✉ 80, bd Haussmann 75008 Paris
- ☎ 01 45 22 32 47
- 🕐 週一～六10:00～19:00，週日休息
- ➡ 地鐵站Havre-Caumatin Ⓜ ❸ ❾，出口 Bd. Haussmann
- MAP P.187 / A2

喜愛各類碗盤、餐具的人不能錯過這間平價的餐具店，動物造型的筷架、葡萄酒的瓶塞、專用的乳酪刀、披薩刀、甜點用的水晶叉子等商品，就等你去尋寶。

皇室御用的奢華餐具

Christofle

- 🗄 高級餐具
- ✉ 9, rue Royale 75008 Paris
- 📞 01 44 58 10 28
- 🕐 週一～六10:00～19:00，週日休息
- ➡ 地鐵站Madeleine Ⓜ ⑧ ⑫ ⑭，出口R. Royale
- 🏠 www.christofle.com
- MAP P.187 / C1

©Christofle

　　簡約卻透露精雕細琢的貴氣，這是Christofle(昆庭)讓路易菲利普、拿破崙三世至世界奢華酒店都傾倒的原因。創辦人Charles Christofle為珠寶設計師，於1830年創立此品牌，細緻雕刻與銀製花邊充分展現法式貴族的生活情調，每支叉匙上都有獨家品牌戳記。單隻雕花銀湯匙約19歐元起。

巴黎最古老的糖果鋪

À La Mère de Famille

- 🗄 高級餐具
- ✉ 35, rue du Fbg. Montmartre 75009 Paris
- 📞 01 47 70 83 69
- 🕐 週一～六09:30～20:00，週日10:00～13:00
- ➡ 地鐵站Le Peletier Ⓜ ⑦，沿R. La Fayette 往東至R. du Fbg. Montmartre右轉
- 🏠 www.lameredefamille.com
- MAP P.187 / A6

　　這間1761年開幕的古老店鋪，光看黑底金字的招牌就知道是間老店，對巴黎人來說這裡可以找回童年的記憶，800種以上的水果糖、黑巧克力、果醬、香料麵包、焦糖瑪德蓮糕、冰鎮栗子等等令人開心的糖果，讓人都想帶回家。

簡單融入設計的生活用品

Perigot

- 🗄 生活用品
- ✉ 16, bd. des Capucines 75009 Paris
- 📞 01 53 40 98 90
- 🕐 週一～六10:00～19:00，週日休息
- ➡ 地鐵站Opéra Ⓜ ③ ⑦ ⑧，出口Bd. des Capucines
- 🏠 www.perigot.fr
- MAP P.187 / B3

　　成立於1995年的法國品牌Perigot，提供居家生活所需的用品。以實用導向為主又添入創意元素，例如作成刺蝟造型的鞋刷、可伸縮

的二合一洗碗刷、實用的除塵刷等，在這裡可找到理想的禮物，或廚房缺少的那件實用又有設計感的工具。

©Perigot

可伸縮的二合一洗碗刷/6€

刺蝟造型的大鞋刷/40€

©Perigot
小巧實用的除塵刷子/9.5€

©Perigot

瑪德蓮廣場附近商店示意圖

老饕的美食天堂

瑪德蓮廣場周邊
Place de la Madeleine

➡ 地鐵站Madeleine Ⓜ 8 ⑫⑭，出口Place de la Madeleine

MAP P.187 / B2及本頁

Fauchon、Hédiard兩家大型食品百貨、百年老牌Maille芥末醬、Maison de Truffe的黑松露、Mariage Frères的茶葉都在此設有分店。

↘ N°6 *Maille*

📞 01 40 15 06 00
🕐 週一～六10:00～19:00，週日休息
🏠 www.maille.fr

1720年創立於馬賽的法國老牌芥末醬店，超過25種口味的芥末醬(1.5歐元起)，無論作成沙拉醬或與肉類調味，都很美味，也有以松露或香檳調味的高級芥末醬。水果醋也是伴手禮的好選擇。

Maille芥末醬

↘ N°17 *Mariage Frères*

📞 01 40 15 06 00
🕐 週一～六10:00～19:00，週日休息
🏠 www.mariagefreres.fr

法國知名的茶葉商，內部有處幽靜的庭園，各式漂亮且充滿香氣的茶葉罐很適合帶回家。

Mariage Frères茶葉罐

↘ N°19 *Maison de la Truffe*

📞 01 42 65 53 22
🕐 週一～六10:00～19:00，週日休息

1932年成立的「松露之家」由Guy Monier領隊，可找到被喻為黑鑽石的頂級食材黑松露，及松露油、松露洗髮精、松露巧克力，其他高級食材如魚子醬、鵝肝醬、油封鵝、酒釀水果、手工果醬等也一應俱全。附設餐廳以黑松露燴飯聞名。

↘ N°21 *Hediard*

📞 01 43 12 88 88
🕐 週一～六09:30～19:30，週日休息
🏠 www.hediard.fr

知名的高級食品百貨Hédiard，成立於1854年，超過6,000種的食品任君選擇，常見的人氣產品例如茶葉罐、配茶享用的餅乾與水果軟糖。紅底黑字帶點金色是其招牌配色。

Hédiard茶葉罐

↘ N°26 *Fauchon*

📞 01 70 39 38 00
🕐 週一～六08:00～21:00，週日休息
🏠 www.fauchon.fr

成立於1886年的高級食品百貨Fauchon，威風地占據了瑪德蓮廣場的一角。除了必嘗的各種口味瑪德蓮糕點外，各式松露、魚子醬、巧克力、果醬、咖啡與茶類也是好選擇。被Le Nôtre集團收購以後人氣更加直升。

法國料理平民食堂 🇫🇷
Chartier

🍴 6個烤蝸牛6.5€
✉ 7, rue de Fbg Montmartre 75009 Paris
📞 01 47 70 86 29
🕐 週一～日11:30～22:00
➡ 地鐵站Grands Boulevards Ⓜ ⑧ ⑨，出口 Rue de Fbg Montmartre
🏠 www.restaurant-chartier.com
MAP P.187 / A7

©Yu-Hsuan Feng

1896年開業，有著法式食堂的庶民風情，19世紀的古典裝潢如金色掛衣架、黑框大片鏡牆極有特色，像報紙般每日更換的菜單也是一絕。堅持平價而美味的料理是這裡經常高朋滿座的原因。不妨嘗試這裡肥美

的烤蝸牛(Escargots)、綠胡椒醬牛排(Steak Haché Sauce Poivre Vert)、烤土雞(Poulet Fermier Rôti)、炭烤羊排(Côtes d'Agneau Grillées)、卡翁式牛肚(Tripes à la mode Caen)等平民菜色。法國人也必嘗的食堂。

卡翁式牛肚滋味鮮美

©Chartier

到Chartier用餐可得提早前往以免排隊

- -

後古達人的複合式咖啡館 🇫🇷
Delaville Café

🍴 咖啡2.1€
✉ 34, bd. Bonne Nouvelle 75010 Paris
📞 01 48 24 48 09
🕐 週一～日11:00～02:00
➡ 地鐵站Bonne Nouvelle Ⓜ ⑧ ⑨，出口 Bd. Bonne Nouvelle
🏠 www.delavillecafe.com

與另一間復古咖啡館Café Charbon為同樣的老闆，由古老建築改建的這間複合式咖啡館、餐館、酒吧，保留著拿破崙三世風格的大理石寬面樓梯、石柱、鑲金天花板，美得讓人屏息，樓上空間中甚至還有小型的拱廊；但進到Lounge Bar裡面，不規則造型的天花板、紅色皮椅又是如此現代，均由Périphériques建築工作室所設計。

到Delaville咖啡館感受熱鬧的氣氛

每週三晚間並有DJ進駐，讓這裡的夜晚一點也不寂寞。

©Aux Lyonnais

名廚加持的里昂料理餐館 ■ ■
Aux Lyonnais

🍴 前菜＋主菜＋甜點套餐30€(午餐)
✉ 32, rue Saint-Marc 75002 Paris
📞 01 45 08 01 03
🕐 午餐：週二～五12:00～14:30，晚餐：週二～六19:30～22:00，週一、日休息
🚇 地鐵站Richelieu-Drouot Ⓜ 8 ，沿Rue de Richelieu往南至Rue St.-Marc右轉
🌐 www.alain-ducasse.com
MAP P.187 / B6

　　由1890年開業的餐廳改建的小餐館，店內部分裝潢仍保留19世紀的原樣，饒富情趣。2002年為米其林

©Aux Lyonnais

三星名廚Alain Ducasse集團購入後，名氣更是水漲船高。著名的里昂菜色包含：肉腸(Quenelle)、小龍蝦(Écrevisses)、乾臘腸(Cervelas)都可以在此品嘗，此外，芥末醬烤豬腳(Pied de Cochon Croustillant à la Moutard)、青醬小牛肝(Foie de Veau en Persillade)也都很不錯，配上里昂附近隆河坡地(Côtes du Rhône)出產的紅酒更相得益彰。

新藝術風格餐廳 ■ ■
Maxim's

🍴 套餐110€起
✉ 3, rue Royale 75008 Paris
📞 01 42 65 27 94
🕐 餐廳：週一～日12:30～14:00，19:30～22:00；博物館：週三～日14:00～17:00
€ 博物館門票含導覽15€，博物館與午餐組合110€
🚇 地鐵站Madeleine Ⓜ 8 ⑫ ⑭ ，出口Rue Royale沿該路往南步行5分鐘
🌐 www.maxims-de-paris.com
MAP P.187 / C1

©Maxim's

新藝術博物館內的收藏讓人驚嘆

　　創立於1893年，充滿新藝術風格的美心餐廳，曾是文豪普魯斯特常去的地方，1979年老闆換為皮爾卡登(Pierre Cardin)之後，不僅將品牌推上國際，更讓這裡增添時尚感。喜歡新藝術風格的人不可錯過這裡的博物館，2004年開幕，由皮爾卡登所蒐集超過50年的新藝術風格珍藏，絕對讓人大開眼界。

©Maxim's

美心是巴黎經典的新藝術風格老餐廳

©Café de la

Café de la Paix 🇫🇷
戴高樂最愛的咖啡館

🍴 咖啡6€以上
✉ 12, bd. des Capucines 75002 Paris
📞 01 42 61 54 61
🕐 週一〜日10:00〜19:00
➡ 地鐵站Opéra Ⓜ ③⑦⑧，出口Place de l'Opéra即可抵達
MAP P.187 / B3

19世紀的巴黎以歌劇院為流行中心，建於1862年的和平咖啡館，是戴高樂總統在巴黎光復後急欲光臨的地方，只為一嘗此地傳統

©Café de la Paix

道地的法國菜。到訪名人更是不計其數，包括設計師皮爾卡登、Jean-Paul Gaultier、摩納哥Caroline公主、藝術家達利、美國總統柯林頓、法國知名歌手Maurice Chevalier等等。夏天時面對歌劇院大道的露天咖啡座更是一位難求。

Zen Zoo 🇹🇼
珍珠茶館

🍴 套餐13€，珍珠奶茶4.5€
✉ 13, rue Chabanais 75002 Paris
📞 01 53 40 98 90
🕐 週一〜六12:00〜22:00
➡ 地鐵站Quatre Septembre Ⓜ ③，沿R. Ste.-Anne往南走至R. Rameau左轉，直行至R. Chabanais右轉
🏠 www.zen-zoo.com
MAP P.187 / C5

2003年於巴黎開張的「珍珠茶館」，第一間珍珠奶茶店不僅讓在地留學生回味，連法國人也趨之若鶩。除了各種口味的珍珠奶茶之外，也有各式海鮮煲、牛肉麵、擔仔米粉等台灣餐點。

珍珠茶館的海鮮煲

和風十足的用餐去處

日本料理一番街
Rue Sainte-Anne

➡ 地鐵站Pyramide Ⓜ ⑦ ⑭，沿Rue de Thérèse步行至Rue Ste.-Anne
MAP P.187 / C5

在聖安娜(Rue Sainte-Anne)街有許多讓人食指大動的日本料理餐館，在這裡推薦的是由日本人開設，值得一去的道地小館。

好吃美味的天丼　　　　令人大呼過癮的刺身組合　　　香噴噴的炸豬排飯

Aki的關西風味章魚燒

美味烏龍麵之王

Kunitoraya ●

🍴 手打烏龍麵9€起
✉ 39 bis, rue Sainte-Anne 75002 Paris
📞 01 47 03 33 65
🕐 週一～日11:30～22:00
🏠 www.kunitoraya.com

國虎屋以手打的手工烏龍麵出名，有冷熱兩種選擇，及醬油、紫菜、豬肉、鮪魚等豐富口味，熱騰騰的關東煮也很美味，也有各式蓋飯可選擇。用餐時間總是客滿。

Naniwaya ●

✉ 11, Rue Sainte-Anne 75002 Paris
📞 01 40 20 43 10
🕐 週一～日11:30～22:30

浪花屋餐廳的人氣選擇為手工烏龍麵、章魚燒。

Aki ●

✉ 11 bis, rue Sainte-Anne 75002 Paris
📞 01 42 97 54 27
🕐 週一～六11:30～22:30，週日休息

提供關西料理大阪燒，也有章魚燒小點，烏龍麵、蕎麥麵定食也很美味。

Kyoko ●

✉ 46, rue des Petits Champs 75002 Paris
📞 01 42 61 33 65
🕐 週二～六10:00～20:00，週日11:00～19:00

日本超市，各式各樣的生鮮食品、餅乾、泡麵、易開罐飲料之外，還有從日本空運來的野菜。

Book Off ●

✉ 29, rue Saint-Augustin 75002 Paris
📞 01 42 60 00 66
🕐 週一～六10:00～19:30，週日休息

日本的折扣書店，眾多日文原文書、漫畫、雜誌、小說只要2歐元起。

蒙馬特

 概 況 導 覽

蒙馬特是巴黎地勢最高之處。高低起伏的山勢與蜿蜒的小徑讓許多人眷戀這裡獨特的氣氛，而電影《艾蜜莉的異想世界》一片的成功，更讓蒙馬特充滿文藝的想像；紅磨坊一帶的性工作行業替這裡染上聲色、墮落的氣息，儘管一向有著治安不好的名聲，然而蒙馬特作為巴黎部分文化表徵的地位是無可取代的。就由阿貝斯廣場漂亮的新藝術地鐵站逛起，登上聖心堂，在帖特廣場散步，逛逛達利美術館，仔細地感受蒙馬特獨一無二的節奏。

蒙馬特一日行程表

參觀時間20分鐘
❶ 阿貝斯廣場

參觀時間60分鐘
❷ 聖心堂

參觀時間20分鐘
❸ 帖特廣場

參觀時間90分鐘
❹ 達利蒙馬特空間

參觀時間30分鐘
❺ 煎餅磨坊

參觀時間30分鐘
❻ 雙磨坊咖啡館

Montmartre

蒙馬特地圖

Boulevard Ney

A **B** **C**

1

聖端跳蚤市場
Puce Saint-Ouen

Boulevard Ney

Boulevard Ney

Porte de Clignancourt
Ⓜ

Rue Belliard

Rue Belliard

Belliard

Rue Championnet

2

Rue du Poteau
R. V. Compoint
Rue de Damrémont

Rue Championnet

Rue Championnet

Rue Ordener

ampionnet

Rue Vauvenargues

Rue du Poteau

Rue Duhesme

Rue du Mont Cenis

Rue Hermel

Simplc
Ⓜ

R. Calmels

Rue Ordener

Rue Montcalm

R. des Cloÿs

Rue du Ruisseau

Rue Duc

Jules Joffrin
Ⓜ

Rue Ordener

3

Rue Marcadet

R. Eugène Carrière

Rue Duhesme

Rue Duhesme

Rue F. Flocon

Rue Marcadet

Rue Marcadet

Rue Marcadet

Rue du Mont Cenis

Rue Hermel

Rue Ramey

en Haut
R. Joseph de Maistre

Rue Lamarck

Au Pied du
Sacré Cœur

Rue Francoeur

Rue Eugène Carrière

Rue de Damrémont

Arnaud Larher

R. Danwin
Lamarck
Caulaincourt

Rue Caulaincourt

Rue Lamarck

Rue Custine

Rue de Clignancourt

4

Rue Caulaincourt

Lamarck
Caulaincourt
Ⓜ

Lapin Agile

R. Paul Féval

Rue Saint-Vincent

Rue Lamarck

Rue Nicolet

Avenue Junot

Rue Dalida

Rue des Saules

蒙馬特博物館
Musée de Montmartre

Rue Ramey

Le Moulin
de La Galette

Rue L'Epic

R. d'Orchamp

Rue Norvins

Rue Cortot

La Mère
Catherine

帖特廣場
Place Tetre

聖心堂
Sacré Cœur

5

蒙馬特墓園
Cimetière
Montmartre

Le Poulbot

達利蒙馬特空間
Espace Montmartre
Salvador Dali

洗濯船
Bateau Lavoir

Rue Gabrielle

Rue Saint Eleuthère

Rue Muller

Rue Charles Nodier

Dreyfus Déballage
du Marché St.-Pierre

Rue Durantin

Rue Durantin

Rue des Abbesses

Rue Berthe

Rue des Trois Frères

纜車乘車處
Funiculaire

Café des
Deux Moulins

Rue Lepic

Rue Véron

愛之牆
Mur des Je t'aime

Case cousin Paul

Rue de Clignancourt

情色博物館
Musée de
l'Erotisme de Paris

Abbesses
Ⓜ

阿貝斯廣場
Place des
Abbesses

Rue Yvonne le Tac

Rue Tardieu

R. Livingstone

Rue Séveste

Guerrisol

6

Clichy

紅磨坊
Le Moulin
Rouge

Blanche
Ⓜ

Bd. de Clichy

R. Houdon

Rue d'Orsel

Anvers
Ⓜ

Bd. de Rochechouart

ouai
e Calais

Rue Fontaine

Pigalle
Ⓜ

Bd. de Rochechouart

Rue Duperré

N

7

Rue Chaptal

Rue Victor Massé

Rue Rodier

Rue Condorcet

Rue Condorcet

Rue Jean-Baptiste Pigalle

Rue Clauzel

e Martys

Rue de la Tour d'Auvergne

205

A **B** **C**

聖心堂
Basilique du Sacré-Cœur

- ✉ 35, rue de Chevalier 75018 Paris
- ☎ 01 53 41 89 09
- ⏰ 週一～日09:00～19:00，冬季至18:00
- ➡ 地鐵站Anvers Ⓜ②，沿Rue Steinkerque往北走至Place St.-Pierre搭乘纜車或爬階梯至聖心堂
- 🌐 sacre-coeur-montmartre.com
- MAP P.205 / C5

大樓梯
登上聖心堂的階梯可以遠眺巴黎市區的美景。

聖心堂 Data
建造年份：	1876年～1914年
設計師：	Paul Abadie
風　　格：	羅馬拜占庭

城斷糧達4個月之久,當時虔誠的天主教信徒便發願若巴黎能從中脫困,將蓋一座神聖的教堂來獻給基督之心,也就是「聖心(Sacré-Cœur)」;另一方面繼普法戰爭之後「巴黎公社」的暴動,讓人們決定建造一座教堂來贖罪,便經由全國捐款而興建聖心堂。

整座教堂呈現羅馬拜占庭式的風格,以中央羅馬式圓頂為中心,左右對稱各一個小圓頂為最顯眼的設計之處。整座教堂的裝潢以耶穌為主題,正面有3道拱門,上方兩尊象徵保護法國的青銅雕像,左為聖女貞德,右為聖路易國王,而正中央遠眺巴黎的浮雕自然便是耶穌基督。鐵門上及門上方都有耶穌的浮雕,教堂內的圓頂有著世界上最大的馬賽克壁畫──耶穌的畫像。此外,聖心堂還有一口全世界最重的鐘。位在巴黎最高的地勢上,此處可一覽巴黎市區全景。

聳立山丘上的白色教堂

由建築師阿巴迪(Paul Abadie)建於1876年,直到1914年開放的聖心堂,由蘭登城堡(Château Landon)地方開採的石灰岩所建成。遇水會分解白色方解石的效果,即使空氣汙染也能終年白淨無比,又稱為「白教堂」。教堂的建立來自1870年普法戰爭時,巴黎遭圍

旅行小抄

觀光小火車

Les Petits Trains de Montmartre

€ 全程(自白廣場出發)6€,半程(自帖特廣場出發)3.5€

🕐 35分鐘,法文、英文解說

➡️ 白廣場(Place Blanche)—紅磨坊—蒙馬特墓園—聖心堂—帖特廣場—達利蒙馬特空間—蒙馬特葡萄園—狡兔之家—聖皮耶布市場—白廣場

這種繞行蒙馬特主要景點的觀光小火車,也是遊覽蒙馬特節省腳力的方式。

登頂纜車

Le Funiculaire de Montmartre

€ 同單張地鐵票價格1.6€,一日票/週票/月票可通用

想登上聖心堂不妨利用登頂纜車,省下爬山的力氣,順便一覽纜車上的風光。下山時再沿著聖心堂的大階梯往下走,電影《艾蜜莉的異想世界》就是在這裡取景。

達利蒙馬特空間
Espace Montmartre Salvador Dali

- ✉ 11, rue Poulbot 75018 Paris
- ☎ 01 42 64 40 10
- 🕐 週一～日10:00～18:30
- € 全票11.5€，26歲以下學生6.5€
- ➡ 地鐵站Lamarck Caulaincourt Ⓜ⑫，沿R. Caulaincourt往東至R. des Saules右轉，直走至R. Norvins左轉後，見R. Polbot右轉
- 🏠 www.daliparis.com
- MAP P.205 / B5

達利以「軟鐘」來呈現時間消逝的傷感

超現實主義的天才藝術家

20世紀西班牙藝術家達利(Salvador Dali)以超現實主義畫作聞名於世。他也曾在蒙馬特住過一陣子，與畢卡索、米羅成為好友。

此處為他的私人博物館，展出300件原創作品。其中最著名的莫過於「軟鐘(Montres Molles)」，源自達利邀請朋友到家裡來作客，端出乳酪盤招待時看見乳酪在太陽下快速軟化的樣子，有感而發時間的易逝，因而有了這系列的創作，顯見達利對事物的觀察入微及十足的藝術轉化力。此外，「抽屜」亦是解構達利作品的重要元素，他認為抽屜是女人的祕密，Sonia Rykiel便曾因此設計過一件充滿抽屜的針織衣。

皮爾卡登博物館
Musée Pierre Cardin

- ✉ 33, boulevard Victor-Hugo 93400 Saint-Ouen
- ☎ 01 49 21 08 20
- 🕐 週三及週六、日14:00～17:00，週一、二、四、五休息
- € 全票15€，學生12€
- ➡ 地鐵站Mairie de Saint-Ouen Ⓜ⑬，出口boulevard Victor-Hugo

時尚迷不可錯過的流行舞台

2006年開幕的皮爾卡登博物館，為設計師服裝收藏增添展場，由舊停車場改建，挑高寬敞的空間，展出60年來設計師130餘件最重要及珍藏的作品。1922年出生於義大利服裝設計世家的皮爾卡登，在巴黎嶄露光芒，將服裝推廣大眾是其理想，晚年並同時進行多角經營，如入主美心餐廳將其成功推上國際。

寫滿「我愛你」的愛之牆，是巴黎最浪漫的地方之一

 # 阿貝斯廣場
Place des Abbesses

✉ Place des Abbesses 75018 Paris

➡ 地鐵站Abbesses Ⓜ⑫，出口即可抵達

MAP P.205 / B6

阿貝斯廣場新藝術風格的地鐵站入口

新藝術風格勝地

1863年開幕的阿貝斯廣場，以其保存良好、由吉瑪(Hector Guimard)所設計的新藝術風格地鐵站出名。深入地下36公尺，是巴黎最深的地鐵站。如果想節省體力搭乘電梯至出口，可就會錯過旋轉樓梯上精彩的壁畫。

阿貝斯廣場周邊

愛之牆
Mur des je t'aime

阿貝斯廣場旁的小公園內，40平方米的藍色磚牆，寫滿超過300種語言的「我愛你」，由藝術家Frédéric Baron所建造。來看看你懂得世界上多少種我愛你的說法？

巴黎情色博物館
Musée de l'Érotisme de Paris

✉ 72, boulevard de Clichy 75018 Paris

📞 01 42 58 28 73

🕐 週一～日10:00～02:00

€ 全票10€，線上購買可打八折

➡ 地鐵站Blanche Ⓜ② ，出口Bd. de Clichy

🏠 www.musee-erotisme.com

MAP P.205 / A6

©Musée de l'Érotisme de Paris

營業至凌晨2點的展覽館

德國漢堡、荷蘭阿姆斯特丹都設有情色博物館，巴黎也不例外。就位在知名的紅燈區蒙馬特皮嘎爾(Pigalle)地方，創立於1997年，7層樓的空間中，有著超過2,000種、跨越亞洲、非洲及歐美，各式與情色主題相關的藝術作品，配合蒙馬特的風氣，這裡也營業到凌晨2點，是巴黎營業到最晚的博物館。

到蒙馬特墓園為喜愛的名人致意

蒙馬特墓園
Cimetière de Montmartre

- ✉ 20, Avenue Rachel 75018 Paris
- ☎ 01 43 87 64 24
- ⏰ 3月16日～11月5日週一～六08:00～18:00，週日09:00～18:00，11月6日～3月15日週一～六08:00～17:30，週日09:00～17:30
- ➡ 地鐵站Place de Clichy Ⓜ②⑬，沿Bd. de Clichy往西走至R. Caulaincourt
- MAP P.205 / A5

向名人致敬之地

1825年開幕的蒙馬特墓園，以園中的動人雕像著名，11公頃的墓園裡長眠的是包含新浪潮電影導演楚浮(François Truffaut)、作家左拉(Emile Zola)、象徵主義畫家摩侯(Gustave Moreau)、作曲家白遼士(Hector Berlioz)、音樂家巴哈(Jean Sebastian Bach)等名人。

蒙馬特博物館
Musée de Montmartre

- ✉ 12, rue Cortot 75018 Paris
- ☎ 01 49 25 89 37
- ⏰ 週二～日11:00～18:00，週一休息
- € 全票9.5€，18～25歲7.5€，10～17歲5.5€
- ➡ 地鐵站Lamarck Caulaincourt Ⓜ⑫，沿R. Caulaincourt往東走至R. des Saules，步行至R. Cortot左轉
- 🏠 www.museedemontmartre.fr
- MAP P.205 / B5

回顧蒙馬特區的歷史

綠蔭環繞下，拾級而上便可來到這座呈現蒙馬特歷史的博物館。原是17世紀喜劇演員侯西蒙(Rose du Rosimond)的別墅，亦曾是雷諾瓦、杜菲(Raoul Dufy)等畫家的住所。1922年為市政府買下後建立博物館，於1960年開幕。

洗濯船
Bateau Lavoir

- ✉ 13, place Emile Goudeau 75018 Paris
- ➡ 地鐵站Abbesses Ⓜ⑫，沿R. Abbesses往西走至R. Ravignan右轉
- MAP P.205 / B5

象徵20世紀畫家的藝術居所

位在埃米爾古門廣場的木屋便是20世紀初許多藝術家駐足聚會的地方，畢卡索第一次到巴黎便是住在這裡，《亞維儂的姑娘》也是在此完成。在經歷火災後，現

畢卡索曾在洗濯船木屋中度過一些時光

在的建築重建為一座藝術村，只剩11號的窗戶為當年僅存的痕跡。

跟著艾蜜莉玩巴黎

在電影《艾蜜莉的異想世界》風靡全球之後，影片中獨特唯美的蒙馬特風情也吸引無數旅客到巴黎朝聖，以下便是電影中曾出現的場景：

*聖心堂：電影中出現多次，最讓人印象深刻的便是艾蜜莉在聖心堂前廣場打公用電話給男主角尼諾。

*阿貝斯地鐵站：艾蜜莉在此第一次遇到尼諾。

*山頂雜貨店(La Marché de la Butte)──Rue des Trois Frères：電影中壞蛋老闆的雜貨店，現實中成為了電影周邊商品店。

*雙磨坊咖啡館(Café Deux Moulins)：艾蜜莉在此上班，當女服務生。

*豪華色情錄影帶店(Palace Vidéo Sex shop)：尼諾打工的地方。

龐畢度前廣場和帖特廣場是巴黎兩大速寫畫地方

街頭發現

電影中常出現的蒙馬特階梯

蒙馬特最迷人的便是高低起伏的地勢，而路燈與長階梯便成了此區的著名地標，也是導演喜愛取景的地方。

帖特廣場
Place du Tertre

Place du Tertre 75018 Paris
地鐵站Abbesses Ⓜ12，至聖心堂後沿Rue Norvins往西至帖特廣場
MAP P.205 / B5

畫家聚集的波西米亞

川流不息的帖特廣場，是遊蒙馬特必經之地。這裡便是巴黎的海拔最高處130米，四〇年代畢沙羅、羅德烈克、梵谷、蒙迪里安、畢卡索等人在此進駐，大力提升此地的藝術氣息，如今廣場亦被替人作畫的畫家所占滿，到處充滿正讓畫家速寫一張素描紀念的遊客。廣場四周則圍繞數間餐廳及咖啡館，包含巴黎最早的小酒館：1793年便開立的「凱薩琳媽媽之家(À la Mère Catherine)」(見P.215)

週末到市集尋寶去！

巴黎的跳蚤市場
Les Marchés aux Puces

Marché Biron 畢宏市集
Marché Jules Vellès 朱兒法頒市集
Marché Paul Bert 保羅貝爾市集
Marché Serpette 思爾貝特市集
Marché Cambo 康波市集
Marché des Rosiers 玫瑰市集
Marché Vernaison 凡內松市集
Marché Le Passage 廊巷市集
Marché Malik 馬力克市集
Marché Dauphine 王太子妃市集
Marché Malassis 馬拉西斯市集
Rue L. Dain
Rue des Rosiers
Rue Biron
Rue Vernaison
Rue Jules Vallès
Rue Paul Bert
Rue des Rosiers
Porte de Clignancourt M

1860年代許多流浪漢被趕出巴黎城外，他們在聖端(Saint-Ouen)附近安置下來擺攤販兜售舊物，是跳蚤市場的起源。1920年起包含Biron、Vernaiso等蚤市開始設置，逐漸形成今日繁榮的盛況。找個晴天的早晨，到這些蚤市裡逛逛！

巴黎最古老的跳蚤市場，9,000平方米的空間，早在1885年便有雛形，現在仍可在其300多處攤位找到古董、繪畫、舊海報、玩偶等裝飾物，又以玻璃製品最出名。

❸Marché Malassis馬拉西斯市集

兩層樓的建築，於1989年建立，散步在17、18世紀的家具、地毯、飾品、老式掛鐘、舊明信片的店家之間，好像一段短程的時光旅行，必能找到不少寶物。

❹Marché Biron 畢宏市集

①
Marché aux Puces Clignancourt

🕐 週六～一09:00～18:00
🚇 地鐵站Porte de Clignancourt M④，沿Av. de la Porte de Clignancourt往北直走5分鐘

巴黎北方的聖端(Saint-Ouen)跳蚤市場是法國、也是世界最大的蚤市，一共有12個小型跳蚤市場相連，可安排半日的時光在此好好尋寶。

❶Marché Dauphine王太子妃市集

這座迷人的綠色鐵架舊貨市場，於1991年開幕，6,000平方米的空間有180間古董及舊貨商在此進駐。17～19世紀高級家具、舊書、舊明信片、洋娃娃、老式照相機、珠寶、繪畫都可在此找到。

❷Marché Vernaison凡內松市集

在跳蚤市場中可找到不少帶有古意的家具

19世紀的跳蚤市場便是從這裡開始發起，1925年約莫70幾位舊貨商在此成立跳蚤市場，便是畢宏市集的原形。這裡是最受歡迎的一處，有「跳蚤市場界的聖多諾黑街」之稱，杯碗、銀器、瓷盤、舊明信片都可在此找到。

❺Marché Cambo康波市集

不妨挑一組看對眼的銀製餐具增加用餐氣氛

　　1970年創立，約莫20攤位在兩層樓的空間中，可以找到17～20世紀的家具、陶瓷。

❻Marché Paul Bert保羅貝爾市集

　　就隨意地散步在這座迷人的露天市場，可以在220處攤位發現30～70年代的家具。

❼Marché Serpette 思爾貝特市集

　　70年代Alain Serpette買下雪鐵龍舊車場改建，130攤位可找到新藝術風的作品及40年代的家具。

❽Jules Vallès 朱兒法類市集

　　巴黎最古老的頂棚跳蚤市場，120個攤位中可找到舊海報、家具、陶瓷等物品。

我的包包也是在跳蚤市場買的喔！

② Marché aux Puces Vanve

✉ Av. Marc Sangnier 和 Av. Georges Lafenestre 75014 Paris
🕐 週六～日07:00～13:00
➡ 地鐵站Porte de Vanve Ⓜ13，沿Bd. Brune往東至R. Wilfrid Laurier右轉至Av. Marc Sangnier

　　巴黎南方的跳蚤市場，比起北邊聖端跳蚤市場帶有商業意圖的的完整規劃。此處保留了二手物出清的庶民感，週末來此閒逛想發現點趣味小物的民眾，與將家中物品運送至此地出清的攤販，形成有趣畫面。

法文ㄅㄆㄇ | 殺價篇

到了跳蚤市場，看到喜歡的東西，卻不曉得如何問價錢？更不知道如何殺價？看看以下的句子，讓你輕鬆跟老闆對答。

想說的話	法文ㄅㄆㄇ
您好，請問這個多少錢？	ㄅㄛㄥˋ˙ㄐㄩ 《ㄨㄛㄥˋ ㄒㄧㄜㄤㄚˊ **Bonjour, combien ça** 《ㄨˋㄎ ㄒㄧ ㄈㄨ ㄅㄨˋㄌㄟˊ？ **coute, s'il vous plait ?**
太貴了，10歐元如何？	ㄙㄟㄊㄨㄛˋ ㄒㄧㄝˋ ㄏㄜ **C'est trop cher,** ㄟ ㄙ ㄎ ㄍㄩㄌˊㄏㄡ **est-ce que 10 euros** ㄅㄟˋ ㄅㄚ ㄅㄛㄒㄧˊㄅㄌㄜ **n'est pas possible ?**
好，我買了。	ㄨㄟˊ ㄖㄜˋ ㄌㄜˋ ㄆㄨㄥˋ **Oui, je le prend.**
不了，謝謝。	ㄋㄨㄥˋ ㄇㄟˋㄏㄒㄧˊ **Non, merci.**

逛街購物指南 *Shopping*

妝點居家的彩色燈球
La Case de Cousin Paul

🏠 創意燈飾
✉ 4, rue Tardieu 75018 Paris
📞 01 55 79 19 41
🕐 週二～五11:00～19:30，週一、六、日休息
➡ 地鐵站Abbesses Ⓜ12，沿Rue Yvonne le Tac往東至Rue Tardieu
🏠 www.lacasedecousinpaul.com
MAP P.205 / C6

搭配一組你心目中屬於巴黎的顏色，帶回家回憶

在「保羅表弟」這間精緻的小店中，可以找到許多漂亮的彩色燈球，有各種不同的顏色供你任意組合。喜歡極簡主義的黑白、喜歡如女孩般夢幻的粉紅色系、或喜歡多采多姿的彩色系列都可以，最小的組合為20個燈球起跳，18歐元售價已含燈具，並可以購買方便旅行攜帶的小體積版本。網站上可以線上組合你想要的彩色燈球顏色，並可預覽發亮時的效果。注意回台須購買轉接頭將法國插頭改為台式。

聖皮耶爾布料天堂
Dreyfus Déballage du Marché St.-Pierre

🏠 布料、飾品
✉ 2, rue Charles Nodier 75018 Paris
📞 01 46 06 92 25
🕐 週一～六10:00～18:30，週日休息
➡ 地鐵站Anvers Ⓜ2，沿Rue Steinkerque往北走至Place St.-Pierre，往東走至Rue Charles Nodier
MAP P.205 / C5

共6層樓廣達2,500平方米的大型布料商場，地下一層是設計師、服裝系學生的最愛，可以在此找到喜歡的布料；1樓以浴用毛巾、枕具、床單為主；2、3樓為縫紉、家飾用布料；4樓以精緻的掛毯、地毯為主；頂樓則提供奢華家居使用的布料。

©Paris Tourist Office / Photo. Amélie Dupont

Montmartre

特色餐飲 *Restaurant*

凱薩琳媽媽之家 🇫🇷
La Mère Catherine

🍴 前菜或甜點＋主菜套餐16€
✉ 6, Place du Tertre 75018 Paris
☎ 01 46 06 32 69
🕐 週一～日12:00～23:00
➡ 地鐵站Abbesses Ⓜ⑫，至聖心堂後沿 Rue Norvins往西至帖特廣場
MAP P.205 / B5

凱薩琳媽媽之家是巴黎最老的小餐館

在人潮擁擠的帖特廣場上，建於1793年的凱薩琳媽媽之家，是巴黎的第一間以「Bistro」命名的小餐館。起源被占領時期的巴黎，許多俄國士兵到餐廳中喊著「Bystro！」(俄文意思：快點)，此後就演變成供應快餐小餐館的稱呼。推薦菜色為燉小牛腱(Jarret de Veau)、方塊羊肉(Carée d'Agneau)等法國家常菜。

聖心堂山腳下的餐廳 🇫🇷
Au Pied du Sacré Cœur

🍴 洋蔥湯4.5€，嫩煎鴨胸12.5€
✉ 85, rue Lamarck 75018 Paris
☎ 01 46 06 15 26
🕐 週一～六12:00～23:00，週日休息
➡ 地鐵站Lamarck Caulaincourt Ⓜ⑫，出口 Rue Lamarck
🏠 aupieddusacrecoeur.free.fr
MAP P.205 / B4

位在蒙馬特的長階梯下方，一間小而精緻的餐廳，提供讓人回味的各式法國料理，包含加入起士的洋蔥湯，方塊羊肉、綠胡椒牛排等等。

伏特加方塊冰吧 🇫🇷
Ice Kube Bar

🍴 暢飲四種伏特加38€
✉ 1-5, Passage Ruelle 75018 Paris
☎ 01 42 05 20 00
🕐 週三～六19:00～01:30，週日、一、二休息
➡ 地鐵站La Chapelle Ⓜ② ，沿R. Marx Dormoy往北至Passage Ruelle左轉
MAP P.221 / A2

位在蒙馬特附近的方塊旅館 (Hôtel Kube)，外表是間古典的奧斯曼大宅，然而進入其中卻是整座由冰塊打造的冰宮！以其零下12℃的伏特加冰吧出名，穿上由PUMA提供的厚雪衣、手套、帽子，彷彿就來到了冰天雪地之中，暢飲知名的4種Grey Goose伏特加，讓人不醉不歸。

©Ice Kube

狡兔之家酒吧 🏴

Cabaret le Lapin Agile

🍴 表演＋飲料24€，學生17€
✉ 26, rue des Saules 75018 Paris
📞 01 46 06 85 87
🕐 週二〜日21:00〜02:00，週一休息
➡ 地鐵站Lamarck Caulaincourt Ⓜ⑫
🗺 P.205 / B4

　　原名為「殺手酒店」，因André Gill
所繪一隻正逃出平底鍋的兔子招牌
而得到「狡兔之家」的綽號。已有一個半世紀以上的歷史，畢卡索、布
呂揚、莫迪亞里尼等藝術家都喜歡到這裡來，至今仍是帶有藝術氣氛的
小酒館，時有表演演出。

- -

煎餅磨坊 🏴

Le Moulin de La Galette

🍴 前菜或甜點＋主菜19€(午餐)
✉ 83, rue Lepic 75018 Paris
📞 01 46 06 84 77
🕐 週一〜日12:00〜23:00
➡ 地鐵站Lamarck Caulaincourt Ⓜ⑫
🗺 P.205 / B5

煎餅磨坊是蒙馬特最古老的風車磨坊

　　蒙馬特曾有30座風車磨坊，用
以製作小麥及榨葡萄汁，雷諾瓦
的《煎餅磨坊的舞會(Bal au Moulin
de la Galette)》(現保存於奧塞美術
館)就是描寫此中的景象。而今剩
下這座1777年建立、保存完好的煎
餅磨坊，則改建為餐廳，由Jerome
Bodereau及Antoine Heerag兩位曾在米
其林三星餐廳Arpège待過的主廚掌
廚，以平實價格享用三星主廚的
手藝。

雙磨坊咖啡館 🏴

Café des Deux Moulins

🍴 咖啡2€
✉ 15, rue Lepic 75018 Paris
📞 01 42 54 90 50
🕐 週一〜日11:00〜23:30
➡ 地鐵站Blanche Ⓜ②⑬，出口Bd. de Clichy
　　右轉Rue Lepic
🗺 P.205 / A5

　　因電影《艾蜜莉的異想世界》
而聲名大噪的雙磨坊咖啡館，不
時能看到往裡頭探頭尋找電影場
景的遊客，這間原本平凡不過的
咖啡館儼然成了樂比克街上的景
點。大幅的電影海報就掛在咖啡
館牆上，彷彿可以想見電影中艾
蜜莉在此工作的情境。現實生活
中，這是一
間有著道地
法式餐點的
簡餐咖啡
館，點杯熱
咖啡或來盤
烤布蕾都很
有情調。晴
天時露天咖
啡座可是一
位難求。

進入童話世界般的餐廳 🇫🇷🇫🇷
Le Poulbot

🍴 前菜+主菜+甜點套餐9.5€(午餐),
16.5€(晚餐)
✉ 3, rue Poulbot 75018 Paris
📞 01 42 45 72 88
🕐 週一～日11:30～02:30
➡ 地鐵站Lamarck Caulaincourt Ⓜ12,沿R.
Caulaincourt往東至Rue des Saules右轉, 直
走至Rue Norvins左轉後, 見Rue Polbot右轉
🗺 P.205 / B5

為綠樹、花草所環繞的門口讓
人想要一探究竟,入內後壁上滿
是漂亮的畫框、洋娃娃及小巧的
擺飾品,桌巾與壁紙也都是浪漫
的玫瑰花紋。Le Poulbot便是一間這
麼夢幻的餐廳,最適合女孩們前
往享用其可口的法式傳統餐點,
如茴香烤羊排、紅酒燉牛肉。

四星酒店中的絕佳視野 🇫🇷🇫🇷
Terass en Haut

🍴 早餐17€,早午餐28€
✉ 12/14, rue Joseph de Maistre 75018 Paris
📞 01 44 92 34 00
🕐 週一～日早餐07:00～11:00,早午餐週
日11:30～16:00
➡ 地鐵站Abbesses Ⓜ12
🏠 www.terrass-en-haut.com
🗺 P.205 / A4

Terass en Haut是坐落在蒙馬特高
地的高級酒店,其5～9月開放的露
天全景餐廳提供遠眺巴黎的良好
視野,提供世界性的創新料理,
由Julien Lamrani掌廚,不妨試試這裡
的海鮮,如清酒燉甘貝(Saint-Jacques
Dorées au Saké)、泰式鱸魚(Bar aux
Epices Thaï)都不錯。

蒙馬特的甜點師傅 🇫🇷🇫🇷
Arnaud Larher

✉ 53, rue de Caulaincourt 75018 Paris
📞 01 42 57 68 08
🕐 週二～六10:00～19:30,週日、一休息
➡ 地鐵站Lamarck Caulaincourt Ⓜ12
🗺 P.205 / A4

被Pierre Hermé稱為「天生的
甜點師傅」(Pâtissier dans l'Ârm)、
《VOGUE》美國版喻為「甜點界
的畢卡索」,Arnaud Larher想不紅也
難!曾擔任知名甜點鋪Fauchon的主
廚,並獲得2000年最佳甜點師傅大
獎,以巧克力和馬卡洪——杏仁小
圓餅出名。特別鍾愛蒙馬特的氣
氛,在此開立了兩間分店都人氣
十足。

Arnaud Larher的人氣馬卡洪

貝爾維爾・貝西

Belleville-Bercy

概 況 導 覽

隨著貝爾維爾公園的開發、藝術家工作室的成立,貝爾維爾開始成為年輕人、新興設計師喜愛進駐的地方;亞洲、阿拉伯餐館、商店林立,亦是貝爾維爾的另一番有趣的街景。貝西地方是都市新興發展地區,原本的酒倉拆除後大手筆擴建,帶來貝西地方充滿活力的氣象。無論到塞納河船塢參觀設計展覽,或在河畔的約瑟芬芭克游泳池游泳,塞納河都在本區的發展上占有要角。隔著塞納河與貝西相望的密特朗圖書館,4本書的造型帶來恢弘的氣度。就到此感受不一樣的巴黎氣氛。

貝爾維爾・貝西 一日行程表

參觀時間60分鐘
❶ 貝爾維爾公園

↓

參觀時間120分鐘
❷ 104藝術館

↓

參觀時間60分鐘
❸ 工匠街

↓

參觀時間90分鐘
❹ 貝西公園

↓

參觀時間90分鐘
❺ 凡仙城堡

↓

參觀時間120分鐘
❻ 中餐館

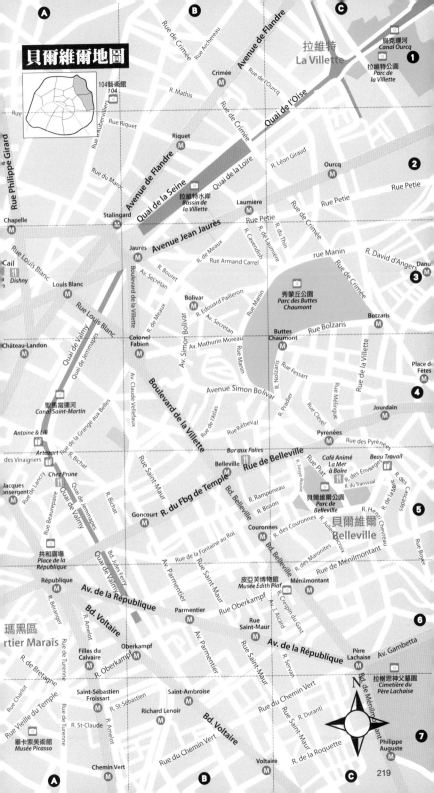

貝爾維爾地圖

104藝術館
104

拉維特
La Villette

扄克運河
Canal Ourcq

拉維特公園
Parc de
la Villette

拉維特水岸
Bassin de
la Villette

聖馬當運河
Canal Saint-Martin

共和廣場
Place de
la République

皮亞芙博物館
Musée Edith Piaf

貝爾維爾公園
Parc de
Belleville

貝爾維爾
Belleville

瑪黑區
Quartier Marais

拉榭思神父墓園
Cimetière du
Père Lachaise

畢卡索美術館
Musée Picasso

秀蒙丘公園
Parc des Buttes
Chaumont

Rue de Crimée
Rue Archereau
Avenue de Flandre
Rue Mathis
R. Mathis
Riquet
Rue Riquet
Rue d'Aubervilliers
Crimée
Rue de l'Ourcq
Rue de Crimée
Quai de l'Oise
Ourcq
Rue Petie
Rue Petie
R. Léon Giraud
Rue de Crimée
Quai de Flandre
Avenue de Flandre
Quai de la Loire
Quai de la Seine
Rue du Maroc
Laumière
Rue Petie
Stalingard
Jaurès
Avenue Jean Jaurès
Rue de Meaux
R. de laumière
R. du Thin
R. Cavendish
rue Manin
R. David d'Angers
Danu
Rue de Crimée
Chapelle
Rue Louis Blanc
Cail
Dishny
Louis Blanc
Boulevard de la Villette
Rue Louis Blanc
Quai de Valmy
Quai de Jemmapes
Château-Landon
Rue de Meaux
Av. Secrétan
R. Bouret
Rue Armand Carrel
Bolivar
R. Édouard Pailleron
Av. Secrétan
Rue Manin
Buttes
Chaumont
Rue Bolzaris
Botzaris
Colonel
Fabien
Av. Simon Bolívar
Av. Mathurin Moreau
R. Nolzaris
Rue Fessart
Rue de la Villette
Place des
Fêtes
Rue Philippe Girard
Av. Claude Vellefaux
Boulevard de la Villette
Avenue Simon Bolívar
Rue Manin
R. Pradier
Rue Clevel
Rue Mélingue
Jourdain
Rue Philippe Girard
Rue de la Grange aux Belles
R. de l'Atlas
Rue Rébeval
Pyrénées
Rue des Pyrénées
Antoine & Lili
Artazart
des Vinaigriers
Rue Saint-Maur
R. Bichat
Bar aux Folies
Rue de Belleville
Belleville
Café Animé
La Mer
à Boire
R. Joye Rouxe
R. des Envierges
Beau Travail
R. des Cascades
Jacques
onsergent
Chez Prune
Rue de Lancry
Quai de Jemmapes
R. Bichat
Rue Beaurepaire
Goncourt
R. du Fbg de Temple
Bd. Belleville
R. Ramponeau
R. Bisson
R. du Transvaal
R. Henri Chevreau
R. de la C
Couronnes
R. des Couronnes
R. Juliette Lecroix
Bd. de la Villette
Bd. Jules Ferry
Quai de Valmy
République
Av. de la République
Bd. Voltaire
Rue de la Fontaine au Roi
Rue de la Fontaine au Roi
Rue Saint-Maur
Av. Parmentier
Bd. Belleville
R. des Maronites
Rue de Ménilmontant
Ménilmontant
R. de Ménilmontant
Rue Boyer
R. Béranger
Av. de la République
Parmentier
Rue Oberkampf
Rue
Saint-Maur
Av. Parmentier
Crépin du Gast
Av. J. Aicard
Av. de la République
R. Servan
Père
Lachaise
Av. Gambetta
Filles du
Calvaire
Oberkampf
R. Oberkampf
R. Amelot
Av. Parmentier
Rue Saint-Maur
R. Charlot
R. de Bretagne
R. de Turenne
Saint-Sébastien
Froissart
R. St-Sébastien
Saint-Ambroise
Rue du Chemin Vert
Rue Saint-Maur
Rue Saint-Maur
R. Vieille du Temple
R. St-Claude
R. Amelot
Richard Lenoir
Bd. Voltaire
R. Duranti
Philippe
Auguste
R. de Turenne
Chemin Vert
Rue du Chemin Vert
Voltaire
R. de la Roquette

219

©Paris Tourist Office / Photo. Amélie Dupont

貝爾維爾公園 📷
Parc de Bellevile

- ✉ 27, rue Piat 75020 Paris
- ☎ 01 43 28 47 63
- 🕐 週一～日08:30～17:30
- ➡ 地鐵站Belleville Ⓜ②⑪，沿Rue de Belleville往東走至Rue Julien Lacroix右轉，直行至公園
- MAP P.219 / C5

山腰上的大片綠地

　　坐落在二十區的貝爾維爾公園，介於拉榭斯神父墓園及秀蒙丘公園之間，占地4.5公頃，提供都市呼吸的葉肺，位於貝爾維爾丘陵起伏的地形，更提供免費眺望巴黎的好地點。1988年開幕，由建築師德布羅(François Debulois)規畫，加上園林造景師威歐列(Michel Viollet)一起完成。這裡有著高100米的瀑布、

1,000平方米的綠地，還附有一間空氣研究室(Maison de l'Air)，專門介紹空氣的重要及污染的來源。不妨就在午後沿著樓梯緩緩爬上公園的最高處，一覽艾菲爾鐵塔至蒙帕拿斯的巴黎景色。

登上公園頂端，遠眺巴黎的美景

拉榭斯神父墓園
Cimetière du Père Lachaise

- 6, rue du Repos 75020 Paris
- 01 41 10 08 10
- 週一～日08:00～18:00
- 地鐵站Père Lachaise Ⓜ②③，出口 Cimetière Père Lachaise即可抵達
- MAP P.219 / C6

©Paris Tourist Office / Photo. Amélie Dupont

The Doors主唱Jim Morrison之墓

巴黎東邊的廣大墓地

占地44公頃，建於1804年的拉榭斯神父墓園，原屬於路易十四的神父拉榭斯(François de La Chaise)因而得名，屬於巴黎三大墓園之一。園中充滿美麗的雕塑與巨樹，氣氛安詳寧靜，也曾出現在電影《巴黎我愛你》的場景中。在巴黎孤單病逝的愛爾蘭作家王爾德(Oscar Wilde)、著有《人間喜劇》的巴爾札克(Balzac)、《追憶逝水年華》的普魯斯特(Proust)、劇作家莫里哀(Molière)、法國香頌天后皮亞芙(Edith Piaf)、音樂家蕭邦(Chopin)、The Doors搖滾樂團主唱莫里森(Jim Morrison)等名人均在此長眠，因此聚集不少來參觀與名人致敬的遊客。其中又以有著埃及風天使雕像的王爾德之墓最為有名，因為前來親吻墓碑的書迷過多，甚至還被選為世界細菌最多的地方之一呢！

104藝術館
104

- 104, rue d'Aubervilliers 75019 Paris
- 01 53 35 50 01
- 週一～五11:00～20:00，週六、日至23:00
- 地鐵站Riquet Ⓜ⑦，沿R. de Riquet 往西走至Rue d'Aubervilliers右轉
- www.104.fr
- MAP P.219 / A1

104是巴黎重要的藝術地標

巴黎當代藝術的重要地標

東京109代表涉谷文化一樣，巴黎的104藝術館代表了巴黎藝術的展廳，廣達39,000平方米，有著頂棚的3層樓空間，16處藝術家工作室以供藝術創作者申請駐村。兩位負責人坎塔赫拉(Robert Cantarella)及費斯巴克(Frédéric Fisbach)規畫一處讓群眾能直接參與、了解藝術的地方，每年策畫30幾道節目、介紹200名世界各地的藝術家，讓104成為巴黎重要的藝術地標。

秀蒙丘公園
Parc des Buttes Chaumont

- Rue Manin 75019 Paris
- 夏季週一～日07:00～22:15，冬季至20:15
- 地鐵站Buttes Chamont (M)(7bis)，出口Parc des Buttes Chaumont
- MAP P.219 / C3

遠眺巴黎的高處

這座24.7公頃的巴黎第三大公園，由刑場、採石場改建，名字原意是「禿山」，然而經過奧斯曼男爵令建築師阿爾封(Adolphe Alphand)改建後，現在已經是詩人稱為「幻影天堂」的地方。1867年完工，最美麗的地方莫過於高30公尺的義式神殿，可遠眺蒙馬特地區的遠景。

©Paris Tourist Office / Photo. Amélie Dupont

拉維特公園
Parc de la Villette

- 211,av. Jean-Jaurès 75019 Paris
- 01 40 03 75 75
- 週一～日10:00～18:00
- 地鐵站Porte de la Villette (M)(7)，出口Parc de la Villette
- MAP P.219 / C1

現代化的科技綠地

位於巴黎東北方、有烏克運河穿越的拉維特公園，是巴黎最大的公園，包含**科學工業城**(Cité des Sciences et de l'Industrie)、**音樂博物館**(Cité de la Musique)及**球狀電影院**(La Géode)，是一處適合散步及親子共遊的地方。多功能綜合型展覽館的科學工業城，高科技感的建築內，有著各式適合探索的益智展覽；1997年啟用的音樂博物館，展出各式各樣的樂器；反射園中倒影的球狀電影院，由數百片三角玻璃組成，是最顯眼的地標，可在其中觀賞科學相關的短片。由茲修米(Bernard Tschumi)所設計的55公頃後現代園林，其中佇立著25處紅色顯眼的巨大建築，增添不少現代化的氣息。並規畫有7處兒童樂園，其中龍園的巨龍溜滑梯讓附近的小朋友玩得不亦樂乎。

©Paris Tourist Office / Photo. Jacques Lebar

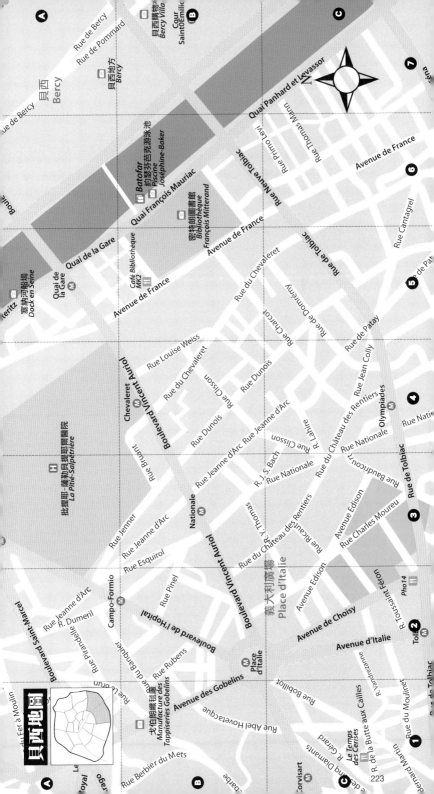

4本書造型的圖書館，藏書卻都在地下室喔！

密特朗圖書館
Bibliothèque François Mitterand

✉ 11, quai François Mauriac 75013 Paris
📞 01 41 10 08 10
🕐 週二～六10:00～19:00，週日13:00～19:00，週一休息
➡ 地鐵站Bibliothèque François Mitterrand Ⓜ⑭，出口Avenue de France即可見到圖書館
🏠 www.bnf.fr
MAP P.223 / B6

佇立河岸的4本巨書

由4本書造型構成的密特朗圖書館，高80米、占地7.8公頃，是塞納河畔最宏偉的現代建築，由取得競圖的建築師佩侯(Dominique Perrault)所規畫，為因應舊的黎希留國家圖書館(Bibliothèque Richelieu)藏書量不勝負荷而建。開幕於1995年，屬於密特朗改建計畫中的一項重要工程。1,300萬的藏書是法國也是世界最大的圖書館，可從廣場搭乘電扶梯到達地下的入口進入參觀。

貝西地方
Bercy

✉ 128, quai de Bercy 75012 Paris
📞 01 41 10 08 10
➡ 地鐵站Bercy Ⓜ⑥⑭
MAP P.223 / A7

漂泊的酒倉記憶

原是巴黎19世紀最重要酒倉的貝西，在1980年代酒倉拆除後，開發為新型態的綜合使用場地，包含貝西公園(Parc Bercy)、貝西購物村(Bercy Village)、法蘭西電影資料館(Cinémathèque Française)、貝西體育館(Palais Omnisports)，展現都市的新風貌。

寧靜遼闊的貝西公園裡有稻草人的田園及實驗室，很適合到此散步感受純樸的風光。法蘭西電影資料館則為另一處可供尋找紀錄片、罕見電影的地方。體育館為建築師安德侯(Michel Andrault)及帕哈(Pierre Parat)的傑作，可容納18,000人的場地，是大型演唱會及表演的主要場地，包含Madonna、Johnny Holiday都曾在此開唱。

凡仙森林與城堡
Château & Bois de Vincennes

✉ Avenue de Paris 94300 Vincennes
📞 01 48 08 31 20
🕐 5～8月10:00～18:00，9～4月10:00～
　17:00
💶 全票8.5€，18～25歲5.5€
➡ 地鐵站Château de Vincennes Ⓜ ，
　出口Château de Vincennes

浪漫唯美的中世紀古堡

　　時間不多無法到郊外走走的話，在市區地鐵可到的範圍內便

有一座浪漫唯美的中世紀古堡可供參觀，那便是位於巴黎東邊的凡仙城堡。原是路易七世建於12世紀的狩獵行宮，甚至比羅浮宮的歷史還早些；主要建築建於14～19世紀，經過歷代國王的整修，成為另一處皇室的住所。城牆及護城河都還保存良好，內含一座14世紀的塔樓，高52米，是歐

在古堡的殘垣上拍照留念，一定很有感覺

洲最高的堡壘；14世紀修建的禮拜堂，在耶穌荊冠移到聖禮拜堂前一直保存在此。這裡於15世紀初開始作為監獄之用，亨利四世便曾在宗教戰爭期間被囚禁於此。

　　與之相連的便是面積達995公頃，廣大的凡仙森林，比巴黎西邊的布隆森林還大一些。建於1855年，內有花之公園(Parc Floral)、動物園，適合夏天到此散步、野餐，甚至租用腳踏車漫遊。

©Paris Tourist Office / Photo. Amélie Dupont

塞納河船塢
Dock en Seine

- 30, quai Austerlitz 75013 Paris
- 地鐵站 Gare Austerlitz Ⓜ ⑤ ⑩，出口 Boulevard de l'Hôpital，沿河岸往東南走至船塢
- MAP P.223 / A5

河畔的時尚新據點

　　介於貝西橋及奧斯特利茲橋之間，建於水上的塞納河船塢，是時尚及設計師的最新據點，於2009年初完工開放。這座青綠色造型新穎的船塢，遠遠在塞納河畔就能望見，由設計龐畢度中心頂樓餐廳的雙人建築師賈蔻柏（Dominique Jakob）及馬克法連（Brendan MacFarlane）所規畫，ICADE團隊執行。賈蔻柏認為建築的綠色頂棚正回應著塞納河河水帶點深綠的顏色，喚起城市的記憶。內含130公頃的超大空間，將開放給時尚、設計相關的展覽舉行，法國時裝機構（IFM）已搶下2,200米的空間作為展示之用。

©Paris Tourist Office / Photo. Marc Bertrand

戈伯朗織毯廠
Manufacture des Tappiseries Gobelins à Paris

- 42, avenue Gobelins 75013 Paris
- 01 44 61 21 69
- 週二～四14:00～19:00，需預約，週五、六、日休息
- 全票8€，學生6€
- 地鐵站 Les Gobelins Ⓜ ⑦，出口 av. Gobelins
- MAP P.223 / B1

皇室御用的地毯工廠

　　1607年由亨利四世建立的織毯廠，至今已超過400年，向來就是製作大型皇室掛毯、家具的地方。就選一日來這裡參觀自路易十四以來，工匠們的工作室與地毯、家具相關的展覽。

©Manufactures des Tappiseries Gobelins

約瑟芬芭克游泳池
Piscine Joséphine-Baker

- Porte de la Gare, Quai François Mauri 75013 Paris
- 01 56 61 96 50
- 週一～五10:00～22:00，週六～日10:00～20:00
- 全票3€，7～8月兩小時全票5€
- 地鐵站 Quai de la Gare Ⓜ ⑥，出口 Bouleva Vincent Auriol，沿河岸往東南走至游泳池
- MAP P.223 / B6

在塞納河畔游泳

　　這座迷人的露天游泳池就蓋在塞納河畔，滿足巴黎人無法到塞納河游泳，也要在塞納河畔游泳池的渴望。取名來自紅遍法國的黑人歌手芭克（Joséphine Baker），並由建築師布斯尼（Robert de Busni）規畫，於2006年開幕，長90米寬20米的空間在夏天時總是擠滿戲水人潮。

©Mac/Val

馬恩河谷當代藝術博物館
MAC/Val-Musée d'Art Contemporain du Val-de-Marne

- ✉ Place de la libération 94404 Vitry-sur-Seine
- ☎ 01 43 91 64 20
- ◷ 週二～日12:00～19:00，週一休息
- € 全票5€，教師2.5€，26歲以下及學生免費
- ➡ 地鐵站Villejuif Louis Aragon Ⓜ ⑦，轉乘180
  號公車至Musée Mac/Val下車
- 🌐 www.macval.fr

©Mac/Val

假日踏青的好地方

位在巴黎東南郊的馬恩河谷當代藝術博物館，是喜愛現代藝術者不可錯過的地方。位於市郊，因此擁有2萬平方米的大型展覽空間，致力推廣1950年以後的美術、雕塑、影像等現代藝術，定期舉行相關展覽，並包含藝術家工作室、圖書館、電影院。

馬恩河谷當代藝術館的花園

拱型工匠街
Viaduc des Arts

- ✉ Avenue Daumesnil 75012 Paris
- ➡ 地鐵站Daumesnil Ⓜ ⑥ ⑧，出口
  Avenue Daumesnil即可抵達
- 🌐 www.viaducdesarts.fr

散步在充滿藝術氣息的大道

多梅斯尼爾大道(Avenue Daumesnil)自巴士底廣場延伸到貝西地方，是巴黎知名的「工匠街」——高架橋下方布滿美麗的拱廊工作室，上方則是綠油油的草地公園，這樣異想天開的創意來自1859年通往凡仙(Vincennes)方向的鐵道廢棄

之後，巴黎市政府便將鐵道拆除改為公園，而下方支撐鐵道的拱橋，則由建築師Patrick Berger將之封閉後裝上玻璃窗，改建為提供藝術家專用的工作室、商店，用以製作大型壁畫、燈泡、瓷器、玻璃等藝術品。

異鄉裡懷念的味道

巴黎知名的中餐館
Les Restaurants Chinois

西餐吃久了，是否還是會想念中菜的味道？有著許多華人居住的巴黎，也開設了不少知名又美味的餐廳，以他們的拿手菜，吸引著當地的留學生、遊客前往，就連法國人也趨之若鶩呢！

新疆羊肉串 Brochette d'Agneau
香氣十足的香料羊肉串/1.5€

水煮牛肉 Marmite de Bœuf
一鍋分量十足的水煮牛肉，夠兩人一起享用/12.5€

越南河粉 Pho
端上來時半生的牛肉，在熱水中續煮，
加入豆芽、蔬菜攪拌/8€

油淋雞 Poulet Croustillant
主廚推薦的脆皮雞/4€

烤鴨 Canard laqué
香噴噴的烤鴨可外帶食用/8€

小煎包、饅頭 Petit Ravioli
早餐的好選擇/0.5€

家常菜館

- ✉ 7, rue Volta 75003 Paris
- ☎ 01 42 77 30 82
- ⏰ 週一～日12:00～15:00，19:00～23:00 週一、三及、五中午休息
- ➡ 地鐵站Arts et Métiers Ⓜ③⑪，沿Rue au Maire直行至Rue Volta左轉
- ᴹᴬᴾ P.95 / A2

門口總是大排長龍的家常菜館，以其招牌「水煮牛肉」廣受歡迎，辣得夠勁的川味菜，讓人吃過一回還想再來。

佳味

- ✉ 183-185 rue Saint-Martin 75003 Paris
- ☎ 01 42 78 29 76
- ⏰ 週一～六11:30～23:00，週日休息
- ➡ 地鐵站Rambuteau Ⓜ⑪
- ᴹᴬᴾ P.77 / C4

位在聖馬當路上，2005年開業的佳味提供新疆正宗的碳烤羊肉串，香噴噴以香料醃過的羊肉串灑上辣椒粉，美味無比，並有各式川魯風味的餐點。

③ 萬里香

- ✉ 39, rue au Maire 75003 Paris
- ☎ 01 48 87 88 07
- ⏰ 週一～日11:30～23:00
- ➡ 地鐵站Arts et Métiers Ⓜ③⑪，沿Rue au Maire直行至Rue Volta左轉
- ᴹᴬᴾ P.95 / A2

是三區中餐館中最有名的一家，用餐時段總是擠滿人潮，以中式簡餐為主，炒飯、炒河粉應有盡有，也有包子、饅頭、油條等早餐。

金鳳城

- ✉ 179, rue Saint-Jacques 75005 Paris
- ☎ 01 43 54 52 61
- ⏰ 週一～日12:00～14:00，19:00～23:00
- ➡ RER車站Luxembourg ᴿᴱᴿⒷ，出口Jardin du Luxembourg沿Rue Guy-Lussac往東至Rue Royer-Collard左轉，直走至Rue St.-Jacques即可抵達
- ᴹᴬᴾ P.33 / A6

盧森堡公園附近的知名餐館，古老的門面列入歷史古蹟保存，平價、美味是每日客滿的原因，招牌菜為油淋雞。

Pho14

- ✉ 129, avenue de Choisy 75013 Paris
- ☎ 01 45 83 6115
- ⏰ 週一～日12:00～23:00
- ➡ 地鐵站Tolbiac Ⓜ⑦，沿R. Tolbiac往東走至Av. de Choisy左轉
- ᴹᴬᴾ P.223 / C2

人氣不斷的老字號河粉店，招牌菜越南特產的生牛肉河粉，加入豆芽菜、薄荷葉、九層塔，色香味美。

⑥ Mirama

- ✉ 17, rue Saint-Jacques 75005
- ☎ 01 43 54 71 77
- ⏰ 週一～日12:00～14:00，19:00～23:00
- ➡ 地鐵站Cluny La Sorbonne Ⓜ⑩，沿Bd. St.-Germain往東至R. Saint-Jacques右轉
- ᴹᴬᴾ P.33 / B3

以鴨肉料理聞名的Mirama，是拉丁區最有人氣的中餐館之一，烤鴨、牛肉炒麵都是推薦選擇。

「絕佳創作」藝術家工作室
Beau Travail

🏪 服飾、雜貨、手作飾品
✉ 67, rue de Mare 75020 Paris
📞 01 43 55 52 72
🕐 週六14:30～19:30
➡ 地鐵站Jourdain Ⓜ⑪，沿R. du Joudain
　往南至R. des Pyrénée右轉，步行至R.
　de Mare左轉
🗺 P.219 / C5

　　在貝爾維爾這個藝術家喜愛聚
集的地方，有4個時尚工作者所
組成的「絕佳創作(Beau Travail)」
工作室，免費開放給大眾參觀，
介紹她們的創作，並不時舉行展
覽。2005年4位好友決定同組工
作室並各自擁有獨立品牌，她們
分別是Delphine Dunoyer(品牌Aconit
Napel)、Céline Saby(品牌Céline Saby)、
Else Puyo(品牌Olivelse)及Séverine
Balanqueux(品牌titlee)，擅長製作配

更貼近法式設計的方法便是參觀設計師工作室

件、包包、服飾或生活用品，每
週六下午開放參觀最新且限量的
創意商品。

在塞納河上熱舞到天明
Batofar

✉ 11, quai François Mauriac 75013 Paris
📞 01 53 60 17 30
🕐 23:00開始入場
➡ 地鐵站Quai de la Gare Ⓜ⑥，出口bd.
　Vincent Auriol，沿河岸往東南走可見到
　紅色船隻
🏠 www.batofar.org
🗺 P.223 / B6

　　近密特朗圖書館的塞納河畔，
有一艘大型顯眼的紅色船舶，是
巴黎知名的夜店去處。創立於1999
年，這艘從愛爾蘭駛來巴黎的照
明船，以船上巨型的燈塔為其標
誌，提供300平方米的空間、4間酒
吧，可容納300名觀眾熱舞，音樂
類型以電子舞曲為主，讓人從午
夜一直high到天明。

法國流行的平價服飾品牌

深受年輕人喜愛的主要流行品牌,以時下最新的款式快速的上貨到架上,就跟著巴黎人的腳步來看看哪些品牌最夯最流行。

① H&M

✉ 磊阿勒商場Forum des Halles -3F
📞 01 55 34 79 99
🕐 週一～六10:00～20:00,週日休息
➡ 地鐵站Les Halles Ⓜ4

©H&M   ©H&M

1947年由Erling Persson創於瑞典,草創初期名為Hennes,在瑞典語裡指「她的」。後來收購獵槍店「Mauritz Widforss」時得到一批男裝,因此將店名改為「Hennes & Mauritz」,即H&M。以平價、流行的時裝深獲年輕人喜愛。

H&M

② Zara

✉ 45, rue de Renne 75004 Paris
📞 01 42 84 39 31
🕐 週一～六10:30～19:30,週日休息
➡ 地鐵站Saint-Placide Ⓜ4,出口R. de Rennes

被LV總監Daniel Piette稱為最有創造力也最有破壞性的零售品牌,要求「以流行商品為主、將店設立在城市精華地段、以最快方式設計產品並送貨……」這些法則讓ZARA在大街小巷中隨處可見。

③ Promod

✉ 86, av. Champs Élysées 75008 Paris
📞 01 53 53 02 30
🕐 週一～週六10:00～22:00,週日休息
➡ 地鐵站George V Ⓜ1,出口Av. Champs Élysées

1975年創立於法國,Promod走的是較為繽紛色彩的少女服飾,以舒適質料及歐風設計受到歡迎。

④ Etam

✉ 57, rue de Rivoli 75001 Paris
📞 01 45 08 13 45
🕐 週一～週六10:00～19:30,週日休息
➡ 地鐵站Châtelet Ⓜ1 4 7 11,出口r. de Rivoli

1916年由Max Lindeman創於德國柏林,目前是法國的前三大內衣品牌,以舒適且浪漫的內衣、家居服裝系列受到巴黎女子喜愛。

⑤ Celio

✉ 146-150, av. Champs Élysées 75008 Paris
📞 01 45 61 43 30
🕐 週一～週六10:00～22:00,週日休息
➡ 地鐵站George V Ⓜ1,出口Av. Champs Élysées

由Marc和Laurent Grosman成立於1985年,於巴黎聖拉札爾開立第一間店舖,以販售有質感的男裝成衣而聞名。分為Celio Rouge,以一般15～25歲年輕人為客群;及Celio Club,走high class的都會男子路線。

★其他品牌如Mango、123、Morgan、La City是走都會優雅風,DDP則有些搖滾華麗,而Jennifer則是較為年輕、活潑的路線。

特色餐飲 *Restaurant*

布列塔尼出身的明星廚師 🇫🇷
Chez Michel

🍴 套餐32€以上
✉ 10, rue de Belzunce 75010 Paris
📞 01 44 53 06 20
🕐 週一19:00～00:00，週二～六12:00～
14:00，19:00～00:00，週日休息
➡ 地鐵站Gare du Nord Ⓜ④，出口
Rue de Dunkerque沿該路走至Rue
Compiègne，直走右彎即可抵達Rue de
Belzunce

傳說教堂旁的餐廳必定美味，這間位在聖文森保羅(Saint-Vincent de Paul)教堂後方的餐館，便曾被評選為巴黎40歐元以下最好餐館Top 5之一。來自布列塔尼的主廚Thierry Breton出身廚師世家，其父親在布列塔尼就開了一間名為

Chez Michel的餐廳；他並曾在Manuel Martinez、Christian Constant等名廚手下學藝，擅長新布列塔尼地方海鮮料理。新鮮干貝(Saint-Jacques)、小螯蝦奶油濃湯(Crème de Langoustines)、鵝肝佐龍蝦奶油(Fois Gras à la Crème de Homard)、布列塔尼烤乳豬(Cochon de lait Breton)都很不錯，廚師更不私心的將其食譜出版，名為《Chez Michel的122道食譜》(122 Recettes de Chez Michel)。如果到北站火車站搭車，不妨就近在此用餐。

瘋狂酒吧 🇫🇷
Bar aux Folies

🍴 啤酒2€，咖啡1€
✉ 8, rue de Belleville 75020 Paris
📞 01 46 36 65 98
🕐 週一～六06:00～00:00，週日07:00～
23:00
➡ 地鐵站Belleville Ⓜ②⑪，出口Rue de
Belleville
🗺 P.219 / B5

道地的街坊小酒館，總是充滿下班後來喝一杯的巴黎人。以前也曾是法國香頌天后「小雲雀」Edith Piaf表演的地方。學當地人一樣坐在露天座位上喝杯現榨啤酒或咖啡，十分愜意。

山頂上的動漫咖啡館 🇫🇷
Café Animé
La Mer à Boire

🍴 咖啡2€
✉ 1/3, rue des Enverges 75020 Paris
📞 01 43 58 29 43
🕐 週一～六12:00～01:00，週日休息
➡ 地鐵站Pyrénées Ⓜ⑪，沿Rue Belleville
往西走至Rue Piat，直行至Rue des
Enverges左轉
🏠 la.meraboire.com
🗺 P.219 / C5

這裡最吸引人的便是其位於貝爾維爾公園高處的地理位置，可遠眺整座巴黎，從艾菲爾鐵塔、蒙帕拿斯大樓到聖心堂一覽無遺，來此喝杯咖啡最是享受。時常舉行漫畫展覽或與作者插畫家的座談會，每週更有時下流行的音樂節目表演。

電影城內的咖啡館 🇫🇷
Café Bibliothèque MK2

🍴 前菜或甜點+主菜+電影票套餐22€
✉ 162, av. de France 75013 Paris
📞 01 55 75 08 00
🕐 週一～五12:00～16:00，19:00～23:00，
週六～日12:00～00:00
➡ 地鐵站Quai de la Gare Ⓜ 7 ，出口沿Bd
Vincent Auriol往西至Av. de France左轉步行
5分鐘即可抵達
MAP P.223 / B5

　　設立在MK2電影城內，紅色皮
椅、搭配灰色沙發、木質圓桌，
散發出優雅的氣質，擁有眺望密
特朗圖書館的良好視野，露天座
位在夏天也相當受歡迎。餐點以
傳統的法式料理為主，如煎鮭
魚、牛排佐蛋黃醬等。想在法國
看電影，不妨到這間MK2影城，由
Martin Szekely設計的電影座椅「Love
Seat」舒適而寬敞，中間的把手還
可以收起，拉近兩人的距離！

櫻花時光 🇫🇷
Le Temps des Cerises

🍴 前菜或甜點＋主菜套餐10€
✉ 18, rue de la Butte-aux-Cailles 75013 Paris
📞 01 45 89 69 48
🕐 週一～六11:45～14:00，19:30～23:45，
週日休息
➡ 地鐵站Place d'Italie Ⓜ 5 6 7 ，沿R. de
Bobillot往南走至R. de la Butte-aux-Cailles
右轉
MAP P.223 / C1

　　這間名為「櫻花時光」鄰近義
大利廣場(Place d'Italie)的法式料理餐
廳，能吃到法國各地的名菜，炸
鱈魚餅(Acras de Morue)、普羅旺斯安
康魚(Lotte à Provençale)、佩里戈式牛
柳(Filet de Bœuf à la Périgourdine)等都值
得嘗試，配酒選擇也十分豐富。
划算的價格吸引法國人眼光，時
常客滿，記得早點去喔！

藍火車餐廳內部華麗到不可思議的**1900風格裝潢**
©Le Train Bleu

巴洛克式華麗火車餐廳 🇫🇷
Le Train Bleu

- 🍴 前菜＋主菜＋甜點＋酒套餐49€
- ✉ Place Louis Armand 75012 Paris
- 📞 01 43 43 09 06
- 🕐 週一～五07:30～23:00，週六、日 09:00～23:00
- ➡ 地鐵站Gare de Lyon Ⓜ ① ⑭，至里昂 火車站1樓

　　位於里昂車站內、奢華的巴洛克式「藍火車」餐廳，與大、小皇宮、亞歷山大三世橋同樣為1900年世博會而蓋，1972年被編列歷史古蹟。原本叫做里昂車站自助餐廳(Le Buffet de la Gare de Lyon)，1963年更名為「藍火車」，為紀念1868年行經巴黎—馬賽—尼斯—摩納哥—義大利范迪米爾小鎮的火車，挑高鑲金天花板上更有41幅沿途可見的風景畫。彷彿身在華麗而新藝術風格的火車內，享用傳統法國料理，如鴨肝醬(Fois Gras de Canard Maison)、里昂式香腸(Saucisson Pistaché à la Lyonnaise)、勃根地蝸牛(Escargots de Bourgogne)、烤羊腿(Gigot d'Agneau Rôti)、蘭姆巴巴(Baba au Rhum)，也難怪香奈兒、碧姬芭杜、達利都曾來此用餐，盧貝松更把這裡拍入他的電影《霹靂煞(Nikita)》。

巴黎最好的可頌麵包 🇫🇷
Laurent Duchêne

- ✉ 2, rue Wurtz 75013 Paris
- 📞 01 43 17 35 20
- 🕐 週一～六07:30～20:00，週日休息
- ➡ 地鐵站Glacière Ⓜ ⑥，沿R. de la Glacière往南走至R. Daviel左轉，步行至R. Wurtz

　　叱吒麵包界的師傅Laurent Duchêne，曾拿下法國最佳美食創意獎(Meuilleur Ouvrier de France)，並長期於藍帶餐飲學校擔任糕點講師。2001年在十三區開立這間麵包店，各式各樣的麵包、甜點都讓人愛不釋手。這裡香甜酥脆的可頌麵包堪稱全巴黎最好的，吃過一次永生難忘。

咬一口可頌麵包後奶油的香氣在口中慢慢散發開來

素食者的天堂

許多巴黎友人吃素的關係,我們便時常到素食選擇豐富的印度餐廳聚會。不需遠行只消搭地鐵到La Chapelle站,氣氛馬上變得與巴黎市中心不同,傳統道地的印度餐廳、商店、超市、雜貨店在此林立,自成一區,鮮艷的色彩帶些寶萊塢式的氣氛與異國情調。就到Rue du Cail附近隨意挑選一間印度餐廳吧!主菜價格差不多在6歐元左右,多種印度烤餅的選擇,如Chapati、Dosai、Parotta、Poori配上幾種香料入味的小菜,十分可口,混合許多香料,稍帶辣味是印度菜的特色;飯後品嚐一杯冰涼的拉昔奶茶,很適合夏天飲用;一塊Kesari蛋糕,或添加Masala香料的印度奶茶也很道地,這裡將徹底改變你對印度料理只有咖哩的印象。

新鮮的異國料理

印度區
Quartier Indien

➡ 地鐵站La Chapelle Ⓜ❷,沿R. du Faubourg St.-Denis往南走至R. Cail左轉

與巴黎市中心完全不同的風情,這裡不僅有印度餐廳街,甚至有各式印度超市、商店。就來這裡吃頓特別而道地的印度料理。

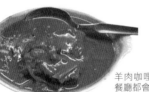
羊肉咖哩是每家印度餐廳都會有的家常菜

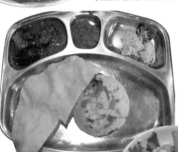
印度薄餅配上香料入味的小菜,是典型的傳統印度菜

三角蔬菜餃(Samosa du Légumes)是素食者的好選擇

➲ Krishna Bhavan

🍴 薄餅套餐6€
✉ 24, rue du Cail 75010 Paris
📞 01 42 05 78 43
🕐 週一~日11:00~22:30
MAP P.219 / A3

南印度及斯里蘭卡的素食料理,有多樣的薄餅及米飯可挑選。飯後來點傳統的Kesari蛋糕、芒果汁、印度奶茶都很不錯。

➲ Dishny

🍴 咖哩套餐8.5€
✉ 24, rue du Cail 75010 Paris
📞 01 42 05 44 04
🕐 週一~日11:00~00:00
MAP P.219 / A3

法國人也趨之若鶩的推薦選擇,多樣的套餐讓你品嚐道地的印度菜。

Kesari橘熱蛋糕是理想的飯後甜品

添加薑、糖及馬薩拉香料的印度奶茶

近郊一日小旅行

概 況 導 覽

巴黎近郊也有許多RER列車、火車可抵達的景點，列入世界文化遺產，值得參觀。最出名的自然是離巴黎20公里的凡爾賽宮，路易十四所建立的歐洲最大宮殿，精緻的建築與內部設施加上廣大的花園，安排上一日遊覽都很足夠。相對之下顯得較為浪漫嫵媚的楓丹白露宮，則是拿破崙的最愛，來此參觀拿破崙被迫簽下退位協議的白馬庭院，以及尤金妮皇后的中國文物收藏。而在島嶼與陸地之間變幻的聖米歇爾山，是法國僅次巴黎以外的熱門觀光勝地，千年修道院以及海水漲退潮的景色都讓人難忘。離巴黎坐火車只需1小時的羅亞爾河流域，則遍布舊時王宮貴族遺留下的城堡，就來此體會「堡王」香波堡的氣勢、「堡后」雪儂梭堡裡6個女人的愛恨情仇。作為莫內靈感的故居及水花園，在每年夏季開放，睡蓮、垂柳與小橋構成了一幅印象派畫作的真實景象。有水上城堡之稱的香堤伊堡，因貌似《達文西密碼》中的李伊爵士堡而開始聲名大噪。擁有千年教堂的小鎮夏特，在參觀古蹟之餘別忘了品嚐此地的美食。梵谷生前最後待過的小鎮奧維，則依然瀰漫著上個世紀的風情。

One day trip

巴黎近郊景點地圖

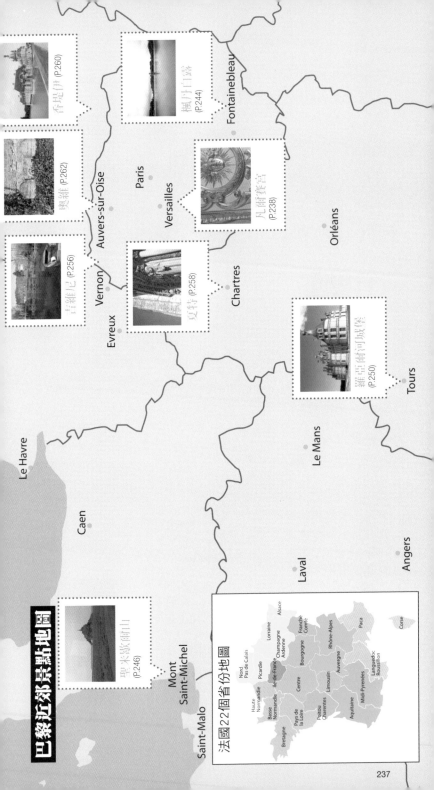

存堤什 (P.260)

楓丹白露路 (P.244)
Fontainebleau

奧維 (P.262)

凡爾賽宮 (P.238)

吉維尼 (P.256)

夏特 (P.258)

羅亞爾河城堡 (P.250)

Paris

Versailles

Auvers-sur-Oise

Vernon

Evreux

Chartres

Orléans

Le Havre

Tours

Le Mans

Caen

Laval

Angers

Mont
Saint-Michel

Saint-Malo

聖米歇爾山
(P.246)

法國22個省份地圖

Nord
Pas de Calais

Picardie

Lorraine

Alsace

Champagne
Ardenne

Île-de-France

Franche
Comté

Bourgogne

Rhône-Alpes

Paca

Corse

Haute
Normandie

Basse
Normandie

Centre

Limousin

Auvergne

Bretagne

Pays de
la Loire

Poitou
Charentes

Midi-Pyrénées

Aquitaine

Languedoc
Roussillon

凡爾賽宮 *Château de Versailles*

象徵太陽王路易十四權力巔峰的宮殿，是法國人心目中君王時代的代表，1979年被列入世界文化遺產。

距離巴黎20公里，車程30分鐘

時間彷彿在此凝結的冬日湖畔

宮殿
Le Château

- ✉ Château de Versailles Place d'Armes 78000 Versailles
- ☎ 01 30 83 78 00
- ⏰ 週二～日旺季4～10月09:00～18:30，淡季11～3月09:00～17:30，週一休息
- € 一日通票(Passeport)包含宮殿、大小翠安儂宮、花園門票、中文語音導覽18€；4～10月水舞季通票25€；單買宮殿門票15€，每月第一個週日免費 [Pass]
- ➡ 自巴黎搭乘(RER)ⓒ線VICK列車，往Versailles Rive Gauche方向，在終點站Versailles Rive Gauche下車，出車站後右轉順著指示牌步行5分鐘即可抵達
- 🏠 www.chateauversailles.fr

位於巴黎西南方伊夫林省(Yvlines)凡爾賽鎮的凡爾賽宮，占地約110公頃，其中花園就占了100公頃。建築形式以古典主義為主，內部裝飾以巴洛克風格居多。這座無與倫比的宮殿在建成後引起歐洲其他君王的跟進，例如德國的波茲坦忘憂宮(Sanssouci)、俄國夏宮(Summer Palace)、維也納麗泉宮(Schönbrunn Palace)等均仿照凡爾賽宮的形式。

93
Seine
Saint-Denis

78
Yvelines

Paris

92
Hauts
de Seine

94
Val-de-Marne

Versailles

凡爾賽宮的誕生

1623年時這裡還只是片森林與沼澤，路易十三買下後建了座狩獵行宮。當時法國最有錢的人財政大臣富給(Fouquet)，花費5年建設其富麗堂皇的沃子爵城堡(Château Vaux-le-Vicomte)，為博得君王歡心，他舉辦盛大的晚會邀請路易十四蒞臨，然而該晚的煙火卻是富給最後見到的燦爛。幼年目睹貴族叛變，發誓絕不讓此事再重演的路易十四，見到竟有人比國王還富有，感到相當

嫉妒，便找了罪名逮捕給，下放巴士底監獄，並將修建城堡的設計師三人組：負責建築的勒沃（Louis Le Vau）、負責花園的勒諾特（André Le Nôtre）及負責雕像、裝潢的勒布倫（Charles Le Brun），找來修建凡爾賽宮。默契甚好的三人在杜樂麗工作室時便是同學，攜手打造這棟象徵法國極盛時期的偉大宮殿。

路易十四：給我一些更法國的東西！

　　勒沃首次戰戰兢兢展示的設計，過於義大利文藝復興式，並沒有讓太陽王滿意，路易十四要一些更法式的設計，並同時要保留他父親路易十三的行宮用以回憶。勒沃便重新以路易十三的狩獵行宮為基礎，在其西、北、南三面加蓋宮殿，讓凡爾賽宮成為一棟四面的建築，原行宮東面作為主要入口。勒沃過世後，由蒙莎（Jules Hardouin Mansart）繼任主要建築師，增添禮拜堂、南北翼，及宮前大道，並修建凡爾賽鎮讓人民前來居住。宮殿於1661年開始建設，1689年完成，花園部分直到1710年才完工。其後路易十四為其情婦增建大翠安儂宮及馬利宮，路易十六則為其瑪麗皇后擴建小翠安儂宮、瑞士農莊。

　　歷經巴黎平民暴動與17世紀的投石黨叛亂後，讓路易十四下定決心在1682年正式將王宮從羅浮宮遷至凡爾賽宮，並強迫他的貴族一起遷到這裡好監視他們、削弱他們的勢

知識充電站

路易十四（1638～1715）
Louis XIV

法國史上最出名且在位最久的君王，一共執政72年。他有一名雙胞胎兄弟一生都被關在牢裡，戴上面具，曾為大仲馬所改寫為《鐵面人》小說。5歲時登基，由母親及主教攝政。他命人創立法國第一間芭蕾舞學校，並親自演出希臘太陽神阿波羅，因此後世稱他為「太陽王」。路易十四本身相當注重禮儀，用餐禮儀便是他所創立，喜歡蓄長髮的習慣，要求宮中人士都得戴假髮；從小跳芭蕾的關係，他時常穿著蕾絲褲襪，高跟鞋更是他所發明，這些都可以在凡爾賽宮內的路易十四畫像上得見。

力。頓時這裡成為歐洲最大最豪華的宮殿，全盛時期王室有36,000多人在此居住。直到1789年法國大革命爆發，路易十六被人民挾持搬回巴黎，才結束了此處的君主極權時代。

旅行小抄
避免排隊的祕訣
旅遊旺季時的凡爾賽宮門前可是大排長龍！不想在大熱天排隊，除了購買博物館卡（Museum Pass）可免排隊快速通關外，也可利用凡爾賽宮線上購票系統預先訂票，省去排隊之苦。

billetterie.chateauversailles.fr/online

239

參觀重點

入口 Entrée

大門為蒙莎所設計，鑲有王室徽章；進中庭後有一座路易十四的雕像，原本有一座以此雕像為起始點的柵門。

太陽下閃爍金光的柵門

大理石庭院 Cour

原為路易十三所蓋的行宮，還保有粉紅色的磚牆，地面用粉紅色大理石裝飾。庭院1樓為瑪麗皇后的私人房間與沙龍，2樓為國王的寢室。

皇家禮拜堂 Chapelle Royale

鑲金鋪白大理石的高貴教堂，上層給國王、皇室使用，下層給臣子使用。路易十六與瑪麗安東奈特的婚禮便是在此舉行。

維納斯廳 Salon de Vénus

金星廳，此處原有一整套的銀製家具，用於擺放宴會時的點心與水果，因戰爭需要都被熔鑄。

狄安娜廳 Salon de Diane

月神廳，以各種精美瓷器裝飾，原是路易十四作為撞球室之用。房內有一尊路易十四的半身雕像。

戰神廳 Salon de Mars

火星廳，以各項戰爭功績來作裝潢，因作為舞會廳之用，因此也稱為宴會廳。

阿波羅廳 Salon d'Apollon

天花板上有著太陽神馬車壁畫的阿波羅廳，舊時是國王純銀御座所在，用於接見重要的賓客，後因戰爭需要在1689年被熔鑄。

戰爭廳 Salon de la Guerre

此廳中下方由兩尊金色奴役雕像所支撐，上方兩尊天使圍繞的路易十四橢圓形浮雕，為紀念荷蘭之戰的勝利。戰爭廳也展示許多路易十四征服各國功績的油畫。

鏡廳 Galerie des Glaces

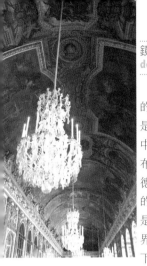

華麗無比的鏡廳，曾是普法戰爭中，德國宣布在此成立德意志帝國的地方，也是第一次世界大戰後簽下「凡爾賽條約」之處。天花板裝有24個波西米亞水晶燈及讚頌路易十四的繪畫，17面巨大的鏡子，白天時反射花園中的景象，晚上時則與燭火相映，浪漫無比。

知識充電站

鏡廳的小祕密

在路易十四時代，法國尚未掌握製作鏡子的技術，首先發明出水銀玻璃鏡子的是威尼斯的工匠，義大利政府因此嚴格規定洩露製作機密的人將處以死刑。路易十四便用大筆金錢收買威尼斯工匠，誘惑其透露製作的祕密，成功製作出華美無比的鏡廳。

凡爾賽宮中最華麗的鏡廳

和平廳 Salon de la Paix

裝飾風格與鏡廳相似，表達戰爭之後的和平盛況，掛有一幅《路易十五創造和平》的油畫。

國王房間 Chambre de Roi

作為太陽王，路易十四要求國王的房間位於凡爾賽宮正中央，並面向東方望見太陽升起。想像當年國王起床，早晚朝便是在此舉行，目前恢復成1715年路易十四駕崩的樣子。

牛眼間 Œil de Bœuf

狀似牛眼的小窗

貴族及親王的候見室，就位在國王房間南邊，以牆壁上橢圓形窗口得名。1789年法國大革命時，瑪麗皇后便是由此逃入國王的房間。

皇后房間 Chambre de la Reine

皇后的套房一共有7個房間，以前皇后產子時是可以「參觀」的，這是為確保嬰兒的確是由皇后所生。房間充滿了浪漫氣息，床鋪上方裝飾的羽毛相當高雅而有貴氣。

貴族間 Salon des Nobles

王后用來接見新入宮女賓的地方，瑪麗皇后在1785年改裝，飾有蘋果綠的壁紙及金色的飾條。

華麗的夜間水舞季，照耀著數百年以來的繁榮

©Château de Versailles

花園
Les Jardins

- 🕐 花園4～10月08:00～天黑，11～3月 09:00～17:30；水舞秀4月4日～10月25日間的每週末及例假日09:00～17:30及5月12日～6月23日間每週二09:00～17:30
- 💶 免費；有水舞秀時全票8€，學生6€，一日通票含宮殿、花園及水舞秀25€

天氣好的話，租一艘小船來體會泛舟樂趣

湖上優游的白天鵝

最完美的法式花園

　　這座由景觀設計師勒諾特(André Le Nôtre)設計，展現法式對稱美學的幾何花園，被稱為最完美的法式花園。全盛時期曾有1,400多座噴泉，如今剩下300多座，以中心的阿波羅噴泉最出名。其中的大運河在路易十四時期便時常舉行泛舟宴會，目前亦可租船體驗湖上划船的樂趣。花園在夏季(4～10月)會有大型音樂水舞表演(Les Grand Eaux Musicales)，壯觀而華麗，7、8月時更會推出夜間燈光水舞秀。

©Château de Versailles

凡爾賽宮水舞季是夏季夜晚盛事

位於凡爾賽宮的花園裡，大翠安儂宮是國王心煩時的離宮

大翠安儂宮
Grand Trianon

- ⏰ 4～10月週一～日12:00～18:30，11～3月至17:30
- € 與小翠安儂宮聯票，淡季6€；旺季10€

國王的忘憂行宮

　　路易十四為其情婦曼德儂夫人(Madame De Maintenon)所建，以粉色大理石的廊柱外觀最為明顯。國王有時厭倦了凡爾賽宮的繁文縟節也會到此居住，拿破崙也曾於此居住。

路易十六的皇后瑪麗安東奈特

小翠安儂宮
Petit Trianon

- ⏰ 4～10月週一～日12:00～19:00，11～3月至17:30
- € 與大翠安儂宮聯票，淡季6€；旺季10€

瑪麗皇后的後花園

　　路易十五的離宮，為其情婦龐巴朵夫人所建，後來瑪麗安東奈特皇后增建了英式花園及農莊、愛人殿、王妃之家，她時常在此與宮女養雞養鴨、種田織衣嚮往著農村的生活。

楓丹白露 *La Fontainebleau*

由一座八角噴泉得名的楓丹白露宮，景色如同名字一般優美浪漫，於1981年被列入世界文化遺產。

距離巴黎60公里，車程1小時

楓丹白露宮
Le Château

✉ Château de Fontainebleau 77300 Fontainebleau
📞 01 60 71 50 60
🕐 10～5月週一～日09:30～17:00，6～9月至18:00，週二休息
💶 全票11€，18～25歲9€，閉館前一小時半價，每月第一個週日免費
➡ 自里昂車站(Gare de Lyon)搭乘往Montagis方向的火車，需時約40分鐘，至Fontainebleau Avon站下車，出口轉A線公車(Bus ligne A)
🏠 www.musee-chateau-fontainebleau.fr

位於巴黎東南方60公里的楓丹白露宮(Fontainebleau)，法文原意為「藍色噴泉」，因該地有一座八角小泉，泉水清澈優美。從12世紀起，路易六世在泉水旁修建城堡，作為狩獵行宮，偏愛楓丹白露的法蘭索瓦一世將這裡改建為有義大利文藝復興風格的建築，請來義大利畫家繪製繪畫，並因此產生了楓丹白露畫派。此外，《蒙娜麗莎》在羅浮宮展出之前便是收藏在這裡。共有1,500餘間房間的楓丹白露宮，可分為大套間(Grands Appartements)、帝王套間(Grands Appartements des Souverains)、小套間(Petits Appartements)、拿破崙一世博物館、中國館。亨利二世修建了入口白馬庭院的馬蹄型階梯，並於路易十五世時重新整建；拿破崙偏愛這裡，與約瑟芬在此居住了很久一段時間，卻也是在1814年他於楓丹白露的白馬庭院被逼簽字讓位，發表告別演說。整座宮殿被楓丹白露森林所圍繞，是法國目前最大的森林，廣達16,855公頃。

參觀重點

白馬庭院　Cour du Cheval Blanc

有著拿破崙徽章所飾的榮譽之門，以1626年修建的白馬雕像得名。拿破崙被逼退位時在此發表告別演說，因此又稱為「告別庭院(Cours des Adieux)」。其馬蹄形階梯是文藝復興時期最重要的對稱型階梯。

舞會大廳　Salle de Bal

挑高宏偉的舞會大廳，曾舉辦過許多大型宴會，以其拱廊與壁畫著名，帶有濃厚義大利風格。

法蘭索瓦一世走廊　Galerie François 1er

16世紀左右由義大利工匠為法蘭索瓦一世所興建，64米長，是目前法國保存最完好的文藝復興風格走廊。

御座殿　Salle du Trône

16世紀起一直為國王的房間，也是楓丹白露宮最重要的房間，1808年為拿破崙改為國王御座所在的地方。

氣勢磅礡的御座殿

中國館　Salon et Musée Chinois

位於宮殿1樓，藏有英法聯軍後自中國帶回的圓明園寶物，為尤金妮皇后所建立。

拿破崙博物館　Musée de Napoléon 1er

1986年起對外開放，可以參觀第一帝國時期的雕刻、繪畫與家具，以及拿破崙家族相關文物。

英國花園　Jardin Anglais

原本是法蘭索瓦一世所修建的小松樹園，後經拿破崙命人整建成英式花園，其中的八角泉即是楓丹白露命名由來。

巴比松畫家村

➡ 在楓丹白露宮旁A線公車站搭乘21號公車往Barbizon，只有週三、六行駛

1830～1860年法國興起了巴比松畫派的鄉村繪畫風格，主要的畫家有米勒、盧梭等，以風景畫為主，全盛時期有80名畫家在此駐村。如今巴比松仍保持19世紀的面貌，在此悠閒的散步，尋找米勒當年畫下《拾穗》的田野。

聖米歇爾山 *Le Mont St.-Michel*

在孤島與陸地之間變幻的聖山，聖米歇爾山是法國僅次於巴黎的熱門景點，每年有300萬觀光客到此參觀。在1979年被列入世界文化遺產。

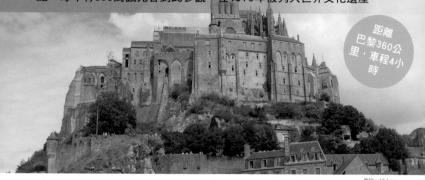

距離巴黎360公里，車程4小時

聖米歇爾山
Le Mont Saint-Michel

✉ 50170 Le Mont-Saint-Michel
☎ 02 33 60 14 30
€ 修道院全票9€，18～25歲7€
➡ 自巴黎Gare Montparnasse車站乘火車至Rennes下車，需2小時，出站後可在右方巴士總站轉乘直達巴士，前往聖米歇爾山，車程約需2小時(全票15歐元，26歲以下75折)
🏠 www.ot-montsaintmichel.com

聖米歇爾山位於諾曼第及布列塔尼之間，處在一片霧氣縹緲、潮水洶湧的沙地。漲潮時，三面海水將它圍繞，只剩一條長堤與陸地相連，它成了與世隔絕的孤島；退潮時，海水散去，聖米歇爾山又從海島變回了陸地。

「聖米歇爾」(Saint-Michel)是《聖經》中的大天使，衡量人類的靈魂、帶領人們進入天堂並守護天堂入口。據說西元8世紀時，阿弗宏許(Avranches)地方主教歐貝爾夢見聖米歇爾天使，要他在海岸石堆上建立修道院。起初主教並不以為意，直到第三次夢見天使，在主教頭上戳了個洞，他才趕緊開始動手修建。聖米歇爾山所在地原是名為西西(Scissy)的森林，海水沖積後形成花崗岩小島，千年來抵抗著海浪侵蝕而屹立不搖。

13世紀時聖米歇爾山曾作為要塞，百年戰爭期間抵抗英軍攻擊，更讓它的城牆越發堅固，也曾作為監獄之用，有海版巴士底之稱。沿著這座圓錐型小島上的路徑往上走，可登上千年修道院參觀隱修士們的禮拜堂、食堂與迴廊，沿途紀念品、飲食店充斥，熱鬧非凡。

聖米歇爾天使雕像

參觀重點

王之門 Porte du Roi

聖米歇爾山的城門,有一道壕溝、一座吊橋、和狼牙閘門,讓攻城變得非常困難。

大路 Grand Rue

登上聖米歇爾山的主要路徑,沿途均為餐廳及紀念品店。

護衛廳 Salle de Gardes

沿著堅固的岩石階梯,往朝聖之路前行。

大階梯 Chapelle Royale

90級的石階是登上修道院的第一道考驗,需要好體力來走完。

西側露台 Terrasse de l'Ouest

可眺望海水與沙灘的風景優美之處,靜靜在此感受聖米歇爾山之美。

修道院 Abbaye

修建在小島中央的修道院,其上有1尊金箔打造的聖米歇爾大天使雕像。

©Pin-Yi Lee

迴廊 Cloître

是散步、聊天或冥想的場所，有著漂亮的三角廊柱，其上飾有花葉雕刻。

美麗的迴廊最適合於此合影留念

巴黎至聖米歇爾山交通時刻表

🚌 巴士查詢：www.keolis-emeraude.com

去程

火車			
Paris	07:05	09:05	10:05*
Rennes	09:08	11:08	12:08
巴士			
Rennes	09:30	11:30	12:30
St-Michel	10:50	13:00	14:00

*週日及例假日班次

回程

巴士			
St-Michel	09:30	14:30	17:15
Rennes	10:50	15:50	18:45
火車			
Rennes	11:05	16:05	19:05
Paris	13:25	18:25	21:10

如有異動，請依當地公告為準

食堂 Réfectoire

13世紀初期所建設的食堂，有著半圓拱頂，可想像僧侶們進行嚴謹的宗教晚餐儀式。

騎士廳 Salle de Chevaliers

因聖米歇爾騎士團而得名，哥德風格的穹頂，可見僧侶用來取暖生火的煙囪。

旅行小抄

聖米歇爾山住宿情報

想要觀賞漲潮退潮的奇景，選擇在島上住宿是最適合的方式。

Hôtel Le Duguesclin ★ ★
📞 02 33 60 14 10
🕐 3月底至11月初開放
💶 10間客房69～84€
@ hotel.duguesclin@wanadoo.fr
🌐 www.hotelduguesclin.com

Hôtel du Mouton Blanc ★ ★
📞 02 33 60 14 08
💶 15間客房90～120€
@ hotel@lemoutonblanc.fr
🌐 www.lemoutonblanc.fr

Logis Saint-Sebastien
📞 02 33 60 14 08
💶 5間客房45～65€
@ contact@logis-saint-sebastien.com
🌐 www.logis-saint-sebastien.com

Hôtel Saint-Michel
📞 02 33 60 02 16
💶 6間客房75～85€
@ contact@hotel-saintmichel.com
🌐 www.hotel-saintmichel.com

聖米歇爾山

旅行小抄

人氣商品！布拉媽媽餅乾

聖米歇爾山到處都看得見「布拉媽媽」(La Mère Poulard)的招牌，餐廳建於1888年，以熱騰騰的蛋餅(Omlette)最著名，而其香氣誘人的蛋黃餅乾，用印有聖米歇爾山美景的小鐵盒裝著，則是上山朝聖後人手一盒的伴手禮。

比臉還大的烘蛋

餅乾上有聖米歇爾山的紋路喔！

爬上城牆，遠眺這座海盜城的海景

聖馬洛
Saint-Malo

➡ 自巴黎Gare Montparnasse車站乘火車至 St-Malo，約需3小時

www.saint-malo-tourisme.com

離聖米歇爾山不遠的聖馬洛，位於布列塔尼地方，是舊時一處重要的軍港，因國王授權海盜可在此活動，也有海盜城之稱，每年吸引20萬的觀光客到此觀光。沿著舊城的城牆散步，可眺望壯麗的海景，天氣好時相當迷人，也不妨在城中找一處歇腳，享用海鮮大餐。

聖馬洛至聖米歇爾山交通時刻表

巴士查詢：www.keolis-emeraude.com

去程

12號ILLENO巴士		
St-Malo	09:40	16:30
Pontorson	11:05	17:50
6號MANEO巴士		
Pontorson	11:27	17:58
Mont St-Michel	11:40	18:11

回程

6號MANEO巴士		
Mont St-Michel	09:17	15:45
Pontorson	09:35	16:03
12號ILLENO巴士		
Pontorson	09:55	16:25
St-Malo	11:10	17:40

如有異動，請依當地公告為準

羅亞爾河城堡 *Les Châteaux de la Loire*

遠離塵囂又不會離巴黎太遠，是貴族愛在羅亞爾河流域修建城堡的原因。約42座中世紀城堡被保存下來，於2000年列入世界文化遺產。

距離巴黎200公里，車程2小時

©CDT Tourai

香波堡
Château de Chambord

- ✉ Château de chambord 41250 Chambord
- ☎ 02 54 50 40 00
- ⏱ 10～3月09:00～17:15，4～9月 09:00～18:15，7～8月至19:15
- € 全票11€，18～25歲9€
- 🏠 www.chambord.org

羅亞爾河流域最壯觀的城堡——香波堡

　　羅亞爾河城堡群中最壯觀的城堡非香波堡莫屬，向來有著「堡王」的稱號。1519年由文藝復興之父法蘭索瓦一世(François 1er)開始修建。當時國王年僅24歲，在這處廣闊的森林、泥沼地打造一座狩獵用的行宮，彰顯法國的國力強大，是他畢生夢想。香波堡融合義大利古典主義與法國哥德風格特色，中間為正方形的古堡，兩旁按照黃金比例延伸出4座圓錐塔樓，內部共有282個煙囪、77座樓梯、426個房間，然而法蘭索瓦一世直到辭世前僅在香波堡過了72夜，也沒能見到香波堡完工，直到路易十四1684年才將它修成。圍繞香波堡四周廣達5,500公頃的花園與森林，足有巴黎市區20個行政區加起來的大小，光是城牆就達32公里，是法國最長的城牆，林中有著野豬、馴鹿、山兔等動物，屬於野生動物保護區。

參觀重點

浮雕天花板 Voûte à Caissons

　　香波堡的2樓天花板有一處國王精心設計的傑作，拱廊造型的天棚上共有超過400個浮雕，盡是由法蘭索瓦一世的縮寫「F」及他的王室象徵徽章「火蜥蜴」所構成，十分壯觀。

One day tour

雙層旋轉樓梯 Escalier à Double Révolution

有雪河流過顯得嫵媚的雪儂梭堡

可供兩人同時上下，無法碰面只能透過中央的空隙對望的雙層旋轉樓梯，是達文西的著名設計，據說讓貴族與情婦在此相望卻不相遇，更有情調，同時也讓敵人進攻時國王能沿著同一條樓梯逃跑。

塔頂露台 Terasses

可讓貴族欣賞廣大的庭園、狩獵森林以及日落的美景。

雪儂梭堡
Château de Chenonceau

- ✉ Pl. de la Mairie 37150 Chenonceau
- ☎ 02 47 23 90 07
- ⏰ 4～10月09:00～19:30，11～3月 09:00～18:00
- € 全票12.5€，7～18歲和學生9.5€
- 🏠 www.chenonceau.com

穿過種滿楓樹的步道，來到依偎著羅亞爾河支流「雪河(Rivier Cher)」的雪儂梭堡，與香波堡比起來更顯得浪漫柔情，被稱為「堡后」。最早建立於1411年，包含哥德、古典及文藝復興建築樣式，其中文藝復興的家具及16、17世紀的地毯最是珍貴，地下廚房掛滿各式銅鍋，還有窗口從雪河上領取補給船的新鮮食材，嗅得出從前生活的氣息。

旅行小抄

參觀古堡必知的4個logo

皇家鳶尾花
法國國花，自12世紀起便出現在國徽上，也普遍地使用在代表皇室的相關建築、加冕袍、權杖上。

HDC
代表亨利二世的H、皇后凱薩琳的C、及情婦狄安娜的D，說明了三角戀的關係。

火蠑螈
法蘭索瓦一世曾說，「我點燃良知的火焰，熄滅惡習的火焰。」傳說能浴火重生的火蠑螈，出現在香波堡有800多次。

蠔豬
代表路易十二的蠔豬，在其偏愛的布洛瓦堡中可見到。

提起這座堡后背後的愛恨糾葛更為人津津樂道。亨利二世將這座城堡送給大他20歲的情婦狄安娜（Diane de Poitiers），堡內可見其著名徽章——代表亨利的H、原配凱薩琳的C，仔細瞧還會發現其中所隱藏代表狄安娜的D。亨利二世過世後，凱薩琳皇后出於嫉妒，便將狄安娜趕至北邊的秀蒙堡（Château de Chaumont-sur-Loire），入主雪儂梭堡，在長橋上修築長廊舉行宴會；她喜愛烹飪，將雪儂梭堡的廚房整建得有模有樣；又修建凱薩琳花園，與原本的狄安娜花園一較高下。在凱薩琳過世後，雪儂梭堡交給其媳婦亨利三世的皇后露易絲管理，時常著白衣禱告有著白衣皇后（Reine Blanche）之稱的露易絲在亨利三世過世後，將其位於3樓的房間漆成充滿哀傷的黑色，度過餘生。一戰時雪儂梭堡曾成為收容傷兵的醫院，現屬於莫尼葉（Menier）家族所有，依然在雪河畔細數著愛恨情仇。

©Stevens Fremont

狄安娜的房間裡卻掛上凱薩琳的肖像

旅行小抄

雪儂梭堡的6個女人

1.凱薩琳 Catherine Briçonnet
管理城堡期間1496～1499 / 1513～1526

查理八世、路易十二、法蘭索瓦一世稅務大臣湯姆斯（Thomas Bohier）之妻，在丈夫購買雪儂梭堡後負責管理與修建，建構了城堡的雛型。

2.狄安娜 Diane de Poitiers
管理城堡期間1547～1559

年長亨利二世20歲的家庭教師及情婦，對情敵凱薩琳也多方協助，試圖維護這段三角關係。卻在亨利二世過世後被趕出城堡，回到家鄉諾曼第抑鬱而終。

3.凱薩琳 Catherine de Médicis
管理城堡期間1559～1589

亨利二世的皇后，出生於義大利佛羅倫斯，將義式時尚、建築、美食帶入法國，興建杜樂麗宮，並修建羅浮宮，卻也是法國史上最愛玩弄權術的皇后。在亨利二世過世後將城堡自狄安娜手中奪回，修建長橋上的長廊及凱薩琳花園。

4.露易絲 Louise de Lorraine
管理城堡期間1589～1601

亨利三世的皇后，在得知亨利三世遭暗殺後，便將雪儂梭堡內3樓的臥房漆成黑色，終日穿著白色孝服在內祈禱，度過餘生。

5.杜邦夫人 Madame Dupin
管理城堡期間1733～1769

作家喬治桑的曾祖母，喜愛文學與藝術經常在此舉行沙龍，盧梭、孟德斯鳩都是嘉賓。大革命期間，雪儂梭堡免於受到掠奪是由於杜邦夫人受到鄉民敬重，以及私下付出不少捐助所致。

6.普魯茲夫人 Madame Pelouze
管理城堡期間1864～1891

文藝界的貴婦，購買下雪儂梭堡後重新整建，恢復成狄安娜和凱薩琳時代的模樣。

©2006-CDT Touraine

達文西故居——克羅呂塞堡
Château de Clos Lucé

- ✉ 2, rue Clos Lucé 37400 Amboise
- ☎ 02 47 57 00 73
- ⊙ 1月10:00～18:00，2～6月09:00～19:00，9～10月09:00～19:00，11～12月09:00～18:00
- € 全票淡季12€，旺季14€；學生淡季10€，旺季12.5€
- ⌂ www.vinci-closluce.com

克羅呂塞堡建於12世紀，是法國文藝復興運動的代表建築之一。法王重金將達文西自義大利請來法國修建香波堡，給他優渥的生活條件在此無憂無慮的思考、做夢和工作。生前最後3年時光，達文西便居住在這座羅亞爾河畔的克羅呂塞堡，直到1519年

©CDT Touraine

辭世，留下《蒙娜麗莎》等3幅畫作。參觀重點在於達文西的臥房，有著文藝復興式的床鋪及壁爐，還可參觀廚房、工作室以及接待客人的沙龍。遍植花草、有著小橋的花園可見到達文西的模型發明。

有文藝復興之父之稱的法蘭索瓦一世

昂布瓦思堡
Château d'Amboise

- ✉ Rampe du Château 37400 Amboise
- ☎ 02 47 57 00 98
- ⊙ 11～2月09:00～12:30，3～10月09:00～17:30
- € 全票10.9€，學生9.4€
- ⌂ www.chateau-amboise.com

昂布瓦思堡為舊時昂布瓦思(Amboise)王朝所在地，法蘭索瓦一世小時候便曾在此度過。這裡居於略高的地勢，可俯視羅亞爾河河畔及昂布瓦思市區的迷人風情。文藝復興的樣式融合了哥德式的細部尖頂修飾，十分特殊而精緻。當年法蘭索瓦一世說服達文西至法國定居，住在附近的克羅呂塞城堡，據說兩堡間還有密道相通。一代天才逝世後，便安葬在昂布瓦思堡的禮拜堂，因此達文西迷必定要前來朝聖。

©Château de Cheverny

羅亞爾河的美酒美食

©2005 CDT Touraine

舍維尼堡
Château de Cheverny

- ✉ 1, av. Château 41700 Cheverny
- ☎ 02 54 79 96 29
- ⏰ 9～3月09:45～17:00，4～8月 09:15～18:15
- € 全票10€，7～25歲和學生7€
- 🏠 www.chateau-cheverny.fr

　　離香波堡不遠，適合順道參觀的舍維尼堡，建於1634年，數個世紀以來一直為出過許多朝臣的名門羽侯(Hurault)家族所管理經營，至今也仍居住在古堡裡。17世紀的城堡中有著19世紀的收藏與裝潢，堪稱羅亞爾河城堡中最精緻的一座。1922年起開放民眾參觀，並有一處生意盎然的花園。喜愛法國漫畫「丁丁」(Tintin)的人應該都熟知一座Moulinsart城堡，這座城堡的原形便是作者取自舍維尼堡而畫，在此便設有丁丁博物館，專門展出丁丁相關擺設與臥室。

　　羅亞爾河除了有豐富的城堡遺跡，此區更是法國著名的**葡萄酒**產區，在河沿岸的安茹(Anjou)、錫儂(Chinon)、土漢(Touraine)、索慕(Saumur)、桑賽(Sancerre)都擁有悠久的葡萄種植歷史。此區有68種以上產區管制酒(AOC)，著名的紅酒包括Anjour Gamay、Chinon、Saumur，以及白酒Muscadet、Vouvray、Montlouis等，當地旅行團除了參觀古堡，也提供順道參觀酒莊的行程。

　　美酒不能缺少美食相襯，杜爾地區知名的料理為巴爾扎克暱稱棕色果醬的「**豬肉醬(Rillettes de Tours)**」，塗抹在麵包上作為前菜享用；河岸的海產也甚為鮮美，如**白斑狗魚(Esox Lucius)**、紅酒燴魚都值得嘗試；飯後來盤當地盛產的**羊乳酪(Fromage de Chèvre)**更是道地。

©Château de Cheverny

One day tour

其他古堡列表

布洛瓦堡Blois

布洛瓦堡是文藝復興時代法國國王最愛的皇家城堡之一，到處有著皇室百合花徽章，曾住過7個國王及9位皇后，留下不同時代的建築形式。正門有路易十二的雕像、法蘭索瓦一世蓋有一處旋轉樓梯，凱薩琳皇后在此逝世，可參觀她的毒藥罐。吉斯公爵亦是於此被亨利三世暗殺。

秀蒙堡Chaumont-sur-Loire

位於羅亞爾河畔，與昂布瓦思（Amboise）、蒙特里夏（Montrichard）形成金三角的秀蒙堡，便是亨利二世皇后凱薩琳將情敵狄安娜趕出雪儂梭堡的交換條件，然而善於管理的狄安娜使秀蒙堡的稅收遠遠超過雪儂梭堡，並在城堡到處留下她的個人標誌。

于塞堡Ussé

于塞堡給了17世紀法國作家佩羅（Charles Perrault）靈感，寫出《森林的睡美人》的故事，童話一般的城堡就座落在席儂森林邊，等待王子的到來。

旅行小抄

杜爾當地行程

🌐 www.ligeris.com

小巴遊古堡

參觀城堡最方便的方式是搭乘火車至杜爾（Tours）再參加當地旅行團，自杜爾出發前往各座古堡，分有早上、下午的半日遊或全日遊的行程。最值得參加的自然是香波堡加上雪儂梭堡的綜合半日遊。可事先電話預約或至杜爾旅客服務中心訂購相關行程，半日遊參觀2座古堡約在20～27歐元，全日遊參觀4座古堡約50歐元，需注意行程報價不含城堡門票費用。

旅行社名稱	連絡方式
Acco-dispo	06 82 00 64 51
	contact@accodispo-tours.com
	www.accodispo-tours.com
Quart de Tours	06 30 65 52 01
	qdt@quartdetours.com
	www.quartdetours.com
Alienor excursion	06 10 85 35 39
	detoursdeloire@orange.fr
Saint-Eloi excursions	06 70 82 78 75
	contact@chateauxexcursions.com
	www.chateauxexcursions.com

吉維尼 *Giverny*

印象派大師莫內自1883年搬進吉維尼(Giverny)小鎮，
一直住到1926年逝世為止，一共43年的時光在此度過。

距離巴黎75公里，車程1小時

莫內之家
Maison de Claude Monet

- ✉ 84, rue Claude Monet 27620 Giverny
- ☎ 02 32 51 28 21
- 🕐 4月1日～11月1日09:30～18:00
- € 全票9.5€，7歲以上和學生5.5€
- ➡ 自巴黎Saint-Lazard車站搭往Rouen方向的火車，在Vernon下車，車站出口右前方乘直達巴士約15分鐘抵達
- 🏠 www.fondation-monet.com

　　出生於巴黎，在海港都市勒阿芙爾(Le Havre)長大的莫內(Claude Monet，1840～1926)，其生長背景讓他一生的畫作與生活都離不開水域。莫內在晚年欲尋找一處可作畫與生活的地方居住，在4月中的陽光午後，他自巴黎乘火車到維儂(Vernon)，步行至吉維尼小鎮，塞納河匯入此處形成的池塘與沼澤風情讓他深深著迷，便帶著妻子及一家人住進來，在租賃7年後買下這棟別墅。

參觀重點

莫內之家 **Maison de Claude Monet**

　　這棟迷人的建築是莫內當初與第二任夫人Alice Hoschedé及其孩子們的故居，遍植花草的外觀、大門與窗框均漆成綠色。一樓右手邊有著漆成黃色的食堂、掛滿銅鍋的藍色廚房，左手

以花草裝飾的大門

邊則是莫內的第一工作室，掛有《印象・日出》等畫作。二樓則有夫人Alice的房間、莫內的臥室，據說他心情不好時會選擇不經過其他地方，直接從花園祕道回到自己的房間沉思。莫內之家飾有為數驚人的日本浮世繪版畫，是他從1870年開始的收藏，花園的造景也受此啟發，有著濃厚東洋風

知名的《印象·日出》

格。從莫內的臥室窗台便可以遠眺花園，分外迷人。

水花園 Jardin d'Eau

喜歡親自打理大小瑣事的莫內，對花園的造景亦不假手他人，為了引水入園，他花了很多心思跟政府打通關係，最後才申請成功。身為一位印象派畫家，他把對顏色的敏感力運用在園藝造景上，園中的鳶尾花、玫瑰、向日葵等每一種花的顏色都經過莫內的細心挑選與搭配；喜愛日本，擁有豐富浮世繪收藏的他，也在園中遍植柳樹與竹林，讓這裡洋溢濃濃的東方風情，屢屢出現畫中的綠色日本小橋更是畫龍點睛的重點。每日園丁乘著舟子在園中打撈枯葉，也成了另一種迷人的景色。花園完成後這裡也成為莫內靈感的繆思，45張主題均為園中日橋的畫作，讓人佩服他的創作力。其中最巨型的創作莫過於收藏在橘園美術館的《睡蓮》系列(見P.64)。

水花園中的小橋出現在畫中45次之多

印象派博物館
Musée des Impressionnismes Giverny

✉ 99, Rue Claude Monet 27620 Giverny

☎ 02 32 51 94 65

🕐 5月1日～7月13日週一～日10:00～18:00，7月14日～10月31日週二～日10:00～18:00

€ 全票7€，12歲～18歲或學生4.5€，每月第一個週日免費，和莫內花園聯票全票16.5€，12歲～18歲或學生10€

離莫內花園步行不到5分鐘距離，由Daniel Terra成立的美國印象派畫家博物館，2009年改名吉維尼印象派博物館。包含羅丹、雷諾瓦及一些美國畫家的作品在此展出，讓吉維尼成為印象派故鄉。

夏特 *Chartres*

夏特是介於巴黎、羅亞爾河的迷人中世紀小鎮，位厄爾河左岸，鎮上教堂歷經千年，依然聳立在此。

距離巴黎70公里，車程1小時

夏特大教堂
Cathédrale de Chartres

- ✉ Place de la Cathédrale 28000 Chartres
- ☎ 02 37 21 22 02
- ➡ 自巴黎Montparnasse車站搭火車至Chartres下車，車程約50～70分鐘

使夏特名氣遠播的是歷史可追溯至高盧羅馬時期，於1260年重建，1979年被列入世界文化遺產的夏特大教堂(Cathédrale de Chartres)，法王亨利四世曾在此被加冕為王，屬於典型的哥德風格，南面有兩座不對稱一高一矮的鐘樓，還有4,000座巧奪天工的人物雕刻，並以其172塊、廣達2,600平方米、描繪5,000名以上人物的彩繪玻璃著稱，其中以藍色最為優美，被稱為「夏特藍(Bleu de Chartres)」，對彩繪玻璃有興趣的話，不妨順道參觀在教堂旁邊的「夏特國際彩繪玻璃中心(Centre International du Vitrail)」。

每年4月18日～9月19日的夜晚，夏特鎮上會舉行夏特燈光節(Chartres en Lumière)，燈光動畫將教堂及鎮上建築點綴得燦爛無比。

夏特燈光節時投影在大教堂上的動畫

皮卡西耶特之家
Maison Picassiette

- ✉ 20, rue de Repos 28000 Chartres
- ☎ 02 37 34 10 78
- 🕐 4月1日～9月30日週三～一10:00～12:00，14:00～17:00

列入歷史古蹟、家具與門面均以馬賽克瓷磚裝飾的皮卡西耶特之家(Maison Picassiette)也值得參觀，此為藝術家Raymond Isidore的故居，於1930至1962年以大量的碎瓷磚、玻璃裝飾而成。花園中更有世界各地著名地標的馬賽克雕像。

旅行小抄

夏特的美食

到夏特旅遊，別忘了品嘗當地的名產，名為Mentchikoff的巧克力、夏特肉醬(Pâté de Chartres)、星期日才有的亨利四世燉雞(Poule au Pot Henri IV)、Beauce餅乾(Sablé de Beauce)、各式口味的馬卡洪(Macaron)、L'Eurélienne夏特手工啤酒、以當地小麥製成、風味獨具的Rétrodor棍子麵包。

夏特的馬卡洪平價又美味

香堤伊 *Chantilly*

湖水環繞、優美的香堤伊堡，因酷似小說《達文西密碼》中所虛構的李伊爵士堡，便開始有名了起來。

距離巴黎70公里，車程1小時

香堤伊堡
Château de Chantilly

- ✉ Château 60500 Chantilly
- ☎ 03 44 27 31 80
- 🕐 11～3月週三～一10:30～17:00，4～10月10:00～18:00，週二休息
- € 城堡全票16€，4～17歲或學生9.5€，花園全票7€，4～17歲或學生4€
- ➡ 自巴黎Gare du Nord車站搭火車到Chantilly，約25分鐘，於火車站對面搭乘免費接駁公車，於Chantilly, Église Notre-Dame下車
- 🏠 www.chateaudechantilly.com

　　為湖水環繞的香堤伊堡有「水上古堡」之稱，收藏豐富也讓它有「小羅浮宮」的美譽，其中的法式花園為替凡爾賽宮設計的景觀設計師勒諾特(André Le Notre)所規劃，《瑪麗皇后(Marie Antoinette)》、《烈愛灼身(Vatel)》均到此取景。城堡最重要的主人包括路易十五的表兄孔代親王(Condé)、路易十五的孫子歐馬公爵亨利(Duc d'Aumale)。

©Yukako Fukushima

參觀重點

藏書閣 Cabinet des Livres

　　1876年所建立的藏書閣，由Honoré Daumet所打造，用來收藏歐馬公爵的珍貴書籍以及作為閱讀室之用。

©Yukako Fukushima

大套房 Grands Appartements

　　可分為候見廳(Antichambre)、護衛間(Salle des Gardes)、王子房間(Chambre de M. Le Prince)、角落閣(Cabinet d'Angle)、音樂廳(Salle de Musique)。角落閣為孔代親王的房間之一，金色壁紋裝飾以打獵的圖案，是18世紀初期的風格。

畫廊 Galerie des Peintures

豐富的畫作收藏，讓香堤伊成為僅次羅浮宮的19世紀前古典畫作收集代表博物館。

小套房 Petits Appartements

隨興間(Salon de Guise)收藏有歐馬公爵9歲時的肖像，還有公爵夫人房(Chambre de la Duchesse)、公爵夫人客廳(Boudoir de la Duchesse)、歐馬公爵房(Chambre du Duc d'Aumale)。

花園 Jardin

分為17世紀勒諾特所建的法式花園、18世紀末的中英式花園及19世紀英式花園，其中有一座愛之島及維納斯殿，十分浪漫唯美。

孔代博物館 Musée Condé

傳說孔代親王相信自己會投胎轉世成為馬，因此便蓋了這座馬匹博物館，31個展覽廳展出相關繪畫與雕像。

旅行小抄

香堤伊奶油

到香堤伊參觀別忘了品嘗法國著名的甜品「香堤伊奶油(Crème Chantilly)」，為路易十四時代的名廚瓦戴(Vatel)發明，可惜廚師竟因一場三天三日宴會裡其訂購的魚沒有及時送達而羞憤自殺。

©Yukako Fukushima

香堤伊奶油配上冰淇淋，甜美可口

©Yukako Fukushima

©Yukako Fukushima

奧維 *Auvers-sur-Oise*

畫家梵谷生前最後居住的小鎮，到處都是他筆下的風景，現在鎮上也仍維持畫家當年居住時的模樣。

距離巴黎30公里，車程30分鐘

梵谷小鎮
Ville de Vincent Van Gogh

➡ 從巴黎北站(Gare du Nord)火車站搭火車或搭RER-C線到Pontoise車站，再轉往Persan-Beaumont方向的列車到Auvers-sur-Oise車站；4～10月有直達火車自巴黎北站至Auvers-sur-Oise車站，去程09:56，回程18:15

🔲 www.auvers-sur-oise.com

枯瘦而孤立在梵谷公園的雕像

對於喜歡畫家梵谷的人來說，奧維是不可錯過的小鎮。1890年，梵谷在朋友高謝醫生(Dr. Gachet)的建議下到此居住休養，他僅住了70天，卻留下超過70幅油畫及素描，創作力驚人。鎮上梵谷曾經親身待過、作畫的地方都有告示牌展現原畫的對比。1890年在奧維的麥田舉槍自殺後，梵谷與弟弟西奧合葬在鎮上的墓園內。就在小鎮上隨意的漫步，找尋梵谷畫筆下迷人的風景。

參觀重點

梵谷雕像 Statut de Vincent Van Gogh

雕刻家查德金的作品，枯瘦而揹著畫具、畫框的畫家梵谷，氣質憂鬱。

哈伍客棧 Auberge Ravoux

✉ 52, rue du Général de Gaulle 95430 Auvers-sur-Oise

📞 01 30 36 60 60

🕐 3～11月週三～日10:00～18:00，週一、二休息

€ 全票5€

🔲 www.maisondevangogh.fr

梵谷自殺前最後的住所，小小的5號房內，桌椅都還保留著原本的模樣，被列入歷史古蹟。自1890年開始，這裡建設餐廳招待遊客前往享用法式料理。

哈伍客棧裡有著梵谷住過的房間

梵谷(左)和弟弟西奧(右)之墓

梵谷與弟弟之墓 Cimitière

弟弟西奧是始終在精神及經濟方面支持梵谷的人,梵谷逝世後一年弟弟也因過度悲傷而過世。如今梵谷與弟弟西奧肩並肩葬在奧維的公墓。

奧維教堂 Église Notre-Dame d'Auvers

梵谷畫中出現的教堂,該畫現存於奧塞美術館。

麥田烏鴉 Le Champ de Blé aux Corbeaux

梵谷生前最後一幅畫作,深藍色的天空與金黃色的麥田對比下,成群的烏鴉飛向天空,呈現緊張的氣勢。該畫作存於荷蘭梵谷博物館。也是在這片麥田,梵谷舉槍自殺。

市政廳 Mairie d'Auvers

奧維的市政廳,曾出現在梵谷的畫中。

知 識 充 電 站

文森梵谷 (1853~1890)
Vincent Van Gogh

梵谷的自畫像(保存於奧塞美術館)

出生荷蘭南部的畫家梵谷,是後印象派中最重要的畫家之一。他獨特的筆觸自成風格,創作超過2,000幅畫作,著名的包括《高謝醫生的肖像》、《星夜》。長年為精神疾病所苦,梵谷最後選擇在奧維小鎮自殺終結一生。

其他值得一逛的近郊景點

沃子爵城堡
Vaux-le-Vicomte

- 📞 01 64 14 41 90
- 🕐 3～11月週四～二10:00～18:00，水舞季3月14日～10月第二及第四個週末15:00～18:00，燭光之夜5～10月每週六20:00～00:00
- 💶 一日通票16.5€，學生13.5€，6～16歲10€，花園8.5€
- ➡️ 自里昂車站(Gare de Lyon)搭往Melun方向的RER-D線，在Melun下車後轉接駁車
- 🏠 www.vaux-le-vicomte.com

路易十四財政大臣富給(Nicolas Fouquet)於1641年買下一座小城堡修建沃子爵城堡，於1661年開幕舉行盛大晚宴邀請路易十四參加，而招來國王的嫉妒，導致富給被捕下獄，而建造宮殿的三人則被路易十四請去建造凡爾賽宮。這裡有著與凡爾賽宮相近的風格，四周被護城河所環繞，也有廣大的花園。夏季的夜晚自有浪漫的「燭光之夜(Chandelles)」，超過2,000支蠟燭將燃亮沃子爵城堡，如同數百年前富給所舉辦的晚會。

巴黎迪士尼樂園
Disneyland Resort Paris

- 🕐 週一～日10:00～19:00
- 💶 一個樂園51€，兩個樂園62€，18～25歲學生40€，提早上網預約可享優惠
- ➡️ 自巴黎搭乘RER-A線至Marne-la-Valée/Chessy車站下車，約需50分鐘
- 🏠 www.disneylandparis.com

有著睡美人城堡的歐洲迪士尼，多了幾分法國的古堡之美，這是迪士尼第四座樂園，於1992年開幕，分為五大主題區，美國大街、冒險世界、探索世界、邊境世界、幻想世界。

Outlet購物村
La Vallée Village

- 📞 01 60 42 35 00
- 🕐 週一～六10:00～19:00，週日至11:00～19:00
- ➡️ 自巴黎搭乘RER-A線至Val d'Europe車站下車，約需45分鐘
- 🏠 www.lavalleevillage.com

位於巴黎郊區的Outlet購物村，保證至少67折的折扣，不少人專程到此來尋寶。可找到的品牌包含：Agnès.b、Armani、Burburry、Céline、Dolce&Gabbana、Kenzo、Longchamp、Polo Ralph Lauren、Versace等95間商店。

©La Valée Village

瑪梅松城堡
Le Château Malmaison

- 📞 01 41 29 05 55
- 🕐 10～3月10:00～12:30，13:30～17:15，4～9月10:00～12:30，13:30～17:45
- 💶 全票5€，18～25歲3.5€
- ➡️ 搭地鐵 1 號線至La Defense站轉258號公車至Le Château站下車
- 🏠 www.chateau-malmaison.fr

由拿破崙與約瑟芬(Joséphine de Beauharnais)於1799年買下的城堡，約瑟芬親手布置這間證明愛情的宅邸，此處展出皇后的房間以及拿破崙的遺物，他們在此度過許多歡樂的時光，直到兩人於1809年離婚。拿破崙另娶奧國公主後，約瑟芬便到瑪梅松城堡居住直到辭世。

當地行程
Tour Local

行程手冊可以在旅客資訊中心索取

除了自行搭乘火車或RER郊區快鐵前往觀光地點之外，巴黎也有許多當地旅行團，以冷氣巴士或小巴接送旅客。均有英文導覽，有些旅行社也有中文導覽行程。參加這類型行程，停留時間較受限制，但優點是可選擇幾個可合併一天走完的行程，如凡爾賽宮＋吉維尼花園、羅亞爾河城堡＋聖米歇爾山等自助較不易達成的走法，省時方便。多半可加價直接於酒店接送。「**Paris Vision**」、「**Cityrama**」是同類型中較大型的旅行社，提供多國語言服務，「**France Tourisme**」則以英、法、西文為主，價格稍便宜；「**Alliance Club**」為知名語言學校「**Alliance Français**」的附屬旅行社，專門提供學生平價旅遊的行程，除巴黎近郊旅行行程，也提供跨國及節慶活動的行程。十三區林立的華人旅行社也提供巴黎近郊旅行的觀光車團服務，好處自然是無語言溝通上的問題，價格也較有彈性，報名時須注意是否需額外付門票、小費等費用。

行程	介紹
凡爾賽宮	提供純粹來回交通，自由參觀；也有含中文語音導覽或專人導遊的選擇。
楓丹白露	提供楓丹白露與附近巴比松畫家村、沃子爵城堡的組合。
聖米歇爾山	提供一日遊，或是兩日遊含一晚住宿的組合。
羅亞爾河城堡	提供巴黎出發一日遊含香波堡、雪濃梭堡加另外一個城堡的組合；或兩天一夜的組合，可看多個城堡。
吉維尼	提供交通或是專人導覽的選擇。
奧維	奧維較少單獨出發行程，多半與吉維尼合併為一日遊的行程選擇。

法國當地旅行社			
名稱	地址	電話	網址
Paris Vision	214, rue de Rivoli 75001	01 42 60 30 01	www.parisvision.com
Cityrama	2, rue des Pyramides 75001	01 44 55 60 00	www.pariscityrama.com
Alliance Club	33, rue de Fleurus 75006	01 45 48 89 53	
France Tourisme	33, quai des Grands Augstins 75006	01 53 10 35 35	www.francetourisme.fr

華人旅行社			
法華	5, bd Poissonière 75002	01 42 36 38 88	www.france-chine-tours.com
世華	5, square Dunois 75013	01 45 86 88 66	www.ariane-tours.com
歐亞情	5, av. Parmentier 75011	01 46 59 03 22	www.viachine.fr
文華	77, av. Champs-Elysées 75008	01 44 21 81 01	www.mandarinvoyages.cn
安賽爾	34, av. Champs-Elysées 75008	01 45 62 41 48	www.anseltravel.com

住宿情報

想感受一生一次的奢華，不妨入住經典的奢華酒店；若單人旅行且預算不高時，不妨考慮挑選經濟型旅館租一個床位；若重視遊樂後夜晚的個人空間，部分經濟型旅館也提供單人房，或可選擇價位較高的中等型旅館；多人旅行時，即可考慮一起合租中等型旅館，或可自行炊飪的短租公寓，分擔下來和單租一個經濟型旅館床位的價錢差不多，卻可免除與陌生人分擔床位的風險。是否供應廚房、早餐，衛浴是公用或房內附衛浴，都應事前調查清楚。巴黎旅遊旺季約在4～9月之間，旅館價格也會隨之波動。

住宿選擇與需求比較表

住宿選擇	需求	
A.奢華型旅館 一生一次的浪漫	單人旅行 **C, D**	
B.商務型旅館 可上網、近會場	雙人旅行 **C, D, E**	
C.中等型旅館 舒適個人的空間	三人以上旅行 **B, C, E**	
	蜜月旅行 **A, C, E**	
D.經濟型旅館 平價實惠的選擇	商務旅行 **A, B, C, E**	
E.假日公寓 以星期或月出租	家庭旅行 **B, C, E**	

Accommodations

奢華型旅館 Hôtel de Luxe

預算：雙人房每晚700歐元以上

在巴黎的傳統頂級奢華酒店經典，分別是麗池(Ritz)、雅典娜(Hotel Plaza Athénée)、四季酒店(Four Season)、莫里士(Meurice)、布里斯托(Bristol)、以及最新成立的富給酒店(Fouquet's Barrière)。想到這些酒店住宿享受一生一次的奢華，可至訂房網站訂購取得較優惠的價格。

名稱	特色	網址
Parisinfo.com	巴黎觀光局的網站，可線上訂房，中文的界面讓你操作更方便。	zhtw.parisinfo.com
Booking.com	方便搜尋的全球訂房網站，可依距離、價格、星等來排序，時有優惠。	www.booking.com
Last minute	最後一刻的優惠、促銷，除了旅館也可訂購套裝行程、機票甚至巴黎的歌劇、遊船票。	www.lastminute.com
Hotels-Paris.fr	與觀光局合作的網站，含有中文頁面，方便搜尋。	www.hotels-paris.fr
Hotels.com	全球訂房網站，含有8,000多個城市的旅館資料，中文界面方便搜尋。	taiwan.hotels.com

商務型旅館 Hôtel Business

S 單人房 **D** 雙人房

預算：雙人房每晚90歐元以上

在此推薦二星至四星左右的大型連鎖旅館，住宿品質都在中上，房內也附有衛浴設備，優點是分館多，在機場或巴黎重要展場附近也都有分館，並提供商務人士所需的上網、傳真、影印等服務。

Mercure

全球均有分館的知名連鎖旅館，在法國就有多達266間旅館，在奧里、戴高樂機場，以及巴黎大型展場「Paris Expo」、93省展覽中心「Parc d'Exposition」附近都有旅館。

€ D 120€以上 · 🏠 www.mercure.com

Best Western

全球涵蓋超過4,000家、法國達270家分館，均屬三或四星的連鎖旅館，於1946年成立，藍底黃字的招牌是住宿品質的保證。

€ D 115€以上 · 🏠 www.bestwestern.fr

Novotel

位於市中心，交通便利、理想、舒適的連鎖中階旅館，屬於旗下擁有Etap、IBIS的Accord集團。也提供商務旅行所需要的設備。

€ D 90€以上 · 🏠 www.novotel.com

IBIS

全球近20個國家、800間分館的IBIS(宜必思)是1974在法國波爾多建立的連鎖經濟旅館，在巴黎也有45間分館，巴黎南方展場「Paris Expo」、93省展覽中心「Parc d'Exposition」及戴高樂機場都有分館。

€ D 90€以上 · 🏠 www.ibishotel.com

Etap

在歐洲擁有370間分館的Etap，是舒適方便的連鎖旅館，房間可容納最多3人，並附有衛浴及電視。

€ D 90€以上 · 🏠 www.etaphotel.com

中等型旅館 Hôtel Classique

預算：雙人房每晚80～150歐元以上

在此推薦大部分為房內已含衛浴的標準房，附加設備如電視、電話甚至空調、電梯，適合對居住品質要求稍高、不喜歡到太過熱鬧的青年旅館與人分擔床位的旅客。若兩人結伴旅遊，分擔某些雙人房的價錢，其實只比經濟型旅館多不了幾歐元。訂房3天以上通常可享優惠。

聖母院‧拉丁區 Notre Dame-Latin

♥ Hôtel du Commerce

散步到聖母院、聖傑曼德佩地區不到5分鐘的距離，加上提供微波爐等設備的自助廚房準備早餐，這間旅館是自助旅行者舒適理想的住宿選擇。

€ S 39€(公用浴室)；S D 69€(內含衛浴)‧📺 電視/電話/網路免費/自助廚房‧✉ 14, rue du Montagne Sainte Genevieve 75005 Paris‧➡ Maubert-Mutualité Ⓜ 10‧📞 01 43 54 89 69‧🏠 www.commerce-paris-hotel.com

Hôtel Cluny Square ★ ★ ★

位在熱鬧的聖米榭廣場，步行到塞納河畔或聖母院都很方便，這間三星旅館提供住宿巴黎舒適安全的選擇，價格含早餐。

€ S D 155€以上‧📺 24小時櫃台/無線網路/電視/電話/電梯‧✉ 21, boulevard Saint-Michel 75005 Paris‧➡ Saint-Michel Ⓜ 4‧📞 01 43 54 21 39‧🏠 www.cluny-paris-hotel.com‧@ paris@hotelclunysquare.com

杜樂麗‧羅浮宮 Tuileries-Louvre

Hôtel de Rouen

離羅浮宮、磊阿勒商場不遠的絕佳地理位置，將替你節省不少交通費。22間客房住宿環境溫馨舒適。

€ S D 50€(公用衛浴)，D 60€(內含衛浴，洗手間公用)，D 70€(內含衛浴)‧📺 無線網路/電視‧✉ 42, rue Croix des Petits Champs 75001 Paris‧➡ Palais Royal-Musée du Louvre Ⓜ 1 7‧📞 01 42 73 03 03‧🏠 www.hotelderouen.net‧@ reservation@hotelderouen.net

磊阿勒‧波布 Les Halles-Beaubourg

♥ Tiquetonne Hotel ★

近磊阿勒商場，離地鐵不到3分鐘的步行距離，平實的價格比住青年旅館還划算。附近餐廳、咖啡館聚集，所在的路上更有整條有型的二手衣小店可以好好逛一下。

€ S 55€以上(公用衛浴)，D 70€以上(內含衛浴)‧📺 24小時櫃台/電視/電話/電梯‧✉ 6, rue Tiquetonne 75002 Paris‧➡ Étienne Marcel Ⓜ 4‧📞 01 42 36 94 58

Hôtel Bellan ★

位於市中心，走路便可到羅浮宮、磊阿勒商場，小巧而古典的旅館。

€ S 67€以上，D 85€以上‧📺 24小時櫃台/無線網路/電話/電視‧✉ 20, rue Léopold Bellan 75002 Paris‧➡ Sentier Ⓜ 3‧📞 01 40 26 69 90‧🏠 www.hotel-bellan.com‧@ contact@hotel-bellan.com

Hôtel de Roubaix ★ ★

位在瑪黑區的小巷內，到龐畢度中心很近。一間安靜舒適的二星旅館，53間房間內含衛浴設備。早餐7歐元。

€ S 118€以上 D 130€以上‧📺 電視/電話/無線網路(免費)/保險箱/電梯‧✉ 6, Rue Greneta 75003 Paris‧➡ Réaumur-Sébastopol Ⓜ 3 4‧📞 01 42 72 89 91‧🏠 www.hotel-de-roubaix.com‧@ hotel.de.roubaix@wanadoo.fr

瑪黑區‧巴士底 Marais-Bastille

Hôtel Andrea Rivoli ★ ★

市政廳旁的二星旅館，地理位置良好，無論到聖母院或羅浮宮、龐畢度

中心都不遠。已備有衛浴的房間舒適且有著巴黎風味的裝潢，具備空調更是夏日旅行不可多得的設備。

€ **S** 75€以上，**D** 102€以上・ 24小時櫃台/無線網路(付費)/電視/電話/空調/空調・ 3, rue Saint-Bon 75004 Paris・ Hôtel de Ville Ⓜ ① ⑪・ 01 42 78 43 93・ www.hotel-andrea-rivoli.fr・@ hotel.de.roubaix@wanadoo.fr

Hôtel Sévigné ★ ★

位瑪黑區中心，舒適而熱情的二星旅館，6層樓30間客房以電梯相連，選擇在此住宿便能恣意的在瑪黑區小店開逛、夜晚也能在附近酒吧喝一杯直到夜深。

€ **S** 70€以上，**D** 86€以上・ 無線網路(免費)/電視/電話/電梯/空調・ 2, rue Mahler 75004 Paris・ Saint-Paul Ⓜ ①・ 01 42 78 43 93・ www.le-sevigne.com・@ contact@le-sevigne.com

♥ Hôtel de la Herse d'Or ★

35間現代、明亮而色彩繽紛的房間。無論是面對瑪黑區的大街或面對有小噴泉的中庭，都相當宜人而舒適。

€ **S** 75€以上，**D** 99€以上・ 24小時櫃台/電視/電話・ 20, rue St.-Antoine 75004 Paris・ Bastille Ⓜ ① ⑤ ⑧・ 01 48 87 84 09・ www.parishotelherseor.com・@ info@hotel-herse-dor.com

蒙帕拿斯 Montparnasse

Home Moderne

離凡爾賽門展覽(Paris Expo)中心不遠，治安良好，價格也公道，提供72間舒適備有衛浴的房間，適合商務或單人旅行。

€ **S** 59€以上，**D** 69€以上・ 平面電視/電話/空調/保險箱・ Convention Ⓜ ⑫・ 61, Rue Brancion 75015 Paris・ 01 53 68 03 00・ www.homemoderne.com・@ homemoderne@wanadoo.fr

Hôtel Sèvres Montparnasse ★ ★

離蒙帕拿斯車站、傷兵院均不遠的二星旅館，現代感的29間房間備有衛浴

設施，提供舒適的住宿品質。

€ **S** 64€以上，**D** 70€以上・ 電視/電話/電梯・ Falguière Ⓜ ⑫・ 153, Rue Vaugirard 75015 Paris・ 01 47 34 56 75・ www.hotel-sevres-montparnasse.com・@ infos@hotel-sevres-montparnasse.com

香榭大道 Les Champs Élysées

Hôtel Argenson ★ ★

在黃金地段近香榭大道的八區想找一間中等型的住宿，那就不可錯過這間地理位置佳，舒適安全的二星旅館。超過50年的歷史，裝潢浪漫而古典，套房均附衛浴，價格並包含早餐，週末訂房還可享85折的優惠。

€ **S D** 65€以上・ 網路/電視/電話/保險箱・ 15, rue Argenson 75008 Paris・ Miromesnil ⑨ ⑬・ 01 42 65 16 87・ www.hotel-argenson.com・@ hoteldargenson@aol.com

艾菲爾鐵塔・帕西 Tour Eiffel-Passy

♥Hôtel Cler ★ ★ ★

離艾菲爾鐵塔5分鐘路程，到奧塞美術館或杜樂麗花園、羅浮宮都不遠。位在熱鬧充滿食物雜貨的Cler街上，相當方便。26間明亮、現代的房間，亦可以預訂打開窗即可望見艾菲爾鐵塔的房間。

€ **S D** 99€以上・ 空調/電視/電話/無線網路(免費)/保險箱/吹風機・ 24 bis, rue Cler 75007 Paris・ La Tour-Maubourg Ⓜ ⑧・ 01 45 00 18 06・ www.clerhotel.com・@ contact@clerhotel.com

Hôtel Cactus ★ ★

位左岸治安良好的地段，近艾菲爾鐵塔、離蒙帕拿斯大樓也不遠，這間二星旅館提供32間乾淨舒適的房間，價格已含早餐。

€ **S** 52€以上，**D** 62€以上(公用衛浴)；**S D** 79€以上(內含衛浴)・ 電視/電話/保險箱・ Volontaire Ⓜ ⑫・ 47, rue des Volontaire 75015 Paris・ 01 47 34 76 55・ www.cactushotel.com

歌劇院 Opéra

Hôtel des Boulevards

離歌劇院不遠的好地段，乾淨而舒適的旅館，18間備有衛浴的客房，價格合理並贈送早餐。

€ S D 55€(含洗手間，浴室公用)；S D 63€(內含衛浴)・ 📺 電視/電話・ ✉ Ville-Neuve 75002 Paris・ ➡ Bonne Nouvelle Ⓜ 8 9 ・ 📞 01 42 36 02 29・ 🏠 www.hoteldesboulevards.com・ @ hotel.des-boulevards@wanadoo.fr

貝爾維爾・貝西 Belle ville-Bercy

♥ Hôtel Tolbiac

旅館位在十三區熱鬧的Tolbiac街上，無論搭地鐵到市區景點或就近吃著名的越南河粉、逛中國城採購食物都很方便。5層樓47間房間具有明亮、彩色具有設計的風格，氣氛舒適而讓人感到愉悅。比起一般巴黎旅館都寬敞的房間，均有向外的落地窗，床單也都充滿色彩與設計感。依照需求有各式價格可選擇，例如無電視、衛浴共用單人房只要33歐元；含衛浴的雙人

房只要60歐元，兩人分擔下來比住青年旅館還划算，又可享有私人空間。**住宿巴黎的強力推薦選擇。**

€ S 33€以上(公用衛浴)；S 54€以上，D 60€以上(內含衛浴)・ 📺 網路(免費)/無線網路(免費)/電視/・ ➡ Tolbiac Ⓜ 7 ・ ✉ 122, rue de Tolbiac 75013 Paris・ 📞 01 44 24 25 54・ 🏠 www.hotel-tolbiac.com・ @ info@hotel-tolbiac.com

♥ Hôtel Coypel ★ ★

©Hôtel Coypel

位在13區，離拉丁區、中國城都不遠，41間舒適現代的房間都備有衛浴，地點也很安全、理想。

€ S 60€以上，D 65€以上・ 📺 24小時櫃台/網路/無線網路/電視/電話・ ➡ Place d'Italie Ⓜ 5 6 7 ・ ✉ 2, rue Coypel 75013 Paris・ 📞 01 43 31 18 08・ 🏠 www.hotel-paris-coypel.com・ @ coypel@wanadoo.fr

蒙馬特 Monmartre

Hôtel Jarry ★

離北站5分鐘的地理位置，價格幾乎等於青年旅館的價位，提供36間舒適乾淨的房間。

€ S 39€以上，D 40€以上(浴室公用)；S 48€以上，D 55€以上(內含衛浴)・ 📺 電視/電話/網路・ ✉ 4, Rue Jarry 75010 Paris・ ➡ Château d'Eau Ⓜ 4 ・ 📞 01 47 70 70 38・ 🏠 www.hoteljarry.com・ @ hoteljarry@wanadoo.fr

Hôtel de Nantes

備有39間乾淨基本的房間，以平實的價格回饋給來巴黎觀光的旅人，如預算不高又希望有私人空間可以參考。

€ S 25€以上，D 27€以上(公用衛浴)；D 40€以上(內含衛浴)・ 📺 電視/電話・ ➡ Brochant Ⓜ 13 ・ ✉ 3, Rue Boulay 75017 Paris・ 📞 01 46 27 51 93・ 🏠 www.hoteldenantes.fr.st・ @ hotel.de.nantes@club-internet.fr

經濟型旅館 Youth Hotel

S 單人房 **D** 雙人房 ★ 飯店星等 ♥ 推薦

預算：每人每晚30歐元以下

年輕人聚集的青年旅館，因多人分擔房間而價格低廉，相對在物品保管上也要多加小心。針對旅人常對YH的品質有所顧慮，在此推薦的是不需YH卡且位於市中心的平價經濟型旅館，也多半附贈早餐，並有廚房可以使用。須注意的是這類型旅館多半不收信用卡。

杜樂麗‧羅浮宮 Tuileries-Louvre

♥BVJ LOUVRE

這間地理位置絕佳的連鎖青年旅館是旅人值得嘗試的選擇，1948年由Jean Barraud所創立，分別在羅浮宮及拉丁區設置旅館。步行不到5分鐘即可抵達羅浮宮，將為旅程節省不少車費。

€ 4至8/10人間床位29€，雙人房1人35€(含早餐)‧ 寄物箱/上網付費/24小時櫃台‧ ✉ 20, rue Jean-Jacques Rousseau 75001 Paris‧ ➡ Louvre-Rivoli Ⓜ ① ⑦‧ 📞 01 53 00 90 90‧ 🏠 www.bvjhotel.com‧ @ bvj@wanadoo.fr

瑪黑區‧巴士底 Marais-Bastille

♥ MIJE

在迷人的瑪黑區要找一間平價又含早餐的旅館，就非MIJE莫屬了。舒適乾淨的房間內附浴室，一共在瑪黑區擁有3間分館，有單人、雙人或3人房的選擇，若多人一起旅行租用一間4人房也很理想。

€ **S** 49€，**D** 36€，三人房32€，四人房30€(價位為1人，含早餐)‧ 上鎖寄物箱/上網(付費)/24小時櫃台/寄放行李‧ ✉ 11, rue du Fauconnier 75004 Paris / 6, Rue de Fourcy 75004 Paris / 12, Rue des Barres 75004 Paris‧ ➡ Saint-Paul Ⓜ ①‧ 📞 01 42 74 23 45‧ 🏠 www.mije.com‧ @ info@mije.com

HOSTEL JULES FERRY

位在聖馬當運河旁邊，Jules Ferry青年旅館提供你浪漫的河岸景色，及遠眺聖心堂的良好視野。床位價格已含早餐，且該青年旅館屬Hostelling International集團的一員，若持有國際學生證還可享學生價。

€ 床位25€起(含早餐)‧ 宿舍房4人起/寄物箱/上網付費/廚房/24小時櫃台/信用卡‧ ✉ 8, bd. Jules Ferry 75011 Paris‧ ➡ Parmentier Ⓜ ③‧ 📞 01 43 57 55 60‧ @ paris.julesferry@fuaj.org

ABSOLUTE PARIS HOSTEL

鄰近聖馬當運河與共和廣場，附近滿是美味的餐廳與酒吧，是著名的夜生活區。這是間熱鬧充滿年輕人的青年旅館，均備有衛浴的房間，除了宿舍房也有單人、雙人房的選擇。

€ 床位28€，**S** 60€起，**D** 70€起‧ 寄物箱/保險箱/上網付費/24小時櫃台/電梯‧ ✉ 1, rue de la Fontaine au Roi 75011 Paris‧ ➡ Goncourt Ⓜ ⑪‧ 📞 01 47 00 47 00‧ 🏠 www.absolute-paris.com‧ @ bonjour@absolute-paris.com

PEACE & LOVE HOSTEL

位於拉維特水岸附近，與其他青年旅館不同的地方在於房內均已附有浴室，且也有雙人房可選擇。大廳則提供自助式廚房、烤麵包機、冰箱，讓自助旅行者自行炊煮，極為方便。旅館內的吧台提供各式平價的調酒及啤酒。

€ 床位21€以上，**D** 50€‧ 廚房/寄物箱/無線上網/24小時櫃台/電視‧ ✉ 245, rue La Fayette 75010 Paris‧ ➡ Jaurès Ⓜ ②⑤‧ 📞 01 46 07 65 11‧ 🏠 www.paris-hostels.com‧ @ www.paris-hostels.com

蒙帕拿斯 Monparnasse

♥ FIAP HOSTEL

位河左岸治安良好的地段，各種價位的房間任你選擇，包含15間單人房、134間雙人房、38間3〜4人房、9間6人房，均備有衛浴，無論單人或多人旅行都方便。

€ 床位27€起，S 59€，D 78€・ 寄物箱/上網(付費)/廚房/24小時櫃台・ 30, rue Cabanis 75014 Paris・ Saint-Jacques Ⓜ 6 ・ 01 43 13 17 17・ www.fiap.asso.fr

YOUNG & HAPPY HOSTEL

還有什麼比住在拉丁區穆浮塔街上更迷人呢？這間超過20年以上的老牌青年旅館，提供多間平價舒適的客房選擇，夜晚還可以到充滿咖啡館、酒館、餐廳的穆浮塔街(Rue Mouffetard)上吃頓法式晚餐，喝一杯再步行回旅館都很安全愜意。

€ D 56€，床位24€起(均為公用衛浴並含早餐)，床單2.5€・ 寄物箱/上網付費/廚房/24小時櫃台・ 80, rue Mouffetard 75005 Paris・ Place Monge Ⓜ 7 ・ 01 47 07 47 07・ www.youngandhappy.fr・ @ smile@youngandhappy.fr

艾菲爾鐵塔・帕西 Tour Eiffel-Passy

♥ ALOHA HOSTEL

©Aloha Hostel

位十五區住宅區，Aloha青年旅館是許多背包客入住巴黎的首選，環境理想、價格合理且含早餐，氣氛活潑，附近有多家超市及熟食店供採買，可回旅館提供的廚房料理。

€ D 56€，床位25€起(含早餐)・ 寄物箱/上網(付費)・ 1, rue Borromée 75015 Paris・ Volontaire Ⓜ 12 ・ 01 42 73 03 03・ www.aloha.fr・ @ friends@aloha.fr

3 DUCKS HOSTEL

離艾菲爾鐵塔不遠的這間青年旅館，提供平價、舒適的房間給背包客，備有120張床位，宿舍房4〜8人，也有雙人或三人房的選擇。

€ 床位18€起，雙人房一人23€起(均含早餐)・ 寄物箱/上網付費/廚房/24小時櫃台・ 6, place Étienne Pernet 75015 Paris・ Félix Faure Ⓜ 8 ・ 01 48 42 04 05・ www.3ducks.fr・ @ backpack@3ducks.fr

歌劇院 Opéra

♥ B&B HOSTEL

鄰近歌劇院、拉法葉百貨等地段，立體電影院Le Rex就在旁邊，位巴黎心臟地帶，提供超級平價且包含早餐的價格給背包客。每間宿舍房都備有平面電視、DVD播放機及冰箱。民宿主人貼心的服務將讓你感到賓至如歸。

€ 床位18€(含早餐)+浴室2€・ 宿舍房6人起/寄物箱/上網(付費)/冰箱/電視・ 42, rue Poissonniere 75002 Paris・ Bonne Nouvelle Ⓜ 8 9 ・ 01 40 26 83 08・ no42Ruepoissonniere.tripod.com・ @ meyermichael@hotmail.fr

貝爾維爾・貝西 Belle ville-Bercy

HOSTEL BLUE PLANET

位在里昂車站(Gare de Lyon)旁，Blue Planet是一家平價且交通方便的青年旅館。即使玩到半夜回旅館也很放心。

€ 床位25€・ 寄物箱/上網(付費)/24小時櫃台/電視/空調・ 5, Rue Hector Malot 75012 Paris・ Gare de Lyon Ⓜ 1 14 ・ 01 43 42 06 18・ www.hostelblueplanet.com・ @ contact@blueplanethostel.com

Accommodations

♥ OOPS HOSTEL

Oops青年旅館開張於2007年，由建築師Philippe Maidenberg與藝術家Daniela Millas打造新穎與設計感的空間，以合理的價格提供設計旅館的品質。

©Oops Hostel

€ 床位23€起，**D** 60€起(均含早餐)．宿舍房4人起/寄物箱/無線網路(免費)/廚房/24小時櫃台/電梯/空調．✉ 50, Avenue des Gobelins 75013 Paris．🚇 Les Gobelins Ⓜ ⑦．📞 01 47 07 47 00．🏠 www.oops-paris.com．✉ bonjour@oops-paris.com

Special旅館推薦

船屋旅館

在塞納河的柔波搖晃中睡去，在塞納河的水流聲中醒來，的確是浪漫主義者不可錯過的嘗試。這間位在塞納河上、杜樂麗花園對面的船屋，提供兩間房間出租。

€ **S** 105€，**D** 120€
🏠 www.bateau.johanna.free.fr

古堡旅館

哪怕一生一次也好，古堡酒店讓許多歐洲迷嚮往，維里爾古堡 (Château de Villiers)位在距離巴黎約35分鐘車程的地方，這一座13世紀搭建，17世紀整修過的四星級古堡，被環繞在一條護城河之中，四周有廣達21公頃的森林。提供80間充滿魅力而布置講究的房間。

€ **D** 199€起
🏠 www.chateauvilliers.com

假日公寓 Appartement

預算：每房每月600～800歐元

若到巴黎旅行為期兩星期至一個月以上，不妨考慮短租一個公寓，享受真正的巴黎人時光。這類公寓明亮、現代而整潔，客廳、廚房、臥室一應俱全，一個月租金視房間大小約從800歐元起跳，若能多人分擔可能會比租經濟型旅館床位更便宜，且可自行炊飪節省伙食開銷。注意租用短租公寓須於抵達時繳付約200歐元不等的現金押金(caution)，退房時若無損壞物品則可退還。此外，在巴黎也有不少台灣留學生短租在巴黎的套房、公寓，一人一晚大約在30～50歐元左右。

Only-apartments

以天計算的設備完善短租公寓，租期越久平均一天租金越划算。

🏠 www.only-apartments.com

Paris-Apts

提供家具完備的套房、公寓出租。

🏠 www.paris-apts.com

Adagio

適合兩人以上、一個月內的短租公寓。

🏠 www.adagio-city.com

Mysuite Appart-Hôtels

短租的酒店式公寓，除了設備完善之外，更提供早餐以及整理清掃房間的服務。

🏠 www.mysuiteapparthotels.com

Citéa

可選擇在艾菲爾鐵塔、香榭大道附近地點絕佳的酒店式公寓，含客廳、餐廳及衛浴，舒適而安全。

🏠 www.citea.com

TRAVEL INFORMATION
實用資訊

Travel in Paris

巴黎旅遊黃頁簿

遊客在行程上所需要的所有資訊盡皆囊括其中，讓您的行程規劃得更為完整，確保旅遊的平安與舒適。

前往與抵達
DEPARTURE & ARRIVAL

簽證

自2011年1月11日起，持內載有國民身分證統一編號的有效台灣護照者，即可免簽前往歐洲申根協議簽署國6個月內停留90天，但仍須備妥以下文件以備查驗，並購買旅遊醫療保險，記得申請一份英文版本備用。

須備文件

＊中華民國護照，離境時有效期3個月以上
＊住宿證明或訂房記錄
＊旅遊行程表及回程機票
＊財力證明
＊醫療保險證明

＊免申根簽證包含的國家及地區
22個申根國家：德國、奧地利、比利時、丹麥、西班牙、愛沙尼亞、芬蘭、法國、希臘、匈牙利、義大利、拉脫維亞、立陶宛、盧森堡、馬爾他、荷蘭、波蘭、葡萄牙、斯洛伐克、斯洛維尼亞、瑞典和捷克。3個非歐盟成員之申根國家：冰島、挪威、瑞士。3個非申根成員之歐盟會員國：保加利亞、賽普勒斯和羅馬尼亞。其他7個國家或地區：安道爾、摩納哥、列支敦士登、梵蒂岡、聖馬利諾、格陵蘭和法羅群島。

■ 駐法國台北代表處
✉ 78, rue de l'Université 75007 Paris
🕐 週一～五09:30～12:30，13:30～16:00
📞 01 44 39 88 20 / 21
📞 急難救助專線電話：01 44 39 88 30
　行動電話：06 80 07 49 94

航空公司

目前長榮航空提供每週三、四、五、日台北到巴黎直飛的班機，航程約13小時；也可選擇在香港轉機的國泰航空、法國航空、漢莎航空等，需約16小時。

入境審查

旅客須持3個月以上有效護照交由海關檢查，目前持台灣護照入境雖已不需

要簽證，仍須準備住宿、財力證明、行程計畫、回程機票、旅遊保險等相關文件以備抽查。

海關

入境法國，年滿17歲的遊客可攜帶的免稅品包括：酒類2公升、濃度22%以上烈酒1公升，香煙200支或50支雪茄或250公克煙草、50毫升香水、250毫升古龍水、茶類100公克、咖啡500公克。17歲以下禁止攜帶菸酒。可攜帶之現金及證券(歐元或外國硬幣與鈔票、旅行支票、匯票或可轉讓之證券)額度為10,000歐元，超過此額度者須於入境時申報。

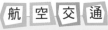

航空交通
TRANSPORTATION

機場

巴黎共有3座機場，戴高樂機場(Roissy-CDG)分為3個航站、歐里機場(Orly)分為西歐里南歐里、柏維機場(Beauvais)則有多家廉價航空在此起飛與降落。

©Paris Tourist Office / Photo. Amelie Dupont

抵達機場就是旅行開始的第一步

■ 機場——市區交通方式

🖥 巴黎機場網站 www.aeroportsdeparis.fr

交通工具	搭乘地點	交通路線	車程	運行時間與間隔	費用
戴高樂機場 Aéroport Roissy Charles-de-Gaulles					
B線郊區快鐵RER-B	Terminal 3 Roissypôle	Roissy CDG-Paris	30分鐘	05:00～24:00，每10～15分鐘一班	9.75€
法航巴士 Cars Air France	第一航廈入境層34號門；第二航廈2A-2C：C2號門，2B-2D：B2號門，2E-2F：Galerie 3號門	路線2：Roissy CDG-Porte de Maillot-Place d l'Étoile	45～60分鐘	05:45～23:00，每20分鐘一班	單程17€，來回29€，學生以及團體(四人以上)14.5€
		路線4：Roissy CDG-Gare de Lyon-Gare Montparnasse		06:00～22:30，每30分鐘一班	
華西巴士 Roissy Bus	第一航廈入境層30號門；第二航廈2A-2C：A9號門，2B-2D：D11號門，2E-2F：Galerie 5號門	Roissy CDG-Opéra	45～60分鐘	06:00～23:00，每15～20分鐘一班	11€
350及351號公車 Bus	第一航廈入境層12號門；第二航廈2A-2C：A9號門，2B-2D：D11號門，2E-2F：Galerie 5號門	350號：Roissy CDG-Gare de l'Est	90分鐘	週一～日05:30～21:30，每15～20分鐘一班	分圈數收1～4張地鐵票
		351號：Roissy CDG-Natoin			
計程車 Taxi	第一航廈入境層10號門；第二航廈A6、B7、C7、D7		35分鐘		約50～60€，週日及假日加價15%
歐里機場 Aéroport Orly					
歐里快線 Orlyval	Orly-Sud：K門 Orly-Ouest：A門	Orly-Antony-Paris	10分鐘	06:00～23:00，每10分鐘一班	11.65€
歐里公車 Orlybus	Orly-Sud：H門 Orly-Ouest：G門	Orly-Denfert-Rochereau	30分鐘	05:35～23:50，每15～20分鐘一班	7.7€

訂購車票可取得優惠價格，或在國內透過旅行社購買法國或多國火車通行證(Eurail Pass)。上車前記得先找打票機(Compostage de Billet)打票。

黃色的打票機

■ 提領行李與行李遺失

為增加行李辨識度與不慎遺失時找回的機率，在托運前便該綁上航空公司提供的行李掛條，寫明英文姓名、法國地址與聯絡電話。在確認行李遺失後，應提出機票、登機證、行李托運的條碼存根等收據，找當地該航空公司(以最後轉機的航空公司為主)櫃台及失物招領處辦理相關手續。

在機場會看到的單字	
Sortie	出口
Niveau Départ	出境層
Niveau Arrivé	入境層
Bagage	行李
Embarquement	登機
Métro	地鐵

火車

巴黎共有7座火車站，提供近郊鐵路(Banlieue)及長程鐵路(Grandes lignes)運行。鐵路網絡完善、科技發達，擁有時速高達574.8km的子彈列車(TGV)，無論至法國其他地方或歐洲各地都相當方便。提早至法國國鐵網站(SNCF)

主要火車站

• 北站 Gare du Nord
➡ Ⓜ④⑤ ⓇⒺⓇⒷⒹⒺ
法國北部城市里爾，及荷蘭、比利時(Thalys列車)、英國(Eurostar列車)。

• 東站 Gare de l'Est
➡ Ⓜ④⑤⑦
法國東北部城市，如史特拉斯堡及瑞士、德國、盧森堡方向列車。

• 里昂車站 Gare de Lyon
➡ Ⓜ①⑭ ⓇⒺⓇⒶⒹ
法國東南部城市安錫、尼斯、馬賽等，及瑞士、義大利方向列車。

• 奧斯特利茲車站 Gare d'Austeritz
➡ Ⓜ⑤⑩ ⓇⒺⓇⒸ
法國中部城市里摩日、杜爾等，及西班牙方向列車。

• 貝西車站 Gare de Bercy
➡ Ⓜ⑥⑭
義大利(Artésia列車)方向列車。

• 蒙帕拿斯車站 Gare Montparnasse
➡ Ⓜ④⑥⑫⑬
法國西北部布列塔尼、羅亞爾河‧庇里牛斯山方向列車。

• 聖拉札爾車站 Gare St-Lazare
➡ Ⓜ③⑫⑬⑭ ⓇⒺⓇⒺ
法國西北部諾曼第方向的列車。

出發日期、時刻、車站　　　　　　旅客姓名、人數及成人或兒童

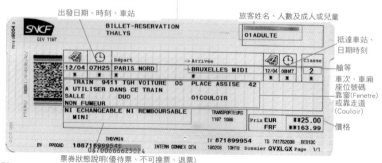

抵達車站、日期時刻
艙等
車次、車廂座位號碼
靠窗(Fenetre)或靠走道(Couloir)
價格

票券狀態說明(優待票、不可換票、退票)

大眾運輸工具票價表

📖 查詢交通班次時間、詳細價格、地鐵圖：www.ratp.fr

票券名稱	價格**	使用方式
T+單程票	1.8€	單次使用*
10張聯票Carnet	14.1€	10張一組單程票，可分10次使用
一日券Mobilis	1-2圈7€	一日內無限次搭乘*
悠遊卡 Pass Navigo	辦卡基本費5€	
	1-2圈週票21.25€	自週一～日，一週內無限次搭乘*
	1-2圈月票70€	自月初至月底無限次搭乘*，週末不限圈數
週末青年票 Ticket Jeune	1-3圈3.85€	一日內無限次搭乘，限26歲以下青年於週六、日或假日使用
參觀巴黎卡 Paris Visite	5天1-5圈61.25€	選擇的天數與圈數內無限次搭乘，適用機場來回的RER

*使用範圍限於搭乘購買圈數內的地鐵、公車、夜間公車、RER、電車、蒙馬特纜車、渡輪
**地鐵價格每年7月調漲，詳細價格請參考RATP網站

地鐵

1900年通車的巴黎地鐵，是世界前五名古老的大眾運輸系統，一共有14條地鐵線(Métro)及3bis、7bis的支線。營運時間為05:30～01:00，週五、六晚間末班車延長至02:00。進車站時刷票，出站時則無需刷票。

郊區快鐵

RER(Réseau Express Régional)是法蘭西島(Ile-de-France)專屬的區域快速鐵路，共有A、B、C、D、E等5條線路，提供前往郊區較為快速的車次，05:00～00:30之間運行。進出車站時都需刷票，車票同地鐵票。

公車

穿越巴黎的公車共有59條路線，由前門上車後付費，後門下車。下車時按公車上的紅色按鈕，「下站下車(Arête demandé)」的燈會亮起。公車在07:00～20:30之間運行，20:30後至凌晨於各大火車站有公車接駁至主要地鐵及郊區快鐵車站，及3條PC開頭的外環道路(Périférique)接駁公車，凌晨後則有夜間公車。公車票同地鐵票，可在車上直接跟司機購票，價格稍貴。

夜間公車

公車號碼為N開頭的夜間公車，在

00:30～05:00之間行駛，共42條路線。

📖 查詢公車行經路線：www.noctilien.fr

電車

巴黎周邊目前共有7條路面電車，分別為T1、T2、T3a、T3b、T4、T5、T7，自04:30～00:30間運行。車票同地鐵票。預計至2020年擴增為10條線路。

計程車

搭乘計程車需至招呼站，或電話預約；若看到司機出車攬客，或隨手就能招到的計程車，則有可能是假計程車，需謹慎提防。合法計程車內會附

有清楚可見的營業執照及價位跳表，車頂也會有亮燈的招牌。巴黎地區的計程車計費方式為2.2€起跳，又可按照時間分A時段(0.89€/公里)、B時段(1.14€/公里)、C時段(1.38€/公里)。最低載客費用為6€，若有行李需加價。

巴黎計程車的計費時段

時間	時段	
週一～六	**A**	**B**
	10:00～17:00	17:00～10:00
週日	**C**	**B**
	00:00～07:00	07:00～00:00
假日	**B**	
	全日	

常見的計程車叫車服務

Taxi G7	01 47 39 47 39
Taxis Bleus	08 91 70 10 10
Radio Alpha	01 45 85 85 85

腳踏車

2007年巴黎開始實行自助腳踏車「Velib'」(Vélo en Libre Service)租借服務，在各大馬路及熱鬧地點都設有腳踏車站，相當便利。腳踏車附有車燈及置物籃，座椅可調整高度。租用方式可選擇一天、一週的短租，或一年的長租。租用時將以信用卡預扣150€的押金(若順利還車則不會扣款)，

使用費則為半小時內歸還免費，超過半小時1€，1小時2€，1小時半4€，以此類推。行駛時注意路面上的腳踏車專用道圖示，並遵守交通規則。

🔲 查詢出租站位置 www.velib.paris.fr

腳踏車租借方式

1. 選擇租用期間：短期(一天、一週)、長期(一年)
2. 填入自行設定之密碼
3. 選擇租用車號
4. 以信用卡付款後，取得租借卡片及收據
5. 前往選擇的號碼按下座台上按鈕，取車
6. 還車時將腳踏車的自動鎖扣在出租站上，綠燈亮起表示成功停妥

觀光工具

■ 巴拉巴士 Balabus

只在4～9月週日及例假日運行，專供旅客參觀巴黎的「巴拉巴士」，自東站行駛自拉德芳斯，一個多小時的路程沿途行經巴黎主要景點，包括巴士底廣場、瑪黑區、羅浮宮、奧塞美術館、傷兵院、艾菲爾鐵塔、香榭大道、拉德芳斯。車票同地鐵票。

■ 腳踏車車伕 Cyclobulle

週一～六11:00～19:00營運的腳踏車車伕，載乘客輕鬆逛遍巴黎的大街小巷。限載2名乘客，2€起跳，每公里2€計算，可至旅館接送。

🔲 www.cyclobulle.com

■ 觀光巴士 Open Tour

在巴黎市中心穿梭的觀光巴士，以露天可眺望美景的頂棚為特色，分別有4條路線，經過巴黎主要的觀光景點。一日通行證29€，兩日通行證32€。

租車

在法國想要租車旅遊須事先在台灣各

地監理處申請國際駕照，備妥駕照、**身分證、護照、2吋近照2張**辦理，當天可取件。法國多數車種為手排，若想選擇自排車記得選擇Automatique，也須注意報價是否含保險、以及甲地租乙地還的服務。還車時須把油加滿。

法國知名的租車公司

- ■ Avis ⌂ www.avis.fr
- ■ Hertz ⌂ www.hertz.fr
- ■ Europcar ⌂ www.europcar.fr

消 費 購 物
SHOPPING

貨幣

歐元紙鈔流通的面額分為5歐元、10歐元、20歐元、50歐元、100歐元、200歐元、500歐元等7種面額；硬幣則有1生丁、2生丁、5生丁、10生丁、20生丁、50生丁、1歐元、2歐元等8種類別。

⌂ 台灣銀行告牌匯率查詢 rate.bot.com.tw

©The European Central Bank

5歐元　　10歐元

20歐元　　50歐元

100歐元　　200歐元

500歐元

1生丁　2生丁　5生丁

10生丁　20生丁　50生丁　1歐元　2歐元

旅行支票

在國內購買歐元旅行支票後，到法國當地郵局或銀行兌換是較攜帶大量現金安全的方式。須注意2009年7月1日起，在法國郵局或銀行兌換旅支須收取手續費，費用各家標準不一，以郵局收取兌換金額的1.5%左右最低。記得將支票號碼及購買證明分開保存，以備遺失時可申請補發。

⌂ 美國運通(AE)旅行支票兌換點查詢
www.americanexpress.com/taiwan

信用卡

在法國的商店使用信用卡情況頻繁，一般最低消費金額在10€以上就可以刷卡。另外急需現金時，也可直接在提款機以信用卡提領歐元現金，出國前應先詢問所屬銀行相關手續費與匯率的計算方式。

退稅

非歐盟國旅客在法國同一天、同一家商店內購物滿182.94€以上，即可申請退稅。在購物時向商店要求填寫退稅單(Tax Refund)，離境時交與海關櫃台蓋章，一聯需寄回商店，一聯自己保存，可選擇領取現金、退到信用卡帳戶的退稅方式。

折扣季

1月中至2月，以及6月底至8月是一年兩次的折扣季，衣物、配件及生活用品會有80～30%左右的折扣，非常划算。

小費

法國的餐廳標示價格已含服務費，一般無須另給小費。若覺得服務周到，也可自行斟酌給予。

觀光客服務台
TRAVEL INFORMATION

資訊中心

可在此處購買博物館卡(Museum Pass)、參觀巴黎卡(Paris Visit)、查詢相關行程，及訂票訂房服務。

📧 25, Rue des Pyramides 75001 Paris

🕐 週一～六10:00～19:00，週日11:00～19:00，6～10月09:00～19:00

訂票服務

市中心許多劇院、音樂廳提供上等的表演場地，公立機構更有定額的低價票釋出；一年到頭有許多音樂節頻繁舉行，教堂也時有音樂會。在書報攤可購買Pariscope、L'Officiel des Spectacles、7 à Paris等藝文小報來查閱當週相關演

出資訊。半價售票亭則可買到當日剩餘座位的特價票。

■ 當日半價售票亭 Kiosque Théâtre

📧 15, place de Madeleine

🕐 週二～週六12:30～20:00，週日12:30～16:00

📧 Montparnasse火車站前廣場

🕐 週二～週六12:30～20:00，週日12:30～16:00

■ 歌劇、芭蕾

● 巴黎歌劇院 Opéra National de Paris
🏠 www.operadeparis.fr

● 法蘭西戲劇院 Comédie Française
🏠 www.comedie-francaise.fr

● 喜劇歌劇院 Opéra Comique
🏠 www.opera-comique.com

● 香榭麗舍劇院 Théâtre des Champs-Élysée
🏠 www.theatrechampselysees.fr

■ 音樂劇

● 奧林匹亞劇院 Olympia
🏠 www.olympiahall.com

■ 舞蹈、音樂會

● 夏特雷劇場 Théâtre Châtelet
🏠 www.olympiahall.com

● 市立劇場 Théâtre Châtelet
🏠 www.olympiahall.com

● 奧德翁戲劇院 Théâtre Odéon
🏠 www.theatre-odeon.fr

■ 教堂音樂會

包括聖母院、聖路易島上教堂、聖許畢斯教堂、瑪德蓮教堂、聖禮拜堂等知名教堂都時常舉行音樂會，詳細情形可查詢網站，或直接到教堂購票。

● 巴黎聖母院 Notre-Dame de Paris
🏠 www.notredamedeparis.fr

日常生活資訊
LIVING INFORMATION

電話

一般的香菸雜貨店即可買到50單位7.5€或120單位15€的公用電話電話卡，或至中國城區購買匯率較為划算的龍卡，面額為15€，以室內電話撥打約可使用330分鐘。

■ 由台灣撥打到巴黎

國際冠碼＋巴黎國碼33＋區碼(需去0)＋電話號碼。

■ 由巴黎撥打回台灣

00＋886＋區碼(需去0)＋電話號碼(手機需去0)。

■ 巴黎撥打巴黎室內電話或手機

使用巴黎的公用電話或手機，直接撥打電話號碼(巴黎為01開頭10位號碼)或手機號碼(06開頭10位號碼)。若使用台灣手機，方法同「由台灣撥打到巴黎」。

■ 行動電話

將台灣手機設定國際漫遊帶至法國使用，可在緊急狀況下使用。或至以下法國電信業者商店購買儲值預付卡，開通卡費為15€，加值金額5€起。

法國知名的電信公司

■ **SFR**
🏠 www.sfr.fr

■ **Orange**
🏠 www.orange.fr

■ **Bouygues**
🏠 www.bouyguestelecom.fr

急用號碼

將以下緊急連絡電話記錄在隨身可得的地方，以備緊急狀況發生時求救。

緊急連絡電話

報警 Police-Secours	**17**
救護車 SAMU	**15**
消防隊 Pompiers	**18**
歐洲統一急救專線	**112**

駐法國台北代表處24小時緊急電話
+33 (0)6 80 07 49 94
外交部領事局24小時緊急電話
+886 (0)2 2343-2888

郵寄

寄回台灣的明信片郵資所需為0.85€，郵票可在郵局或香菸雜貨店(Tabac)購買。街上隨處可見黃色的郵筒，上面區分成寄往巴黎及郊區(Paris, 95/93/94/77/78)及外省或外國(Autre departement/étranger)的兩部分。寄送包裹1公斤24.4€起。

網路

■ 無線網路設置點：

大部分的公園或廣場：

磊阿勒公園、呂德斯廣場、露天雕刻公園、戰神廣場、蒙梭公園、貝西公園、雪鐵龍公園。

博物館：

小皇宮、龐畢度中心。

麥當勞：

Saint-Michel、Saint-Germain、Rivoli、Louvre分店。

■ 網路咖啡館

市中心近磊阿勒、波布地區有不少網路咖啡館提供上網、燒錄光碟等服務，價格約1小時3€。

• CyberBeaubourg
✉ 31, boulevard Sébastopol 75001 Paris
📞 01 40 13 06 51
🕐 週一～日24小時開放

• CyberBeaubourg
✉ 38, rue Quincampoix 75004 Paris
📞 01 42 71 49 60
🕐 週一～日09:00～22:00

• Luxembourg Micro
✉ 81, boulevard Saint-Michel 75005 Paris
📞 01 46 33 27 98
🕐 週一～六09:00～23:00，週日10:00～23:00

藥局

巴黎每個街區都有間營業至凌晨的藥局，而市區更有3間全年開放24小時營業的藥局，在旅行途中若有感冒不適或頭痛、腹瀉、受傷等情況下，可前往請求協助。藥品名稱如阿斯匹靈(Aspirine)、退燒藥(Fébrifuge)、瀉藥(Laxatif)、胃藥(Stomachique)。

藥局的標誌

■ **Pharmacie Les Champs**
✉ 84, av. des Champs-Élysées 75008 Paris

■ **Pharmacie Européenne**
✉ 6, place de Clichy 75009 Paris

■ **Grande pharmacie Daumesnil**
✉ 6, place Félix Eboué 75012 Paris

電壓

法國電壓為220V，(台灣為110V)，插頭為雙孔圓柱型。

雙孔圓柱型的轉接插頭

竊盜

巴黎時常發生小型的竊盜案件，尤以觀光客損失財物居多，因此旅行時要額外小心提防，並勿亂盯著陌生人看以免惹來麻煩。最好能將證件與零錢分開放置，護照、機票及重要資料也應事前影印一份放在旅館中備用。

■ 護照遺失的處理步驟

(1)向警察局報案，索取遺失報案證明文件。

(2)憑第1項文件及相關辦理護照所需文件，向駐法代表處申請補發。

※記得平時在家中準備一份護照影本留底，並記下駐法代表處地址電話，以備不慎遺失時利用。

· 巴黎警署

✉ 9, boulevard du Palais 75004 Paris

☎ +33 (0)1 53 71 53 71

■ 旅行支票遺失的處理步驟

(1)聯絡旅行支票發行公司，

美國運通法國聯絡處的24小時免費電話

☎ +33 (0)8 00 83 28 20

(2)持護照、購買證明、旅行支票票號，申請補發，免手續費。

※記得在購買旅支後立即在左上角處簽名，並與購買證明分開存放，票號也要仔細紀錄保管。

■ 機票遺失的處理步驟

(1)向警察局報案，索取遺失報案證明文件。

(2)持護照及機票影本至航空公司法國辦事處申請掛失及補發。

(3)若無影本，須先另外購買機票，再申請掛失及退費。

■ 信用卡遺失的處理步驟

(1)立即向銀行申請止付

· 24小時信用卡止付專線

☎ +33 (0)8 92 70 57 05

(2)申請補發。

習俗禁忌

與朋友初次見面時以握手問好，若相熟的朋友可親臉頰(Bise)，左右各一下。用餐時諸多禮儀應注意，如不可用刀切食生菜，也該避免打嗝。與友人談話時應避免詢問個人隱私，及有關種族歧視、納粹主義的相關言論。收到禮物時需要馬上拆開來欣賞感謝，受邀到友人家中可攜帶鮮花。

超好用對照表
Useful form

幣值換算

基本消費	歐元	台幣
礦泉水	0.4～1.5	18～67
棍子麵包	1.1	49
速食店套餐	5.9	265
一般套餐	15	630
明信片	0.5～1	22～45
市區計程車跳表價	2.2	99
單程地鐵票票價	1.7	72

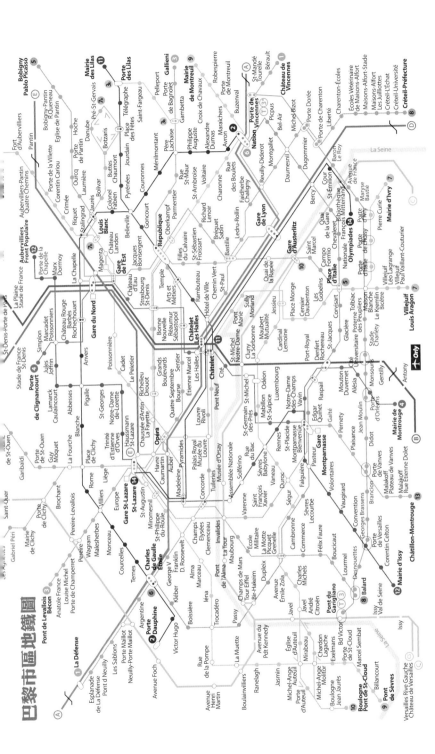

巴黎市區地鐵圖

Travel Information

一年四季

月份	1月 Janvier	2月 Février	3月 Mars
巴黎氣溫			
台北氣溫	15.8°C 4°C	15.9°C 4°C	18°C 7°C
節慶	◆ 1/1新年 ◆ 春夏時裝週 ◆ 國王節 新年過後第一個週日，吃一種藏有小圓硬幣的國王蛋糕，誰吃到有硬幣那一塊就可以戴上王冠	◆ 2/2聖燭節/可麗餅節 在家作可麗餅，左手持硬幣，右手將可麗餅成功翻面可帶來好運 ◆ 2/14情人節 ◆ 中國新年 ◆ 嘉年華 復活節前40天，在聖馬當運河沿岸有似威尼斯嘉年華的面具藝人走秀	◆ 凱薩獎頒獎典禮 ◆ 3/1米其林手冊上市 ◆ 國際書展
折扣季	冬季折扣		
	冬令時間(比台灣晚7小時)，3月最後一個週日進入夏令時間		

月份	7月 Juillet	8月 Août	9月 Septembre
巴黎氣溫			
台北氣溫	29.2°C 19°C	28.8°C 19°C	27.1°C 16°C
節慶	◆ 7/14法國國慶日 香榭大道上會舉行閱兵典禮，晚間並施放國慶煙火 ◆ 亞維儂藝術節 ◆ 環法自行車賽 六月底至七月舉行，終點站是巴黎香榭大道 ©Paris Tourist Office / Photo: Amélie Dupont ◆ 秋冬時裝週	◆ 8/15聖母升天日 ◆ 塞納河搖滾音樂節	◆ 凡爾賽宮藝術節 (9～10月)
折扣季	夏季折扣		
	夏令時間(比台灣晚6小時)，10月最後一個週日進入冬令時間		

氣象部分資料來源：台北—中央氣象局全球資訊網；巴黎—meteo123.com

巴黎旅遊黃頁簿

超好用對照表

4月 Avril	5月 Mai	6月 June
21.7°C	24.7°C	27.4°C
10°C	14°C	17°C

4月 Avril
- 4/1愚人節
- 復活節的週一
  復活節以彩蛋、兔子造型的巧克力來裝飾
- 凡爾賽宮水舞秀(4～10月)

©Château de Versailles

5月 Mai
- 5/1勞工節
- 5/8一戰勝利紀念日
  到凱旋門底下的無名將軍墓獻花
- 博物館之夜
  參與活動的博物館,將通宵免費開放參觀
- 耶穌升天日
  復活節後第40天
- 鄰居節
  5月最後一個週二,公寓大樓會舉行宴會與鄰居共度
- 母親節
  5月最後一個週日
- 坎城影展頒獎典禮

6月 June
- 法國網球公開賽
  於奧特意球場舉行,為期兩個禮拜
- 設計跳蚤市場
- 同志遊行
- 6/21音樂節
  各地有盛大音樂會舉行,街頭也有樂手的街頭表演

©Paris Tourist Office / Photo: Fabian Charaffi

- 父親節
  6月第三個週日
- F1方程式賽車

夏季折扣

夏令時間(比台灣晚6小時)

10月 Octobre	11月 Novembre	12月 Décembre
24.3°C	20.9°C	17.6°C
12°C	7°C	5°C

10月 Octobre
- 不眠夜
  在巴黎主要車站及建築物,整晚通宵的燈光藝術活動

©Paris Tourist Office / Photo: Amélie Dupont

- 凱旋獎賽馬獎
- 設計跳蚤市場
- 歐洲古蹟開放日
  每年10月的第三個週末,平日不開放的古蹟將可開放參觀

11月 Novembre
- 11/1諸聖節
- 11/11二戰終戰紀念
- 巴黎攝影月
  兩年一度的藝文活動,藝廊及博物館整月均有攝影展
- 薄酒萊新酒上市
  11月第二個週四

12月 Décembre
- 12/25聖誕節
  法國最重要節日,街上會有燈光裝飾以及聖誕市集,家裡裝飾聖誕樹並聚餐享用鵝肝醬、火雞

冬令時間(比台灣晚7小時)

285

個人旅行 *91*

巴黎（最新版）

作　　者	姚筱涵	
攝　　影	姚筱涵	

總 編 輯	張芳玲
書系企劃	taiya旅遊研究室
書系管理	張焙宜
主責編輯	邱律婷
修訂編輯	李辰翰
封面設計	許志忠
美術設計	姚筱涵
地圖繪製	姚筱涵

太雅出版社
TEL：(02)2882-0755　FAX：(02)2882-1500
E-MAIL：taiya@morningstar.com.tw
郵政信箱：台北市郵政53-1291號信箱
太雅網址：**http://taiya.morningstar.com.tw**
購書網址：**http://www.morningstar.com.tw**
讀者專線：**(04)2359-5819 分機230**

出 版 者	太雅出版有限公司
	台北市11167劍潭路13號2樓
	行政院新聞局局版台業字第五○○四號
法律顧問	陳思成律師
印　　刷	上好印刷股份有限公司 TEL：(04)2315-0280
裝　　訂	東宏製本有限公司　 TEL：(04)2452-2977
二　　版	西元2011年12月10日
二版五刷	西元2015年07月01日
定　　價	390元

(本書如有破損或缺頁，退換書請寄至：台中市工業30路1號　太雅出版倉儲部收)

ISBN 978-986-6107-40-5
Published by TAIYA Publishing Co.,Ltd.
Printed in Taiwan

國家圖書館出版品預行編目(CIP)資料

巴黎 / 姚筱涵作.攝影.
-- 二版. --臺北市：太雅,
2011.12
面； 公分. --(個人旅行；91)
ISBN 978-986-6107-40-5 （平裝）

1.旅遊　2.法國巴黎

742.719　　　　　　　　　　　　100020963

這次購買的書名是：

巴黎 Paris (個人旅行 91)

＊01 姓名：＿＿＿＿＿＿＿＿＿＿＿＿　性別：□男 □女

＊02 手機(或市話)：＿＿＿＿＿＿＿＿　生日：民國＿＿＿ 年

＊03 E-Mail：＿＿＿＿＿＿＿＿＿＿＿＿＿＿＿

＊04 地址：□□□□□ ＿＿＿＿＿＿＿＿＿＿＿＿

05 你對於本書的企畫與內容，有什麼意見嗎？

06 你是否已經帶著本書去旅行了？請分享你的使用心得。

🎵 熟年優雅學院

Aging Gracefully，優雅而睿智地老去，絕對比只想健康地活久一點，更具魅力。熟年優雅學院是太雅推出的全新系列，我們所引見給您的優雅熟年人物，對生命充滿熱情，執著而有紀律地做著他們喜愛的事情。學院會不定期舉辦各項講座與活動，提供輕熟齡、熟齡、樂齡的讀者參加。

01 您是否願意成為熟年優雅學院的會員呢？
　□ 願意　　　　□ 暫時不要

02 您願意將熟年優雅學院的相關資訊分享給朋友嗎？或是推薦3人加入熟年優雅學院？(請徵求友人同意再填寫)

姓名：＿＿＿＿＿手機：＿＿＿＿＿＿＿E-Mail：＿＿＿＿＿＿＿＿＿

姓名：＿＿＿＿＿手機：＿＿＿＿＿＿＿E-Mail：＿＿＿＿＿＿＿＿＿

姓名：＿＿＿＿＿手機：＿＿＿＿＿＿＿E-Mail：＿＿＿＿＿＿＿＿＿

好書品讀，熟年生活

積存時間的生活

微笑帶來幸福

一個人，不老的生活方式

91歲越活越年輕

現在就上網搜尋 ✈ 熟年優雅學院

填表日期：＿＿＿年＿＿＿月＿＿＿日

很高興你選擇了太雅出版品，誠摯的邀請您加入太雅俱樂部及熟年優雅學院！將資料填妥寄回或傳真，就能收到最新的訊息！

填問卷，抽好書
(限台灣本島)

凡填妥問卷(星號＊者必填)寄回的讀者，將能收到最新出版的電子報訊息！並有機會獲得太雅的精選套書！每單數月抽出10名幸運讀者，得獎名單將於該月10號公布於太雅部落格。太雅出版社有權利變更獎品的內容，若贈書消息有改變，請以部落格公布的為主。參加活動需寄回函正本始有效(傳真無效)。活動時間為2015/01/01～2016/06/30

好書三選一，請勾選

□ 放眼設計系列
(共9本，隨機選2本)

□ 遜咖吸血鬼日記1、2

□ 優雅女人穿搭聖經
(共2本)

太雅部落格
taiya.morningstar.com.tw

太雅愛看書粉絲團
www.facebook.com

-----(請沿此虛線壓摺)-----

| 廣　告　回　信 |
| 台灣北區郵政管理局登記證 |
| 北 台 字 第 1 2 8 9 6 號 |
| 免　　貼　　郵　　票 |

太雅出版社 編輯部收

台北郵政53-1291號信箱
電話：(02)2882-0755
傳真：(02)2882-1500
(若用傳真回覆，請先放大影印再傳真，謝謝！)

-----(請沿此虛線壓摺)-----

太雅

太雅部落格 http://taiya.morningstar.com.tw

有行動力的旅行，從太雅出版社開始